EU NÃO SOU MEU CÉREBRO

Dados Internacionais de Catalogação na Publicação (CIP)
(Câmara Brasileira do Livro, SP, Brasil)

Gabriel, Markus
  Eu não sou meu cérebro : filosofia do espírito para o século XXI / Markus Gabriel ; tradução de Lucas Machado. – Petrópolis, RJ : Vozes, 2018.

  Título original: Ich ist nicht Gehirn : Philosophie des Geistes für das 21 Jahrhundert.
  Bibliografia.
  ISBN 978-85-326-5675-9

  1. Cérebro 2. Filosofia 3. Mente – Corpo 4. Neurociência I. Título.

17-10816   CDD-100

Índices para catálogo sistemático:
1. Filosofia   100

MARKUS GABRIEL

EU NÃO SOU MEU CÉREBRO

Tradução de Lucas Machado

EDITORA
VOZES

Petrópolis

© by Ullstein Buchverlage GmbH, Berlim. Publicado em 2015
by Ullstein Verlag

Título do original em alemão: Ich ist nicht Gehirn

Direitos de publicação em língua portuguesa – Brasil:
2018 Editora Vozes Ltda.
Rua Frei Luís, 100
25689-900 Petrópolis, RJ
www.vozes.com.br
Brasil

Todos os direitos reservados. Nenhuma parte desta obra poderá ser
reproduzida ou transmitida por qualquer forma e/ou quaisquer meios
(eletrônico ou mecânico, incluindo fotocópia e gravação) ou arquivada em
qualquer sistema ou banco de dados sem permissão escrita da editora.

CONSELHO EDITORIAL

Diretor
Gilberto Gonçalves Garcia

Editores
Aline dos Santos Carneiro
Edrian Josué Pasini
Marilac Loraine Oleniki
Welder Lancieri Marchini

Conselheiros
Francisco Morás
Ludovico Garmus
Teobaldo Heidemann
Volney J. Berkenbrock

Secretário executivo
João Batista Kreuch

Editoração: Leonardo A.R.T. dos Santos
Diagramação: Sheilandre Desenv. Gráfico
Revisão gráfica: Nilton Braz da Rocha / Nivaldo S. Menezes
Capa: Renan Rivero

ISBN 978-85-326-5675-9 (Brasil)
ISBN 978-3-550-08069-2 (Alemanha)

Editado conforme o novo acordo ortográfico.

Este livro foi composto e impresso pela Editora Vozes Ltda.

Para Marisa Lux.
Torna-te aquilo que és!

[...] pensemos aí, porém, simultaneamente, que nenhum tempo se dispôs tão rapidamente a criar mitologias do entendimento como o nosso: ele mesmo cria mitos ao mesmo tempo em que quer extinguir a todos eles.
Søren Kierkeegard. *O conceito de angústia.*

Sumário

Introdução, 9

I – Do que trata a filosofia do espírito?, 41

II – Consciência, 61

III – Autoconsciência, 139

IV – Quem ou o que é realmente o Eu?, 177

V – Liberdade, 231

Referências, 289

Índice conceitual, 303

Índice onomástico, 311

Índice geral, 317

Introdução

Estamos acordados e, assim, conscientes. Paramos para pensar, temos sentimentos, medos e esperanças; conversamos uns com os outros, fundamos cidades, votamos em partidos, fazemos ciência, produzimos obras de arte, nos apaixonamos, nos enganamos e estamos em condições de saber aquilo que é o caso. Em suma: nós, seres humanos, somos criaturas espirituais [*geistige*]. Graças às neurociências, sabemos em parte quais áreas do cérebro estão ativas quando, por exemplo, nos mostram imagens, ou nos levam a pensar em algo determinado. Também sabemos algo sobre a química neural de condições e perturbações emocionais. Mas a química neural de nosso cérebro conduziria, em última instância, à totalidade de nossa vida e comportamento espiritual e consciente? Seria o nosso Eu consciente, por assim dizer, apenas a *interface* de usuário do nosso cérebro, não contribuindo, na realidade, em nada para o nosso comportamento, mas sim apenas observando a esse como um espectador? Seria nossa vida consciente apenas um palco em que se apresenta uma peça na qual nós não podemos realmente – ou seja, livre e conscientemente – intervir?

A circunstância aparentemente óbvia de que somos criaturas espirituais que levam uma vida espiritual levanta incontáveis enigmas. Filósofos ocupam-se com esses enigmas há milhares de anos. O ramo da filosofia que se ocupa conosco, seres humanos, enquanto criaturas espirituais, se chama, hoje em dia, de *filosofia do espírito* [*Philosophie des Geistes*]. Aqui, nós a consideraremos mais de perto. Ela é, atualmente, mais relevante do que fora antes.

Muitos consideram a natureza da consciência um dos últimos grandes enigmas não solucionados. Por que, por assim dizer, uma luz deveria se acender em algum dos produtos da natureza? E qual é a ligação da tempestade de neurônios sob o nosso crânio com a nossa consciência? *Questões* como essas são tratadas em subdisciplinas da filosofia do espírito, a saber, na *filosofia da consciência* e na *neurofilosofia*.

O assunto aqui é, então, "nós mesmos". Primeiramente, apresentarei algumas das principais reflexões da filosofia do espírito em relação a conceitos centrais, dentre os quais estão os conceitos de consciência, consciência de si e Eu. Fala-se muito sobre esses conceitos, embora, na maior parte das vezes, sem o conhecimento dos panos de fundo filosóficos, o que leva a uma série de equívocos. Por isso, esclarecerei esses panos de fundo da maneira mais isenta de pressupostos possível. Afinal, eles fornecem os fundamentos para a segunda principal intenção deste livro: a defesa de nossa liberdade (de nossa vontade livre[1]) contra a representação corrente de que alguém ou algo nos faria, por nossas costas, não livres – seja Deus, o universo, a natureza, o cérebro ou a sociedade. Nós somos livres de ponta a ponta, pois somos seres vivos espirituais. Isso não significa, porém, que não pertençamos ao reino dos animais. Não somos nem puramente máquinas de copiar genes em que se implantou um cérebro, nem anjos que se perderam em um corpo, mas sim verdadeiramente os seres vivos livres espirituais que nos consideramos ser há milhares de anos e que também defendem politicamente as suas liberdades.

---

1 Nesta tradução, optamos por traduzir *freier Wille* por vontade livre, e não por livre-arbítrio, uma vez que o último termo está associado com uma concepção de liberdade da qual o autor visa justamente se afastar, qual seja, a concepção segundo a qual não apenas escolhemos a nossa ação, mas também escolhemos a própria escolha (de modo que poderíamos ter escolhido diferentemente). Por isso, usamos a tradução por "livre-arbítrio" apenas quando se tratava de títulos de livros em que essa fosse a tradução padrão, tal qual o livro de Sam Harris, *Free Will* (cf. cap. 5 do livro) [N.T.].

Partículas materiais e organismos conscientes

Um desafio de nosso tempo reside na cientificação da imagem do ser humano. Queremos alcançar finalmente um saber objetivo sobre quem ou o que o ser humano realmente é. Todavia, o espírito humano se coloca no caminho, pois ele se furtou até agora da pesquisa pelas ciências naturais. Para lidar com esse problema, já se tenta, há algumas décadas, estabelecer as neurociências como as ciências naturais do espírito humano.

Não supomos com isso mais do que realmente podemos concretizar? Até pouco tempo atrás, raramente se pensava que, por exemplo, um neurologista ou um neurobiólogo devesse ser o especialista no espírito humano. Podemos mesmo confiar nas neurociências em geral ou na pesquisa sobre o cérebro em particular para nos dar informações sobre o nosso Si [*Selbst*]?

Este livro visa a, de maneira universalmente compreensível – e a partir de intelecções [*Einsicht*] antigas –, abrir novas perspectivas para a filosofia do espírito. O autoconhecimento já se encontra, afinal, há muito tempo no centro da filosofia, e a sua história prévia ajuda a compreender melhor de onde vêm tanto os verdadeiros quanto os aparentes problemas com os quais nos ocupamos até hoje.

Em que medida deveríamos adequar nossa imagem do ser humano ao progresso tecnológico? Para que seja possível lidar de algum modo com questões como essa de maneira sensata, devemos examinar, de modo mais preciso do que estamos habituados a fazer no nosso dia a dia, *conceitos de nosso autorretrato* tais como consciência, espírito, Eu, pensamento ou liberdade. Isso porque apenas assim podemos compreender como somos enganados quando tentam nos assegurar de que não haveria uma vontade livre, ou de que o espírito humano (a consciência) seria simplesmente uma espécie de tensão superficial do cérebro ou, como pensaram por um breve momento Francis Crick e Christof Koch: disparos sincronizados de neurônios em uma frequência de 40Hz – uma suposição a que eles mesmos fizeram suas restrições[2].

Diferentemente do *mainstream* da filosofia da consciência (*philosophy of mind* [filosofia da mente]) atual – que, às vezes, se designa equivocadamente em alemão como *Philosophie des Geistes* [filosofia do espírito] –, a proposta seguida neste livro é antinaturalista. O **naturalismo**[3] parte do princípio de que tudo que existe pode, em última instância, ser examinado do ponto de vista das ciências naturais. Nesse contexto, via de regra, se aceita também que o **materialismo** esteja correto, ou seja, a tese de que há apenas objetos materiais, apenas coisas que pertencem à impiedosa realidade material-energética. Seria isso válido, contudo, para a consciência, que, até o momento, não se deixou explicar pelas ciências naturais – e no caso da qual, ao menos parcialmente, não se consegue sequer prever como isso seria de algum modo possível? Isso é ainda mais o caso, uma vez que esse espírito humano é pesquisado pelas ciências humanas e sociais [*Geistes- und Sozialwissenschaften*]. Isso significaria que, por exemplo, a República Federativa da Alemanha, os mundos fictícios de Houellebecqs, luto pelos que se foram, pensamentos e sentimentos em geral, assim como o número π são, na realidade, objetos materiais? Eles não existem, ou não existem realmente? Naturalistas tentam provar exatamente isso ao desfazer a impressão, segundo eles equivocada, de que há realidades imateriais. Ainda falaremos sobre isso mais adiante.

A perspectiva aqui tomada é, como dito, a do **antinaturalismo**, isto é, parte-se do princípio de que nem tudo que existe é pesquisável por meio das ciências naturais ou é algo material. Digo, então,

---

2 CRICK & KOCH, 1990: 263-275.

3 Conceitos em negrito têm um papel central e serão, dentro do possível, introduzidos sob a forma de uma definição ou de explicação do conceito. Eles podem ser acompanhados por meio do índice conceitual.

que há realidades imateriais, e tomo isso como uma conclusão do saudável senso comum que é acessível a todos. Quando considero alguém um amigo e tenho, portanto, sentimentos correspondentes por ele, adequando meu comportamento a isso, não penso assim que a amizade entre eu e ele seja uma coisa material. Eu também não tomo a mim mesmo como uma coisa material, mesmo apesar do fato de que eu, obviamente, não seria quem sou, se eu não tivesse um corpo apropriado, o qual, por sua vez, eu não poderia ter, se as leis naturais do nosso universo tivessem sido diferentes ou se a evolução biológica tivesse seguido um caminho diferente.

A pergunta sobre se o naturalismo ou o antinaturalismo têm, em última instância, razão, não é de significado apenas para a disciplina acadêmica chamada filosofia e para a relação entre ciências naturais e ciências humanas. Ela toca a nós todos, ainda mais na época de um retorno à religião observado por muitos, pois esta é vista, com toda razão, como bastião do imaterial. Se se ignora (como os naturalistas de nosso tempo) de maneira demasiado precipitada as realidades imateriais, não se está mais em posição de entender a religião, pois a vemos desde o princípio como um tipo de superstição ou de história de assombração. Parece haver *deficits* na ideia de que poderíamos entender todos os processos inter-humanos por meio dos avanços científicos, tecnológicos e econômicos, e controlar a esses processos por meio de tal entendimento.

Já nos últimos séculos, muitas pensadoras e pensadores[4] de diferentes direções quiseram dizer adeus ao racionalismo e ao Esclarecimento [*Aufklärung*] ou apontar criticamente os seus limites. Assim, por exemplo, Theodor W. Adorno (1903-1969) e Max Horkheimer (1895-1973), em seu livro *Dialética do Esclarecimento*,

---

4 Adiante se constatará que, por uma questão de simplicidade, usarei a forma masculina para casos desse tipo. Com isso, não se quer sugerir de modo algum que haja na filosofia apenas autores e pensadores e nenhuma autora e pensadora.

consideram que a Modernidade seja um incidente infeliz, que tinha de terminar no totalitarismo. Eu não vejo isso da mesma forma de modo algum. Acredito, porém, que a Modernidade permanece deficitária enquanto se baseia na convicção fundamental materialista de que, em um nível fundamental, existem apenas partículas materiais, que são distribuídas de acordo com leis naturais em um gigantesco depósito-mundo [*Weltbehälter*], até que depois de bilhões de anos apareçam organismos, dentre os quais alguns são conscientes – gerando um enigma. Dessa maneira jamais entenderemos o espírito humano, e justamente a compreensão disso levou, entre os gregos, à invenção da filosofia.

Para recuperar hoje o ponto de vista de uma filosofia do espírito antinaturalista, precisamos abdicar da ideia de que precisamos escolher entre uma visão de mundo científica e uma visão de mundo religiosa, pois ambas são deficientes por princípio. Atualmente, há um grupo de críticos da religião, não suficientemente informados histórica e teologicamente, que se reúnem sob o nome de um "*New Atheism*" [Novo ateísmo], entre os quais contam pensadores proeminentes como Sam Harris (*1967), Richard Dawkins (*1941), Michel Onfray (*1959) e Daniel Dennett (*1942). Eles pensam ser necessário escolher entre religião – ou seja, para eles, superstição – e ciência – ou seja, para eles, a verdade fria e sem floreios. Já trabalhei a representação de que nossas sociedades democráticas modernas teriam de resolver um conflito fundamental entre visões de mundo em *Por que o mundo não existe*. Lá, minha tese era a de que não há qualquer visão de mundo coerente, e de que a religião não é idêntica à superstição, do mesmo modo que a ciência não é idêntica ao Esclarecimento[5].

Aqui, teremos por objetivo desenvolver uma perspectiva antinaturalista em relação a nós mesmos enquanto seres vivos cons-

---

5 Cf. GABRIEL, 2013.

cientes e espirituais, perspectiva que gostaria de se vincular às grandes tradições do autoconhecimento que se desenvolveram na história do espírito – e não apenas no Ocidente. Essas tradições não desaparecerão porque pequenas elites tecnológicas e econômicas lucram com os progressos da Modernidade e pensam ter de expulsar superstições religiosas tanto supostas quanto reais, e com elas o espírito, das ciências humanas. A verdade não está limitada às ciências naturais; ela também pode ser encontrada nas ciências humanas e sociais, na arte, na religião e em condições completamente cotidianas, por exemplo quando se descobre que, no verão, o ar-condicionado no trem falha com uma frequência grande demais.

A década do cérebro

A mais recente história prévia da ideia de que as neurociências seriam a disciplina mestra da nossa pesquisa de nós mesmos é digna de nota e diz muito. No ano de 1989, o congresso dos Estados Unidos decidiu iniciar uma década da pesquisa sobre o cérebro. Em 17 de julho de 1990, George H.W. Bush (ou seja: Bush pai) proclamou publicamente a década do cérebro[6]. Oficialmente, tratava-se de entender melhor contextos medicinais, no âmbito da neuroquímica, por meio dos métodos da pesquisa do cérebro, de modo a desenvolver medicamentos contra Alzheimer ou Parkinson. A proclamação de Bush terminou celebrante e pretensiosamente – como de costume nesse gênero de fala – com as seguintes palavras:

> Por isso eu, George Bush, presidente dos Estados Unidos da América, proclamo, nesse instante, a década que começa em 1º de janeiro de 1990 como a década do cérebro. Convoco todos os funcionários públicos e o povo dos Estados Unidos a contemplarem essa década com programas, festas e atividades apropriadas[7].

---

6 BUSH, 1990. Cf. HASLER, 2013.

7 Minha tradução de *"Now, therefore, I, George Bush, President of the United States of America, do hereby proclaim the decade beginning January 1, 1990, as the Decade of the*

Com atraso de uma década se chegou, sob o patrocínio do então Presidente-Ministro Wolfgang Clement, a uma iniciativa semelhante na Alemanha, com o título *Dekade des menschlichen Gehirns* [Década do cérebro humano], que foi iniciada na Universidade de Bonn no âmbito de um congresso por alguns cientistas de peso.

O que irrita é que a descrição da imprensa dessa iniciativa comece justamente com uma sentença que, nessa forma simplesmente e sem mais comentários, não é defensável: "Há 10 anos ainda seria uma mera especulação que fosse possível observar o cérebro pensando"[8], o que visto exatamente é um enunciado um tanto estranho, uma vez que é uma representação em última instância absurda que se pudesse observar um ato de pensamento. Atos de pensamento não são visíveis, no máximo regiões do cérebro são, que se pode considerar pressuposições necessárias de atos de pensamento. Acaso se deve entender com a expressão "observar o cérebro pensando"[9] que se possa ver literalmente como o cérebro processa pensamentos? Isso significa que agora não apenas podemos *ter* ou *entender* pensamentos, mas também *vê-los*? Ou está ligado a isso apenas a pretensão modesta de observar o cérebro trabalhando, sem que disso já se siga que se pode de algum modo, literalmente, ler pensamentos?

George Bush não é de modo algum um pesquisador do cérebro, de modo que o sucesso pode ser no máximo político, ou, em outras palavras, pode consistir no fato de que mais recursos são introduzidos na pesquisa do cérebro. O que, porém, isso teria a ver com que se devesse poder "observar" o cérebro pensando?

Procedimentos geradores de imagens como a tomografia de ressonância magnética, à qual a declaração alemã alude com a sua

---

Brain. I call upon all public officials and the people of the United States to observe that decade with appropriate programs, ceremonies and activities".

8 STAHL-BUSSE, 1999.

9 Ibid.

afirmação, representam um avanço absoluto na medicina. Diferentemente de muitas tecnologias anteriores, eles não são sequer invasivos. Podemos, então, visualizar o cérebro vivo por meio de modelos gerados por computador (e não diretamente!), sem intervir diretamente no órgão propriamente dito. Todavia, o avanço medicinal é, nesse caso, ligado com uma promessa mais ampla: a promessa de *tornar o pensamento visível*. E essa promessa não se deixa cumprir. Ela é, tomada rigorosamente, consideravelmente absurda. É que, caso se entenda por "pensar" [*Denken*] a posse consciente de pensamentos [*Gedanken*], isso envolve muito mais do que processos cerebrais que podem ser tornados visíveis por meio de procedimentos geradores de imagens. Pode-se, de fato, em certo sentido, tornar processos cerebrais visíveis, mas não o pensamento.

Era típico para ambas as décadas do pensamento, que terminaram oficialmente em 31 de dezembro de 2010, que elas não quisessem se limitar aos avanços medicinais, mas sim ainda nos oferecessem a esperança de autoconhecimento. Nesse contexto, as neurociências foram preenchidas por um longo período com a pretensão de servirem como disciplina mestra da pesquisa de si mesmo do ser humano, pois se acreditava também poder localizar o pensamento, a consciência, o Eu, e mesmo o espírito humano, e identificá-lo com uma coisa observável no espaço-tempo: o cérebro, ou o sistema nervoso central. Eu chamo sinteticamente essa ideia, que eu gostaria de criticar e refutar com este livro, de *neurocentrismo*. O **eurocentrismo**, ou seja, a antiga opinião colonial de uma superioridade cultural da Europa em relação ao resto o mundo, não pode ser mais levada a sério com o surgimento de outras superpotências. Resta agora também atacar ao neurocentrismo, que não é menos iludido por uma fantasia (além de tudo não muito científica) de onipotência. Enquanto o eurocentrismo pensava equivocadamente que o pensamento humano em seu ápice estava vinculado a um continente (a Europa) ou a uma região do céu (o Ocidente), o neurocentrismo, por sua vez, localiza o pensamento no cérebro. Dessa maneira, espera-se poder controlar melhor o pensamento, ao mapeá-lo, como, por exemplo, sugere também a iniciativa de Barack Obama de um *"Brain Activity Map"* [Mapa da atividade cerebral].

A ideia central do **neurocentrismo** enuncia que ser um ser vivo espiritual não consiste de nada senão da existência do cérebro apropriado. O neurocentrismo ensina então, em suma: *O Eu é o cérebro.* Caso se quisesse entender o sentido de "Eu", "consciência", "si", "vontade", "liberdade" ou "espírito", não se poderia pedir auxílio da filosofia, da religião ou do saudável senso comum, mas sim seria preciso examinar o cérebro com os métodos das neurociências – de preferência em parceria com a biologia evolutiva. Eu nego isso e venho então à tese crítica central deste livro: *Eu não sou meu cérebro!*

Ao lado da série já mencionada de conceitos fundamentais da filosofia do espírito, também se considerará mais rigorosamente a "vontade livre". Somos de algum modo livres ou haveria atualmente razões verdadeiramente boas para duvidar disso e nos concebermos como biomáquinas, movidas por fome de vida e que não se esforçam em verdade por nada mais senão transmitir os seus genes? Eu acredito que somos de fato livres e que isso está ligado antes de tudo ao fato de que somos seres vivos espirituais.

A fim de esclarecer essa circunstância mais precisamente, vale a pena retomar algumas considerações da antiga e da nova filosofia do espírito. Isso porque ainda não chegou à esfera pública que a filosofia do espírito em nosso jovem século dissuade do neurocentrismo.

A filosofia tentou por muito tempo fornecer uma base teórica para a ideia do neurocentrismo. Ela participou desse modo, em parte, entusiasticamente, da década do cérebro. Assim, se revelou que é tudo menos óbvio que o Eu é o cérebro. Isso porque a filosofia do espírito viveu uma história na qual conceitos como "o Eu", ou mesmo "o espírito", foram introduzidos, os quais, na sequência, fizeram uma carreira própria em outras áreas (como na psicologia). Frequentemente, conceitos como "o Eu" ou "o Si" são atacados (também por filósofos profissionais), sem que se tome conhecimento de onde esses conceitos verdadeiramente surgiram e com quais intelecções os pensadores que os introduziram os ligaram.

Muitas considerações e resultados principais da filosofia do espírito dos últimos dois séculos já falam diretamente contra a ideia fundamental do neurocentrismo. Eu me remeterei, então, também a pensadores há muito falecidos, pois na filosofia vale [o seguinte]: não é só porque alguém viveu no passado que ele não tem razão. A filosofia do espírito de Platão não perde nada devido à circunstância de ter surgido na Grécia antiga – e assim, além disso, no contexto de uma alta cultura, à qual nós devemos algumas das apreensões mais profundas sobre nós mesmos. Homero, Sófocles, Shakespeare ou Elfriede Jelinek podem nos ensinar mais sobre nós mesmos do que as neurociências. As últimas lidam com o nosso cérebro ou com o nosso sistema nervoso central e o seu modo de funcionamento. Sem este, não haveria espírito. Ele é uma condição necessária para conduzirmos uma vida consciente. Mas ele não é idêntico à nossa vida consciente. Uma condição necessária não é nem de perto uma condição suficiente. Ter pernas é uma condição necessária para andar na minha bicicleta. Mas ainda não é suficiente, pois é preciso ainda, por exemplo, dominar a arte de andar de bicicleta e se encontrar no mesmo lugar que a minha bicicleta, e assim por diante. Pensar que se entende o nosso espírito completamente assim que se entende o cérebro seria como acreditar que se entende completamente o andar de bicicleta quando se entende as nossas pernas.

Uma das principais fraquezas da suposição de que poderíamos *identificar* o nosso Eu com o cérebro consiste em que assim rapidamente se tem a aparência de que o cérebro apenas simula para nós um mundo exterior e um Eu, pois não vemos verdadeiramente a realidade, mas sim apenas podemos conhecer a imagem mental que o cérebro faz dela. De maneira correspondente, nossa inteira vida espiritual seria uma espécie de ilusão ou alucinação. Já ataquei essa tese em *Por que o mundo não existe* sob a palavra-chave do **neuroconstrutivismo**[10]. Este supõe que as nossas capacidades espirituais como um todo podem ser identificadas com regiões do cérebro, cuja função consiste em construir imagens mentais da realidade. Nós não podemos nos separar dessas imagens a fim de compará-las com a realidade. Rainer Maria Rilke traz ao ponto essa representação em seu famoso poema *A pantera*: "como se houvesse mil barras / e atrás dessas barras, nenhum mundo"[11].

Contra esta ideia, formou-se, entre outros, o assim chamado **novo realismo**, cuja ideia central fertilizou no meio-tempo também o debate acerca do alcance do neuroconstrutivismo, como se pode ver com a edição *A grande ilusão: Fingiria o cérebro o mundo para nós?*, da revista *Gehirn und Geist* [Cérebro e espírito]. Lá, tomando por referência a filosofia do espírito e em uma entrevista com o filósofo norte-americano Alva Nöe, se coloca em questão o neuroconstrutivismo[12].

No âmbito da pesquisa de si mesmo do ser humano, a década do cérebro fracassou de maneira consideravelmente radical. O *Süddeutsche Zeitung* [Jornal Sul-alemão] constatou em retrospecto: "O ser humano permanece ilegível"[13]. Assim, é tempo de uma nova reflexão sobre o que o espírito humano verdadeiramente é.

---

10 GABRIEL, 2013: 165s.

11 RILKE, 2007: 23.

12 AYAN, 2014: 42s.

13 WEBER, 2014.

Em suma: apresentarei alguns esboços de uma filosofia do espírito *para* o século XXI.

Não é pressuposto para a compreensão deste livro que você tenha se ocupado com o debate preexistente sobre o novo realismo e com a crítica ao neuroconstrutivismo. Leitores que se interessam por filosofia, mas que não passam o dia inteiro revirando literatura filosófica, têm frequentemente a justa impressão de que só se pode compreender uma obra filosófica se já se leu anteriormente incontáveis outros livros. Este livro, em contrapartida, deve ser livre de pressupostos, na mesma medida em que sempre informará sobre as ideias fundamentais relevantes que estão no pano de fundo.

Liberdade espiritual na tomografia do cérebro?

Meu objetivo é a defesa de um conceito da *liberdade espiritual*. Faz parte dele que possamos nos enganar e ser irracionais. Também faz parte dele, porém, que nós estamos em posição para descobrir o que é o caso. Na filosofia, tudo se dá também como em toda outra ciência: formulamos teorias, damos razões para elas, nos remetemos a fatos que podem ser reconhecidos e devem ser vistos sob certa luz, e assim por diante. Uma teoria consiste em considerações que podem ser verdadeiras ou falsas. Ninguém é infalível, também e antes de tudo no âmbito do autoconhecimento. Sófocles representou isso drasticamente em *Édipo Rei*, mas aqui, assim esperamos, não procederemos tão tragicamente.

Meu campo principal de ataque neste livro, o neurocentrismo e os seus precursores – a visão de mundo científico-natural, o estruturalismo e o pós-estruturalismo –, são, todas elas, teorias *filosóficas*. Às vezes se age como se se seguisse das descobertas da pesquisa sobre o cérebro que o Eu e o cérebro são idênticos. O defensor daquilo que designo aqui criticamente como "neurocentrismo" comporta-se com prazer como se pudesse invocar descobertas científicas indubitáveis e, desse modo, fatos reconhecidos por especialistas. Mas, com sua suposição de grande alcance, ele formula reivindicações genuinamente filosóficas, ou seja, reivindicações que não podem ser delegadas a alguma outra ciência. Como isso não é feito de maneira explícita, contudo, ele é imunizado contra críticas.

Também o neurocentrismo utiliza conceitos como consciência, pensamento, espírito, vontade livre e assim por diante – esses conceitos são e permanecem, no entanto, por sua exigência de incondicionalidade [*Absolutheitanspruch*], que não pode ser fundamentada empiricamente, conceitos filosóficos, com o auxílio dos quais nós podemos descobrir, por exemplo, leis sobre a nossa biologia e sobre o universo no qual já há muito tempo a nossa moradia, o Planeta Terra, rodopia com uma velocidade de tirar o fôlego.

Nosso entendimento dos conceitos com os quais nos descrevemos como seres vivos espirituais foi marcado com uma história espiritual, cultural e linguística de milhares de anos. Ela se desenvolveu de maneira complexa no campo de tensão entre nosso entendimento da natureza, nossa literatura, [nossa] administração da justiça [*Rechtsprechung*], nossas artes, religiões, experiências sócio-históricas, e assim por diante. Esses desenvolvimentos não podem ser descritos pura e simplesmente na linguagem das neurociências. Disciplinas como a neuroteologia, a neurogermanística ou a neuroestética são "golens teóricos pavorosos", como Thomas E. Schmidt formulou sagazmente em seu artigo sobre o novo realismo na *Zeit*[14]. Se uma disciplina realmente obtém legitimidade por meio do fato de que pode observar o cérebro na pesquisa do seu objeto, precisaríamos muito bem de uma nova neuroneurociência. Se de-

---

14 SCHMIDT, 2014. Cf. tb. as outras contribuições na série sobre o novo realismo em *Die Zeit* de 16/04/2014 até 16/07/2014 (n. 17/2014-n. 28/2014). Uma visão panorâmica do estado do debate se encontra também em GABRIEL, 2014. [N.T.: *Die Zeit* é um dos maiores jornais impressos alemães].

veríamos então inventar ainda uma neuroneuroneurociência, só o futuro mostrará...

É realmente fruto do acaso que a década do cérebro foi proclamada por George H.W. Bush pouco depois da queda do muro de Berlim em 1989 e, assim, no tempo que se designou como o fim da Guerra Fria? Tratava-se apenas do subsídio político à pesquisa medicinal? A representação de poder ver o cérebro – e, portanto, os cidadãos – pensando não significaria também uma nova possibilidade de controle para a sociedade de vigilância (e para o complexo industrial-militar)? Que se prometa, por meio de uma melhor compreensão do cérebro, possibilidades de controle dos consumidores, é algo que se conhece há muito tempo. Acaso se revelariam novos mecanismos de manipulação por meio de medicamentos embasados neurocientificamente – e por meio de propaganda e assim por diante?

Como Felix Hasler (*1965) tornou plausível em seu livro *Neuromitologia*, a década do cérebro conduziu a uma nova formação de *lobbies*, de modo que, nesse meio-tempo, em universidades norte-americanas, mais estudantes usam psicotrópicos em vez de cigarros[15]. A maior resolução e o conhecimento detalhado de nossas imagens do cérebro prometem uma contribuição para transformações sociais que Christoph Kucklick sumariza apropriadamente como "revolução do controle". Essa revolução se caracteriza entre outras coisas pelo fato de que não somos mais apenas *"explorados"*, mas sim também, agora, individual e precisamente *"interpretados"*, o que Kucklick designa como a "sociedade granular"[16].

A questão sobre quem ou o que o duvidoso Eu verdadeiramente é se mostra, então, não apenas do ponto de vista disciplinar-filosófico, mas também, em última instância, politicamente relevante, e diz respeito a cada um de nós em um âmbito completa-

---

15 HASLER, 2013: 159s.

16 KUCKLICK, 2014: 11.

mente cotidiano. Isso se vê, por exemplo, se se diz que o amor é, na verdade, idêntico a um determinado "neurocoquetel", ou que o nosso comportamento de criação de laços no cotidiano social deve ser remetido a tempos pré-históricos, nos quais nossos ancestrais evolutivos praticaram o paradigma de comportamento ainda hoje determinante para nós.

Por trás disso se escondem, a meu ver, fantasias de desencargo. Já é mesmo enfastiante ser livre e ter de contar com o fato de que outros também o sejam. Aceitar-se-ia de bom grado que se tirassem as decisões de si próprio e que a vida rodasse diante de nossos olhos espirituais internos como o que seria, com sorte, um belo filme. Como expressa o filósofo norte-americano Stanley Cavell (*1926): "Nada é mais humano do que o desejo de negar a sua humanidade"[17].

A isso me oponho e defendo neste livro a ideia de que o conceito de espírito anda lado a lado com o conceito de liberdade, como este também é usado no âmbito político. A liberdade não é apenas um valor muito abstrato, que nós defendemos sem saber exatamente o que realmente queremos dizer com isso. Ela não é apenas nossa assegurada liberdade de mercado de escolher, enquanto consumidores, entre os diversos produtos oferecidos. Em última instância, a liberdade humana é fundamentada no fato de que somos seres vivos espirituais, que simplesmente não podem ser completamente entendidos se se tenta cientifizar a nossa imagem do ser humano segundo o modelo das ciências naturais.

E, desse modo, já nos encontramos em nosso tema. Porque já estamos refletindo sobre nós mesmos; isso é parte de nossa forma de vida. Temos consciência não apenas de muitas coisas em nosso ambiente e temos não apenas impressões e vivências conscientes (das quais também sentimentos fazem parte), mas também temos

---

17 CAVELL, 2006: 200.

consciência da consciência. Nós, filósofos, chamamos isso de *autoconsciência*, o que não é idêntico à autoconsciência no sentido da autoconfiança.

Atualmente, somos verdadeiramente sobrecarregados com conhecimentos aparentes sobre nós mesmos. As neurociências, a psicologia evolutiva, a antropologia evolutiva e um grande número de disciplinas das ciências naturais (ou alguns de seus defensores) afirmam quase diariamente ter feito avanços no âmbito do autoconhecimento ou, ao menos, estarem à beira de uma descoberta decisiva.

Na série da TV alemã "Filosofia na tomografia cerebral", se considera até mesmo se não é "o espírito humano, mas sim o cérebro que conduz as decisões". "A vontade livre seria comprovadamente uma ilusão"[18]. Outro programa deseja comprovar que a pesquisa sobre o cérebro sustenta uma tese supostamente provinda de Immanuel Kant, a saber, que nós não podemos conhecer o mundo tal como ele é em si mesmo[19]. O filósofo da consciência de Mainz, Thomas Metzinger (*1958), que defende uma aproximação da neurociência por parte da filosofia, é citado. Ele deveria apoiar a afirmação:

> Filosofia e pesquisa sobre o cérebro estão de acordo: a percepção não mostra o mundo, mas sim um modelo do mundo. Um minúsculo recorte, extremamente editado, dirigido às necessidades do organismo. Mesmo o espaço e o tempo e também causa e efeito são produzidos a partir do cérebro. Apesar disso, há, naturalmente, uma realidade. Ela não se permite experienciar diretamente, mas ela se permite circunscrever[20].

Entretanto, a maior parte dos filósofos que se ocupam com teoria do conhecimento e teoria da percepção não aceitariam de modo algum esse enunciado. A teoria de que não experienciamos

---

18 HUBERT, 2014.

19 WILDERMUH, 2014.

20 Ibid.

a realidade diretamente, mas sim apenas podemos a circunscrever, se mostra, vista mais precisamente, como incoerente. Porque ela já pressupõe que o modelo do mundo, como na citação, pode ser experienciado diretamente. Caso fosse preciso circunscrever indiretamente por sua vez esse modelo, também não se poderia saber que de algum modo haja, de um lado, o modelo e, de outro, o mundo, do qual nós fazemos modelos. Saber que se faz um modelo da realidade significa, sem rodeios, saber algo sobre a realidade. Não se precisa, portanto, sempre de modelos, e não se está sempre encarcerado neles, por assim dizer. E, ora, por que o modelo não pertenceria à realidade? Por que o meu pensamento de que chove em Londres, o qual eu não preciso primeiro circunscrever para ter, deveria não pertencer à realidade? Frente a esse pano de fundo, o novo realismo afirma que nossos pensamentos não são menos reais do que aquilo sobre o que refletimos, e afirma que podemos, então, conhecer a realidade, não precisando nos contentar apenas com modelos[21].

O conceito da "liberdade espiritual" que desenvolverei retoma o assim chamado "existencialismo" de Jean-Paul Sartre (1905-1980). Sartre esboçou em suas obras filosóficas e literárias uma imagem da liberdade cuja origem se encontra na Antiguidade e cujos rastros podem ser encontrados no iluminismo francês, em Immanuel Kant, no idealismo alemão (Johann Gottlieb Fichte, Friedrich Wilhelm Joseph Schelling, Georg Wilhelm Friedrich Hegel), Karl Marx, Søren Kierkegaard, Friedrich Nietzsche, Sigmund Freud e muito além deles.

Eu menciono esses nomes aqui apenas como representantes de uma ideia comum a eles. Eu chamo essa ideia de "novo existencialismo" para mostrar que ela precisa se sustentar em uma forma atualizada, sem o lastro que se amarrava a ela nos pensadores men-

---

21 Cf. mais minuciosamente a esse respeito as contribuições em GABRIEL, 2014.

cionados. O **neoexistencialismo** afirma que o ser humano é livre, na medida em que ele precisa fazer uma imagem de si mesmo para poder ser primeiramente alguém. Nós esboçamos autorretratos de nós [mesmos], de quem somos, queremos ser e devemos ser, e nos orientamos por esses sob a forma de normas, valores, leis, instituições e regras de diversos tipos. Precisamos interpretar a nós mesmos para que possamos ter uma representação do que nós devemos fazer. Ao fazê-lo, desenvolvemos inevitavelmente valores como pontos de referência. Estes não nos fazem nem não livres nem dogmáticos, como alguns poderiam pensar.

O decisivo aí é o pensamento de que frequentemente esboçamos também autorretratos falsos e distorcidos e deixamos até eles terem efeitos políticos. O ser humano é o ser que faz uma representação da maneira com que ele está inserido na realidade, realidade que vai muito além dele. Por isso, esboçamos visões da sociedade, visões de mundo e mesmo sistemas de crença metafísicos, os quais deveriam tornar disponível para nós, em um panorama gigantesco, tudo o que existe. Até onde sabemos, somos os únicos seres vivos que fazem isso, o que todavia, aos meus olhos, não valoriza ou desvaloriza outros seres vivos, como ainda veremos. Não se trata de pensar que nós, seres humanos, devêssemos nos embriagar com a nossa liberdade e nos celebrarmos como senhores do planeta pelo **antropoceno** bem-sucedido, como se chama a época da terra marcada pela dominação terrestre do ser humano. Trata-se primeiramente apenas de iluminar o espaço de nossa liberdade espiritual, em lugar de trabalhar por seu obscurecimento por meio da marginalização das ciências humanas na esfera pública das sociedades democráticas.

Muitos dos resultados principais a que a filosofia do espírito chegou no século XX e até o momento no século XXI são ainda relativamente pouco conhecidos na esfera pública mais ampla. Uma razão para isso reside no fato de que os métodos, assim como os argumentos que são utilizados, se apoiam em parte em pressuposições complicadas e são expostos em uma linguagem técnica extremamente especializada. A filosofia é naturalmente, desse ponto de vista, uma ciência especializada como a psicologia, a botânica, a astrofísica, a romanística ou a pesquisa social estatística. E é bom que seja assim.

Todavia, à filosofia cabe uma tarefa adicional, que Immanuel Kant designou como "Esclarecimento" [*Aufklärung*], o que significa que a filosofia também desempenha um papel no espaço público. Kant distingue expressamente entre um "conceito escolástico" e um "conceito cósmico [*Weltbegriff*] de filosofia"[22]. Ele quer dizer com isso que nós, filósofos, não trocamos apenas argumentos firmes e logicamente rigorosos entre nós e desenvolvemos sobre essa base uma linguagem técnica. Este é o conceito escolástico, ou, justamente, a filosofia acadêmica. Além disso, também temos a obrigação de fornecer à esfera pública uma visão a mais ampla possível das consequências de nossas considerações. Esse é o conceito cósmico de filosofia. Ambos os conceitos devem ser inseparáveis, a fim de que possam se criticar reciprocamente. Isso corresponde à ideia fundamental do Esclarecimento kantiano – um papel que a filosofia já desempenhava na Grécia antiga.

O Eu como *pendrive*

Apesar de já ter chegado à esfera pública a compreensão de que as possibilidades de conhecimento das neurociências em relação à nossa imagem do ser humano são limitadas, o projeto, já nesse meio-tempo severamente criticado, *Human Brain Project* [Projeto cérebro humano], financiado pela Comissão Europeia com mais

---

22 KANT, 1998: 865.

de um bilhão de euros, deve reunir o conhecimento atual sobre o cérebro humano e simular o cérebro em computador.

Representações correspondentes (completamente exageradas) da capacidade de processamento de inteligências artificiais perpassam o espírito do tempo [*Zeitgeist*]. Em filmes como *Her* [Ela], de Spike Jonze, *Lucy*, de Luc Besson, *Transcendence* [Transcendência], de Wally Pfisters, *Chappie*, de Neil Blomkamps, ou *Ex machina*, de Alex Garlands, cérebro e computador são fantasiosamente fundidos. Em *Her*, o protagonista se apaixona por seu software aparentemente muito inteligente, que desenvolve uma personalidade com problemas existenciais; em *Transcendence*, o protagonista se torna completamente imortal e onipotente ao fazer o *upload* de si mesmo em um computador, para então se espalhar pela internet; em *Lucy*, a protagonista consegue transferir o seu Eu para um *pendrive* depois que ela, sob a influência de uma nova droga provinda da Ásia, consegue controlar conscientemente 100% da sua atividade cerebral. Ela se torna imortal ao se transformar de uma pura coleção de dados em um armazenador de dados.

Ao lado das fantasias de desencargo da consciência de querer identificar o nosso Eu com a massa cinzenta [*Gehirnding*] sob o nosso crânio, também o nosso desejo por imortalidade e indestrutibilidade desempenham um papel decisivo em nossa visão de mundo atual. A internet é apresentada como uma plataforma da eternidade, na qual se poderia esperançosamente um dia subir o seu espírito purificado do corpo, e surfar para sempre, como espectro de informação, o espaço binário infinito.

De modo um tanto mais sóbrio, os cientistas do *Human Brain Project* esperam obter avanços medicinais por meio de um melhor entendimento do cérebro. Por outro lado, esse projeto também promove em sua homepage, sob a seção "Visão", a ideia de que uma neurociência artificial baseada em modelos computacionais, que não precisa mais trabalhar com cérebros reais, "tem o potencial de revelar os mecanismos detalhados que levam dos genes para as células e circuitos e, em última instância, ao conhecimento e ao comportamento – a biologia que nos faz humanos"[23].

Avanços científicos e tecnológicos devem ser bem-vindos, não há dúvida. Seria completamente irracional condenar tais desenvolvimentos porque eles, por exemplo, levaram a problemas como bombas atômicas, mudança climática e vigilância precisa dos cidadãos por meio da obtenção de dados. Só podemos lidar com os problemas da Modernidade produzidos por nós, seres humanos, por meio de mais avanços. Não se pode prever se nós os solucionaremos ou se a humanidade irá mesmo se extinguir talvez em um futuro próximo. Isso também depende de se sequer reconheceremos os problemas e os descreveremos adequadamente. Subestimamos muitas dificuldades, como, por exemplo, a produção excessiva de plástico ou a poluição do ar devastadora na China, sob a qual milhões de pessoas sofrem. Outras ainda mal entendemos, como, por exemplo, a complexa situação social-econômica no oriente próximo.

Não queremos regressar para a Idade da Pedra, nem mesmo para o estado tecnológico do século XIX. Críticos choramingões do progresso não acrescentam nada a ninguém, a não ser àqueles que anseiam pelo fim da civilização, o que de fato apenas espelha as suas próprias angústias na civilização, o seu "mal-estar na cultura" (Freud). Para nós, *digital natives* [nativos digitais] é, hoje em dia, quase impensável escrever uma carta não eletrônica para alguém. Se não houvesse e-mails, como deveríamos organizar o nosso mundo do trabalho? Há, como sempre, também medo diante de novas tecnologias e o potencial de sua exploração ideológica, o que deter-

---

23 COMISSÃO EUROPEIA, 2013. Minha tradução de: *"New in silico neuroscience has the potential to reveal the detailed mechanisms leading from genes to cells and circuits, and ultimately to cognition and behavior – the biology that makes us human"*.

mina o debate sobre a revolução digital e o abuso de dados, assim como a vigilância de dados em nosso mundo da internet.

O progresso tecnológico universal não se resume, porém, a desvantagens. Muito pelo contrário: fico feliz de poder escrever e-mails e estar conectado eletronicamente com meus amigos em volta do globo. Além disso, fico feliz de não precisar mais ir à locadora para alugar vídeos. Fico feliz de poder, às vezes, pedir uma pizza ou reservar minhas férias online, e poder coletar informações previamente sobre hotéis, praias e exposições de arte. Nossa civilização altamente equipada tecnologicamente e científico-naturalmente e respeitavelmente progressiva não é em si uma "condição de cegueira" [*Verblendungzusammenhang*], como pensam os críticos da cultura na esteira do filósofo Theodor W. Adorno. Contudo, há hoje, assim como em todos os tempos, cegueiras.

Certamente, o progresso científico tecnológico de nossos dias tem lados sombrios, problemas caseiros de grandezas inimagináveis: guerras cibernéticas, destruição do meio ambiente, superpopulação, drones, *cyberbullying*, ataques terroristas planejados em redes sociais, bombas atômicas, crianças indo para a escola entupidas com psicotrópicos e que têm *deficits* de atenção em parte verdadeiros, em parte imaginados, e assim por diante. Entretanto, deve-se saudar o mais novo progresso digital na medida em que ele for compatível com o "progresso na consciência da liberdade" (Hegel). Por outro lado, e é disso que se trata neste livro, deve-se registrar alguns retrocessos no âmbito do autoconhecimento. Aqui se trata de ideologia, ou seja, de certa forma de ilusão que é alegremente disseminada até que alguém se revolte contra ela. A *crítica à ideologia* é uma das funções principais da filosofia no contexto social como um todo, uma responsabilidade da qual não se deve se furtar.

Neuromania e darwinite – um exemplo do *Fargo*

O médico britânico Raymond Tallis (*1946) falou, em um contexto semelhante, de uma "neuromania" e de uma "darwinite", pelo que ele entendia a interpretações atuais equivocadas da humanidade sobre si mesma[24]. A **neuromania** consiste na crença de que se pode conhecer mais sobre si mesmo ao saber cada vez mais sobre o seu sistema nervoso central, em particular sobre o modo de funcionamento do cérebro. A **darwinite** complementa essa perspectiva com a dimensão de nosso profundo passado biológico ao querer nos fazer acreditar que o comportamento típico atual pode ser melhor compreendido ou mesmo só pode ser compreendido se forem reconstruídas as suas vantagens de adaptação na batalha pela sobrevivência no alvoroço de espécies em nosso planeta. O neurocentrismo é a combinação da neuromania e da darwinite, ou seja, a representação de que nós só podemos entender a nós mesmos enquanto seres vivos espirituais se pesquisarmos o cérebro tendo em vista a sua pré-história evolutiva.

Um exemplo maravilhosamente irônico para a darwinite se encontra em um episódio da série magistral *Fargo*. O brilhante psicopata e assassino contratado Lorne Malvo, interpretado por Billy Bob Thornton, é preso temporariamente por um policial que o reconhece. Todavia, Malvo teve antes a refinada ideia de se apresentar em uma homepage como padre, de modo que ele é rapidamente solto novamente, dado que a polícia toma, de maneira demasiado crédula, a presença da paróquia na internet por sua existência de fato. Quando Malvo se prepara para abandonar a delegacia, o dito policial, que sabe sua verdadeira identidade, lhe pergunta como ele consegue conciliar esse comportamento com sua consciência moral [*Gewissen*] humana. Em resposta, Malvo lhe pergunta por que os seres humanos podem distinguir tantos tons de verde. O policial fica perplexo, mas inquire sua mulher mais tarde a esse respeito. Esta lhe dá como resposta: nossa palheta diferenciada de cores no âmbito do verde se apoia no fato de que, nos tempos em que ca-

---

24 TALLIS, 2011.

çávamos na floresta, precisávamos reconhecer os nossos inimigos naturais, assim como nossas presas, nas moitas e nas florestas densas. A seleção natural escolheu, então, a nossa paleta de cores específicas, o que é, de fato, completamente correto de um modo geral. Sem essa paleta, nossa espécie provavelmente não existiria.

Malvo queria, todavia, comunicar com a sua resposta que ele era um caçador. Ele queria *legitimar* seu comportamento, apontando para o fato de que nos originamos de caçadores e assassinos e que seus assassinatos, portanto, representavam uma espécie de necessidade natural. Dessa maneira, ele defende uma forma grosseira de **darwinismo social** e, por conseguinte, uma posição filosófica. O darwinismo social defende a tese de que tal comportamento interpessoal pode ser entendido, explicado e legitimado por meio dos parâmetros de sobrevivência de nossa espécie biológica, pesquisáveis por meio da biologia da evolução.

Por mais que o *darwinismo* tenha, naturalmente, surgido primeiramente na segunda metade do século XIX, certas ideias fundamentais do *darwinismo social* são muito mais antigas. Já os gregos antigos as discutiam, como Platão por exemplo o faz em sua obra principal, do primeiro livro de *A República*. O filósofo antigo Trasímaco aparece nele e define a justiça como: "nada a não ser a vantagem dos mais fortes"[25]. Na primeira metade do século XIX, Arthur Schopenhauer, em *O mundo como vontade e representação*, começou a descrever o comportamento especificamente humano de modo proto-social-darwinista. Ele explica, por exemplo, estados como o de estar apaixonado, ou todos os processos sociais que se dão em torno da sexualidade humana, como danças de acasalamento, o que, para ele, vem acompanhado por um acentuado e generalizado desprezo pela humanidade, mas também em particular

---

25 PLATÃO, 2001: 99.

por misoginia. Schopenhauer teve mesmo– colocado de maneira amena – dificuldades no trato com o outro sexo.

Explicações dessa forma se encontram em todos os lugares. Em particular no comportamento em relacionamentos – que, de uma forma ou de outra, ocupa a nós todos cotidianamente – se aplicam categorias biológicas para a explicação de suas estruturas fundamentais. Queremos ter por fim descoberto que o ser humano também é "apenas" um animal, e queremos de qualquer forma não ser tão ingênuos de acreditar que estamos removidos inteiramente do reino animal. Queremos, na medida do possível, e por má consciência frente aos outros animais (que admiramos em zoológicos e dos quais fazemos churrasco, com uma garrafa de cerveja na mão, em belas tardes de verão), nos convencer de que o homem não é uma exceção no reino animal, mas sim apenas por acaso também é ainda um ser vivo espiritual – que além de tudo é, presumivelmente, o único ser vivo dentre todos que sabe que ele é um ser vivo. Até onde é do meu conhecimento somos, ao menos, os únicos seres vivos que destroçam maquinalmente outros seres vivos, os prensam em seus intestinos e, então, durante um diálogo sobre o melhor modo de preparo, os empurram de lá para cá em uma churrasqueira.

Espírito – cérebro – ideologia

Uma das principais teses deste livro diz que os processos até agora apenas delineados que visam a delegar o nosso autoconhecimento a uma nova disciplina científico-natural são ideológicos e, portanto, são fantasias equivocadas. O que critico aqui como **ideologia** é, nesse caso, um sistema de representações e reivindicações de saber na área do autoconhecimento que compreende equivocadamente produtos da liberdade espiritual como processos naturais, biológicos. Visto dessa forma, não é de se surpreender que a ideologia atual também se dedique especialmente a deixar para trás

34

o conceito da liberdade humana. De preferência, não deve haver produtos da liberdade espiritual.

Este objetivo teria sido alcançado se, por exemplo, o *Amphitryon* de Heinrich von Kleist, a *Missa solemnis* de Gioachino Rossini, o *hip-hop* dos anos de 1990 ou a construção do prédio do Empire State tivessem sido reconstruídos como variantes complexas do impulso lúdico amplamente disseminado no reino animal. Admite-se de bom grado que as nossas ciências naturais ainda estão infinitamente longe desse ponto. Também é isso que vemos lá pelo fim de *O manifesto: onze neurocientistas proeminentes falam sobre o presente e o futuro na pesquisa sobre o cérebro*, que foi publicado na revista *Gehirn und Geist*:

> Mesmo que esclareçamos em algum momento todos os processos neurais que estão no fundamento da compaixão em seres humanos, de estar apaixonado ou da responsabilidade moral, ainda permanece conservada, todavia, a autonomia [*Eigenständigkeit*] dessa "perspectiva interior". Porque também uma fuga de Bach não perde nada de sua fascinação quando se entende perfeitamente como ela foi composta. A pesquisa sobre o cérebro terá de distinguir claramente o que ela pode dizer e o que se encontra além da sua área de competência, assim como a ciência musical – para permanecer neste exemplo – teria algo a dizer sobre a fuga de Bach, mas teria de se silenciar sobre a singularidade de sua beleza[26].

Como exemplo representativo do neurocentrismo – ou seja, da tese: Eu = cérebro – pode-se apontar, por exemplo, o livro do pesquisador holandês do cérebro Dick Swaab (*1944), com o título *Nós somos o nosso cérebro – Como pensamos, sofremos e amamos*[27]. Lá, lê-se bem no início da introdução:

> Tudo o que pensamos, fazemos e deixamos acontece por meio de nosso cérebro. A estrutura dessa máquina fantástica decide as nossas habilidades, os nossos limites e

---

26 EIGER et al., 2004: 31-37.

27 SWAAB, 2011.

> o nosso caráter; nós somos o nosso cérebro. A pesquisa sobre o cérebro não é mais apenas a busca pelas causas de doenças cerebrais, mas também a busca por uma resposta à pergunta sobre por que somos como somos – uma busca por nós mesmos[28].

Vê-se então que, segundo o neurocêntrico, a pesquisa sobre o cérebro não é mais apenas a pesquisa sobre o modo de funcionamento em um órgão ademais bastante útil. Ela também quer agora, pelo menos segundo Dick Swaab, se dedicar à "busca por nós mesmos".

Eu, em oposição a isso, defendo a tese de que a busca por nós mesmos, o projeto do autoconhecimento, falha completamente se pensamos que somos o nosso cérebro. Sem um cérebro saudável certamente não existiríamos, não poderíamos pensar, estar acordados ou conscientes. Disso porém não se segue, sem passar pelo caminho de muitos argumentos adicionais, que sejamos idênticos ao nosso cérebro.

Uma primeira distinção que ajuda a esclarecer que não precisamos supor que sejamos idênticos a nosso cérebro, mesmo apesar do fato de que não existiríamos sem ele, é a diferença entre *condições suficientes* e *necessárias*. É, por exemplo, necessário, para que eu possa fazer um pão com geleia para mim, que eu tenha pão e geleia. Isso não é, porém, de modo algum, suficiente. Se a geleia estiver na geladeira e o pão na cesta de pães, ainda não tenho um pão com geleia. Para tanto, preciso juntar os dois da maneira correta, por exemplo, por meio de manteiga.

Algo semelhante ocorre com o cérebro. Uma razão pela qual nós não somos idênticos ao nosso cérebro consiste simplesmente no fato de que, em primeiro lugar, nós temos um corpo que não é constituído apenas de neurônios, mas também apresenta outros tipos de células. Além disso, não estaríamos nem próximos de ser aquilo que somos, se não estivéssemos em interação social com ou-

---

28 Ibid.: 25.

tros seres humanos. Não teríamos linguagem e não seríamos nem sequer capazes de sobreviver, pois seres humanos são tudo, menos seres que nascem como solipsistas que podem ter uma consciência sem ter se comunicado com outros.

Esses fatos culturais não podem ser esclarecidos quando nos vemos como um cérebro. É preciso tomar em consideração pelo menos uma grande quantidade de cérebros, que se encontram em organismos completos. Isso torna a questão, de um ponto de vista neurocientífico, para sempre complexa demais, pois já um único cérebro, em função de seu caráter e plasticidade individuais, não pode ser descrito de modo completamente calculável – boa sorte então com a tentativa de pesquisar, por exemplo, a estrutura sociocultural de uma metrópole chinesa, ou mesmo de apenas uma vila da floresta negra, com os métodos da neurobiologia! Isso não é apenas completamente utópico, mas também superficial, uma vez que já temos há muito tempo outros métodos para tanto. Métodos que se originam da longa história do autoconhecimento do espírito humano, dos quais fazem parte, ao lado, naturalmente, da filosofia, a literatura, a música, a arte, a sociologia, a psicologia, o colorido buquê das ciências humanas, as religiões, e assim por diante.

Na filosofia do espírito se trata de modo central, desde há mais de cem anos, a relação entre espírito e cérebro, uma questão que foi posta em relevo no início da Modernidade especialmente por René Descartes (1596-1650). Assim, a mais nova filosofia do espírito retoma em trajes modernos uma pergunta de milhares de anos, já formulada na Grécia antiga, a saber, como nosso corpo em geral se relaciona com o nosso espírito. Por isso, se fala também do **problema alma-corpo**. O *problema mente-cérebro* é uma variante deste complexo abrangente de questões. A formulação mais geral desse problema enuncia: Como é de algum modo possível que uma vivência espiritual subjetiva exista em um universo inconsistente, frio, puramente objetivo e que se desenvolve segundo leis naturais? Isto foi chamado pelo proeminente filósofo austríaco da consciência David Chalmers (*1966) de **o problema difícil da consciência**. De outra forma: Como a nossa perspectiva aparentemente provinciana do universo se encaixa nesse universo que ultrapassa toda capacidade de representação?

Essa formulação em particular conduz a problemas quando se trata da questão filosófica central sobre quem nós somos. Aí pode-se, com o auxílio da filosofia, descobrir algumas falácias amplamente disseminadas. Poder-se-ia por exemplo pensar que o nosso Eu seja produzido pelo cérebro. Seria possível entender isso como uma vantagem adaptativa na batalha pela sobrevivência das espécies. Nesse caso, haveria consciência simplesmente porque certos cérebros que produzem consciências foram bem-sucedidos evolutivamente. Se o nosso Eu, porém, é *produzido* pelo cérebro, ele não pode sem mais ser *idêntico* a este. Isso porque se A é produzido por B, A e B não são, em todo o caso, estritamente idênticos. Ou o nosso Eu é produzido pelo cérebro (p. ex. como ilusão útil à sobrevivência ou como *interface* de usuário de nosso organismo) ou ele é idêntico ao cérebro. É preciso já aqui se decidir ou pelo menos tentar obter clareza e coerência nessa questão, o que por exemplo Sam Harris perde de maneira especialmente drástica em seu livro *Free Will* [Livre-arbítrio][29]. Isso porque ele de fato afirma que o Eu seria produzido pelo cérebro e, por isso, não seria livre.

Além disso, simplesmente não funciona fazer indiscriminadamente afirmações de que não somos livres porque o nosso cérebro toma decisões inconscientes e pensar, ao mesmo tempo, que sejamos idênticos ao nosso cérebro. Isso porque nesse caso seríamos novamente livres, pois o cérebro, por sua vez, não depende das decisões inconscientes de outro sistema. Se o meu cérebro me

---

29 HARRIS, 2012.

conduz, mas eu sou o meu cérebro, o meu cérebro se conduz, ou seja, eu conduzo a mim mesmo. A liberdade não seria, desse modo, ameaçada, mas sim explicada. Em algum âmbito se aceitou a liberdade, mesmo que talvez não no âmbito de decisões calculadas conscientemente.

Cartografia da autointerpretação

A crítica ao neurocentrismo é, apesar de tudo, apenas uma das ocasiões para este livro. Ao mesmo tempo, gostaria de, por meio da apresentação de alguns conceitos centrais da filosofia do espírito, mapear o terreno espiritual de nosso autoconhecimento. De que maneira conceitos como consciência, autoconsciência, Eu, percepção e pensamento estão conectados, e como, afinal, eles chegaram ao nosso vocabulário?

Trata-se a seguir também do autoconhecimento positivo, ou seja, da questão sobre quem nós verdadeiramente somos. A **tese principal** do neoexistencialismo aqui esboçado enuncia que o espírito humano produz uma pluralidade aberta de capacidades que são em sua totalidade espirituais, porque o espírito fornece, por meio dessa autointerpretação, uma imagem de si próprio. *O espírito humano faz uma imagem de si próprio e produz, assim, uma pluralidade de realidades espirituais.* Esse processo tem uma estrutura historicamente aberta, que não se deixa apreender na linguagem da neurobiologia. Isso não depende do fato de que temos diferentes linguagens, mas sim está fundado no fato de que o espírito humano não é um fenômeno puramente biológico.

Nossa capacidade de também conceber visões de mundo e falsas imagens de si conduz à ideologia. O decisivo é que também falsas imagens de si dizem algo sobre aqueles que tomam tais imagens por verdadeiras. É de fato uma experiência pertencente ao nosso cotidiano que o ser humano imagine muitas coisas, que ele faça uma imagem de si mesmo, de suas habilidades e capacidades e que coloque à prova essa imagem em conversação com outros, com amigos e inimigos.

O espectro da produção das realidades espirituais vai de um entendimento profundo sobre nós mesmos na arte, na religião e na ciência (à qual pertencem as ciências humanas, sociais, tecnológicas e naturais) até as diferentes formas de ilusão: ideologia, autoengano, alucinação, doenças espirituais, entre outras. Dispomos, entre outras coisas, de consciência, autoconsciência, um Eu, um corpo, um inconsciente, e assim por diante.

Minha principal tese positiva remonta a dizer que temos nesses conceitos elementos de uma imagem que o espírito humano faz de si mesmo. O espírito humano não é aí uma coisa que estaria na base desse [ato de] fazer uma imagem de si. Ele não tem nenhuma realidade que fosse independente dessa autoimagem, de modo que se pudesse simplesmente comparar essa realidade independente do espírito com a sua autoimagem. Ele só existe ao produzir autoimagens. Ele se torna, assim, sempre aquilo que ele faz de si. Por isso mesmo ele tem uma história, a história do espírito.

A nossa época da história do espírito, a Modernidade, produziu entrementes o neurocentrismo, que parece estar em uníssono com um dos maiores temas dessa época: o esclarecimento por meio da ciência. O que nós, porém, esquecemos cada vez mais, é a historicidade dessa época e, assim, a circunstância de que ela pode falhar e ruir. Nós precisamos de mais, e não de menos modernidade. Mas faz parte disso a compreensão da historicidade de nossas autoimagens, que foi um tema central da filosofia dos últimos dois séculos e que não pode ser menosprezada no conceito de espírito.

I
Do que trata a filosofia do espírito?

A filosofia do espírito trata, obviamente, do espírito. Mas isso é menos evidente do que parece à primeira vista. É que no último século surgiu uma nova maneira de abordar a filosofia do espírito, a assim chamada em inglês *philosophy of mind*, representada paradigmaticamente pelo livro de Bertrand Russel de 1921, *A análise da mente*[30]. Aquilo que se chama em alemão de *Philosophie des Geistes* deriva também, em muitos autores no espaço linguístico germânico, da disciplina anglofônica da *philosophy of mind*. Em alemão, todavia, **Bewusstseinsphilosophie** [filosofia da consciência] seria uma tradução mais precisa de *philosophy of mind*, a qual eu gostaria de usar para poder distinguir esse novo direcionamento de correntes de pensamento prévias. A novidade problemática nessa abordagem não está em seu conteúdo, mas em que se atribua agora à filosofia do espírito, em sua orientação como filosofia da consciência, a tarefa de buscar a resposta a uma pergunta precisamente colocada: O que é a característica distintiva de que algo seja um estado mental ou um acontecimento mental? Segundo essa compreensão amplamente disseminada hoje, a filosofia do espírito deve primeiramente obter uma "característica distintiva do mental (*mark of the mental*)". A característica distintiva geralmente aceita aí é a consciência, motivo pelo qual a filosofia do espírito, de maneira demasiado unilateral, se concentrou em uma única faculdade do espírito humano.

---

30 RUSSEL, 2004.

A pergunta acima mencionada sobre a característica distintiva do mental se dá a partir do pano de fundo da suposição moderna de que muito daquilo que já pudemos uma vez considerar como espiritual se mostrou como sendo puramente natural. Aqui, impõe-se novamente a batalha moderna contra a superstição: por mais que antes fosse possível acreditar que os corpos celestes se movem em trajetórias e constelações regulares para nos transmitir mensagens dos deuses, reconhecemos de maneira definitiva na Modernidade que o universo não contém tais mensagens. Os movimentos regulares dos corpos celestes se deixam esclarecer mecanicamente, não se esconde por trás deles nenhum tipo especial de intenção ou espírito.

O espírito seria, de acordo com essa concepção, cada vez mais banido do universo ou da natureza, o que alguns vinculam com a **secularização**, ou seja, com o desaparecimento, supostamente característico à Modernidade, da religião em prol de explicações não religiosas, e sobretudo científicas. Todavia, coloca-se aqui a questão sobre se nós sequer temos critérios para que algo possa valer como espiritual ou mental, assim como sob que condições uma explicação religiosa e uma explicação científica devem ser verdadeiramente inconciliáveis.

O espírito no universo?

O primeiro contraste que se impõe, no modo de argumentação moderno, é o que se dá entre natureza e espírito. Russel acrescenta, ao mesmo tempo, que não devemos usar esse contraste, caso contrário se impõe o dualismo temido e desprezado por quase todos. O **dualismo** consiste na tese de que o universo é composto de dois tipos de objetos ou eventos: os espirituais e os naturais. Hoje em dia, a maior parte dos filósofos da consciência considera essa posição indefensável, pois é necessário então supor que eventos espirituais teriam de interferir na conservação e permutação de energia de processos puramente naturais. As leis da natureza, que nos ensinam como a conversão e a permutação de energia funcionam, não nos dizem nada sobre a existência de um espírito que interfere naquilo que ocorre. Antes, tudo que ocorre de maneira puramente natural se deixa explicar, aparentemente, sem o espírito, pois as leis da natureza nos ensinam que nada pode interferir causalmente em um acontecimento a não ser que disponha por si mesmo de energia e que seja, desse modo, material. Tudo isso só é válido quando se supõe que o espírito mesmo não seja nada de material. Isso pois, caso o fosse, ele poderia, segundo essa lógica, interferir no acontecimento causal. Por isso, busca-se o espírito de preferência no cérebro, já que, sem este, de fato, não teríamos nenhuma vida consciente interior, ou seja, nenhuma consciência, o que a filosofia da consciência considera como a característica distintiva do mental.

Suponhamos que Joana queira beber café. Ela vai à cozinha e liga a máquina de café. De uma perspectiva fisicalista, não se deveria aceitar que, em algum lugar do corpo de Joana, uma força vital, uma alma ou um espírito se propagam e conduzem seu corpo à cozinha. Caso houvesse algo assim, então se teria verificado sua interação com o corpo há muito tempo, pois também um tal espírito apenas pode intervir na natureza se ele o fizer em conformidade às leis naturais. Isso significa que se investiria energia, o que poderia ser medido. Por isso, parece agora que a aparente vontade de Joana de beber café tem de ser buscada em algum lugar na engrenagem da natureza. Contudo, como não se encontra lá nenhuma alma, mas se encontrou um cérebro, agora se pergunta como o cérebro e o espírito se relacionam entre si. Nesse contexto, fala-se de um **fechamento causal ou nomológico da natureza**, que traz consigo o fato de que processos puramente naturais nunca podem ser afetados por processos puramente espirituais. Isso vale pelo menos enquanto se quiser distinguir o espírito da natureza por se entender que ele seja uma substância não material, um portador puramente espiritual de pensamentos.

Nesse âmbito, o filósofo norte-americano da consciência Jaegwon Kim (*1934) perguntou, ironicamente, se um espírito por assim dizer praticamente imaterial não poderia, contudo, estar de algum modo interligado causalmente com o nosso corpo. Assim se colocaria, porém, a pergunta de como o espírito consegue acompanhar o corpo em uma velocidade elevada. Como, por exemplo, o espírito aceleraria, se um astronauta fosse enviado ao espaço? Seria possível medir isso fisicamente, ou como se imagina que isso funcionaria? Poderia o nosso corpo andar para longe de nosso espírito se ele fosse rápido o suficiente, ou o espírito se fixa em algum lugar no corpo, como na glândula pineal do cérebro, assim como René Descartes, o bisavô da filosofia da consciência, pensava?

Com tudo isso, porém, já aceitamos demais, o que nos leva a outros problemas insolúveis. Em particular já concordamos com o pressuposto de que temos, com a realidade puramente natural, exatamente um campo de objetos [*Gegenstandbereich*], na qual se encontra tudo que se pode apreender, descrever e explicar com exatidão científica e objetividade. Eu designo esse domínio da realidade física como **o universo**.

Até agora, tudo bem. Mas e no caso da psicologia? Não investigaria ela o espírito humano, por exemplo, com o auxílio de experimentos e, desse modo, também com exatidão e objetividade científicas? Mas, se for assim, também o espírito tem de pertencer ao universo. Assim, o contraste reivindicado entre natureza e espírito desaba rapidamente. Também se é dualista (mesmo à própria revelia) quando se pensa que há ainda algum problema na inserção do espírito na natureza. Não é preciso pensar que haja uma fonte não material misteriosa de energia (o espírito, a alma) que perambula sob o nosso crânio para que se seja um dualista.

De fato, é verdade que não encontramos o espírito no universo. Mas disso não se segue que ele não exista! Isso se seguiria apenas se tivéssemos uma imagem do universo como o único campo do existente, como a única e verdadeira realidade. Porém, tal visão de mundo não é cientificamente ou fisicamente comprovável, mas sim um artigo de fé, em defesa do qual se pode no máximo argumentar filosoficamente. Mas também nesse âmbito falha a suposição de que haveria apenas um único campo total daquilo que realmente existe.

Parece, para naturalistas nessa posição, que eles teriam que explicar a inexistência [*wegerklären*] do espírito, o que se designa como **reducionismo teórico**, a fim de, dessa maneira, simplesmente remover do mundo o problema esboçado. Com isso, indica-se a tese de que deveríamos converter toda teoria que reivindica processos espirituais para uma teoria na qual a palavra "espírito" não apareça. Na história inicial dessa empresa floresceu, por exemplo, o **behaviorismo** (do inglês *behavior* = comportamento), que visava a traduzir todos os enunciados sobre processos espirituais em enunciados sobre comportamentos observáveis, medíveis e, em última instância, físicos. Sentir dor seria, então, simplesmente mostrar um comportamento de dor. A suposição de que haveria ainda processos espirituais parece um resquício de superstições pré-modernas – caso se procure o espírito no universo e ele seja tomado como a única realidade verdadeira.

No espírito de Hegel

A *philosophy of mind* se ocupa, assim, primariamente com a questão de como processos espirituais ou, melhor dizendo, estados e eventos *mentais* se deixam acomodar em um universo puramente natural. Com isso, porém, se pressupõe que nós deveríamos aceitar um conceito padrão ou inicial de realidade: a realidade física. A esta se oporia, por definição, a realidade mental, de modo que somos levados a nos perguntar como poderíamos atravessar essa vala, ou nos livrarmos dela.

Vamos dar um nome a essa problemática como um todo: **metafísica naturalista**. A **metafísica** é uma teoria da unidade da realidade no todo, o que também se chama de "o mundo". Ela se ocupa com tudo, com o maior todo, com a totalidade [*Weltall*]. Caso se identifique a totalidade com a natureza, então se pensa que tudo o que realmente existe tem de ser natural. Essa perspectiva é frequentemente casada com o naturalismo, ou seja, é ligada à tese de que só existem coisas naturais que podem ser pesquisadas pelas ciências naturais. Desse modo, resulta uma metafísica naturalista. Vista atentamente, ela não é nem um resultado de pesquisa seguro de alguma ciência natural ou de todas as ciências naturais como um todo, nem uma pressuposição da pesquisa física. Ela é, muito antes, uma teoria filosófica sobre como o mundo como um todo é constituído.

A metafísica naturalista já é vista por filósofos, desde há muito tempo, como consideravelmente insustentável. Em *Por que o mundo não existe* argumentei contra visões de mundo metafísicas como um todo, que pensam que há apenas uma única realidade, independentemente de se ela é igualada ao universo ou não. O quadro de premissas da *philosophy of mind* não é, portanto, sem alternativas. Muitos o consideram como infundado, eu o considero até mesmo falso.

O primeiro problema é que a metafísica natural reivindica um conceito completamente excessivo e mesmo antiquado de natureza. Isso porque parece ser utópico que haja exatamente um universo que se deixaria esclarecer completamente, na melhor das hipóteses, com uma física unificada no sentido de uma "teoria de tudo" (*theory of everything*), inclusive do ponto de vista das ciências naturais. A metafísica naturalista surgiu em tempos nos quais parecia que Newton, primeiramente, e Newton + Einstein, posteriormente, bastariam para nos oferecer, na linguagem da matemática, uma imagem fundamentalmente [*prinzipiell*] completa do universo. Desde a física quântica isso não soa mais plausível, e o candidato para o cargo de uma física unitária, a saber, a teoria das cordas com as suas muitas variantes, parece não se deixar corroborar experimentalmente. Em suma: nós não nos encontramos mais nem sequer próximos de estar em condições de indicar como, afinal, poderíamos estudar o universo como um todo por meio de ciências naturais com base experimental.

O segundo problema da *philosophy of mind* corriqueira é que ela não trata do espírito, mas sim da *mind* [mente]. Assim, já se excluiu a maior parte daquelas tradições filosóficas que não pensavam de modo algum que o espírito seja um fenômeno subjetivo do tipo da vivência consciente. Em alemão se fala, por exemplo, do *Zeitgeist* [espírito do tempo]. Hegel introduz o espírito objetivo e quer dizer, com isso, que uma placa de trânsito é espiritual no sentido de que ela é a expressão de uma intenção de fixar regras publicamente reconhecidas para o comportamento humano. Tradicionalmente, vincula-se também espírito e linguagem. É a linguagem, porém, algo puramente subjetivo? Também textos que são transmitidos pelo passado podem nos transmitir um espírito que não mais existe, mas que já foi, todavia, uma realidade. O filósofo de Bonn Wolfram Hogrebe (*1945) vai ao ponto em um aforismo: "O espírito é exterior, mas rebenta no interior"[31].

O conceito de espírito levou, no fim do século XIX, à introdução da expressão *Geisteswissenschaft* [ciência humana]. Com isso, porém, falsas oposições também foram sugeridas. Pensava-se, por exemplo, que houvesse, de um lado, as ciências naturais e, de outro, as ciências humanas. A assim chamada **hermenêutica** (do grego antigo *hermeneia* = entender) supôs, no século XX, que as ciências humanas investiguem apenas aquilo que se pode

---

31 HOGREBE, 2009: 17.

entender, enquanto as ciências naturais quereriam não *entender*, mas sim *explicar*. Nesse sentido, o grande hermenêutico de Heidelberg, Hans-Georg Gadamer (1900-2002), escreveu que as ciências humanas tratam da linguagem e que, nesta, trata-se do "ser que pode ser entendido"[32].

Se ciências naturais e humanas são opostas umas às outras, então se aceita assim, implicitamente, que há exatamente uma realidade, a qual só pode verdadeiramente ser investigada pelas ciências naturais. As ciências humanas se debruçariam sobre processos que, de algum modo, não são tão reais quanto os naturais, os quais caberiam às "ciências duras" (*hard science*). Isso é extremamente problemático.

Contudo, já se tem chegado a algum tempo na filosofia contemporânea a uma renascença do assim chamado idealismo alemão, ou seja, dos grandes sistemas filosóficos que começam com Kant e que se desenvolveram até a primeira metade do século XIX. Isso leva a uma valorização das ciências humanas ou da filosofia como ciência para a interpretação da realidade. Sobretudo Hegel, na filosofia do qual a expressão "espírito" se encontra no centro, desempenha, nesse contexto, novamente um grande papel. Também ele nos oferece intelecções de modo algum exauridas sobre a ligação da "natureza" com o "espírito". Antes de qualquer coisa, ele propôs uma versão consideravelmente plausível da ideia de que o espírito humano consiste em fazer uma imagem de si mesmo e de seu lugar em uma realidade que vai muito além dele.

Hegel expressa isso do seguinte modo: "O espírito é apenas aquilo que ele faz de si; ele é a atividade de produzir a si mesmo, de conceber a si mesmo"[33]. Desse modo, ele retoma algumas das ideias fundamentais de Kant e Fichte, que também são atuais para a ética

---

32 GADAMER, 1990: 478.

33 HEGEL, 2013: 266.

e para a filosofia prática contemporânea. Caso se coloque o conceito de *mind* no centro [da discussão] e se entenda a filosofia do espírito simplesmente como *philosophy of mind* no sentido usual, se exclui, desse modo, a toda essa tradição. Isso significa que não simplesmente não se fala mais sobre aquilo que se chama de "*Geist*" em alemão e de "*ésprit*" em francês, para tomar mais um exemplo além do inglês e do alemão.

Quando falo da filosofia do espírito, isso inclui a tradição da filosofia de Platão até Sartre e além. Isso também não exclui a *philosophy of mind* na medida em que suas considerações se mostraram prenhes de consequências para a pergunta sobre quem ou o que o espírito humano é. Se, todavia – como é comum na *philosophy of mind* – se pressupõe que nós devamos apenas responder como o fenômeno subjetivo de nossa vida interior mental se encaixa na natureza anônima, cega, inconsciente e sem propósito, cuja regularidade se deixa descrever pelas ciências humanas, essa maneira de formular o problema já é problemática. Isso porque se fixou como quadro de premissas uma visão de mundo científica obsoleta. Deve-se, em primeiro lugar, romper com esse dogma, se se tem por finalidade desenvolver uma filosofia do espírito para o século XXI.

O animal histórico no palco do social

A ideia fundamental de Hegel, a saber, a de que o espírito só faz primeiramente a si mesmo por meio de autoimagens, também significa que o espírito não é uma coisa entre coisas. Não nos encontramos diante dele como diante de serras, mares ou algas. A filosofia que o sucedeu subscreve a isso, assim também como, entre outros, Karl Marx, que pensava que o ser humano teria até então concebido autoimagens ideológicas falsas que deveriam – obviamente no âmbito da economia política – ser superadas. Marx vê na superestrutura ideológica a fonte das falsas autoimagens, o que representa um direcionamento específico da ideia existencialista fundamental de que o homem é um animal histórico. Também Marx, visto atentamente, não quis dizer com isso que o espírito pertença à natureza no sentido do universo pesquisável por meio das ciências naturais. Quando ele fala, com seu famoso dito, do "naturalismo do ser humano", ele também pensa, ao mesmo tempo, no "humanismo da natureza"[34]. A ideia de Marx que está por trás disso enuncia que o espírito humano seria uma parte da natureza, na medida em que nós, por razão de práticas sociais e especialmente por razão do trabalho, produzimos artefatos nos quais o ser humano e a natureza se unem, sem percebermos ao fazê-lo de que maneira damos forma, assim, à realidade social. Diferentemente de Hegel, Marx quer dizer com isso que o espírito se produz essencialmente por meio do trabalho figurado materialmente, ou seja, por meio da transformação do ambiente acessível aos seus sentidos, e não, por exemplo, primariamente na forma da arte, da religião e da filosofia. Mas também Marx não considera o espírito um fenômeno subjetivo que se passa no interior do nosso crânio e que poderia ser pesquisado, por exemplo, por meio de experimentos psicológicos ou (se ele já os tivesse conhecido) de tomografias do cérebro. Ele confia antes de tudo à economia uma forma privilegiada do autoconhecimento.

Uma das considerações centrais da filosofia do espírito do meio do século XIX até o assim chamado existencialismo do século XX foi que o homem é livre, pois ele é um ator de si mesmo no palco do social. Esse pensamento adquiriu especial proeminência nos romances e peças de teatro de Sartre, mas, naturalmente, também no trabalho literário de Camus. O **existencialismo** é a perspectiva de que o homem se encontra primeiramente apenas como existente e tem de então sempre tomar uma postura diante dessa condição, e é precisamente isso que o distingue em relação a todos os outros

---

34 MARX, 2008: 84.

seres vivos. Precisamente isso: tomar uma postura diante de sua própria existência é o que Sartre chama, em seu famoso ensaio *O existencialismo é um humanismo?*, de nossa "essência", de modo que ele vai ao ponto de seu existencialismo em uma sentença: "A existência precede a essência"[35].

A ideia fundamental subjacente já era, contudo, o *leitmotiv* da ética, até hoje mundialmente muito influente, de Kant, assim como em particular da filosofia de espírito que se seguiu a ele. Ela também desempenha novamente um papel decisivo na filosofia contemporânea – por exemplo em Christine Korsgaard (*1952), Stanley Cavell (*1926), Robert B. Pippin (*1948), Judith Butler (*1956), Jonathan Lear (*1948) ou Sebastian Rödl (*1967).

A consideração fundamental desse novo existencialismo tem a vantagem de que ela é, na verdade, muito facilmente compreensível. Para nos aproximarmos dela, imaginemos um cenário cotidiano: andamos pelo supermercado em busca de picles e vemos, ao fazê-lo, alguém que vai na direção da prateleira de pães, pega diversos pacotes de pão, e os examina de maneira crítica. Agora, colocamo-nos talvez a pergunta mais fácil de todas: O que ele faz ali? A resposta óbvia é que ele pega diversos pacotes de pão na mão e os examina.

Até agora tudo bem. Mas seria essa realmente uma descrição adequada? Quantos seres humanos você conhece que vão ao supermercado para pegar pacotes de pão na mão e examiná-los? Essa seria uma ocupação realmente estranha. Isso parece muito mais ser algo que alguém talvez faria se tivesse tomado certas drogas e, por isso, achasse fazer isso divertido. Afinal, o que ele está fazendo ali?

Eis uma outra explicação: ele veio ao supermercado para comprar pão e, como, no passado, ele já comprou pão embolorado, presta mais atenção agora. A circunstância de que ele examine o pacote

---

35 SARTRE, 1980: 10.

de pão se encontra, então, em um contexto mais amplo. Para poder entender o que ele faz ali, precisamos nos valer de uma estrutura determinada: ele faz algo *para* alcançar algo. Isso é chamado, na sociologia e na filosofia, de *ação* [*Handlung*]. Uma ação é sempre, desse modo, uma atividade [*Tätigkeit*] dirigida a fins e conduzida por motivos. Ações têm um sentido que precisa ser entendido para se saber qual ação se quer descrever, entender ou explicar.

O novo existencialismo retoma a ideia de Sartre – que, como dito, tem um precursor influente em Kant – de que uma ação de uma pessoa só pode ser realmente entendida se entendermos o seu plano de vida [*Lebensentwurf*], o seu projeto [*Projekt*], como Sartre diz. Esse projeto consiste em que a pessoa não realiza apenas ações singulares em alguma medida sensatas, mas sim escolhe entre diferentes ações no quadro de uma representação universal de como organizar sua vida de maneira a dar sentido a ela.

Por que nem tudo, mas pelo menos algo acontece com vista a fins

Essa observação aparentemente completamente trivial tem consequências consideravelmente amplas. Na filosofia, fala-se de uma *explicação teleológica da ação*. **Teleologia** (do grego *to telos* = o objeto, o fim) é a doutrina dos processos dirigidos a fins. Uma **explicação teleológica da ação** supõe que alguém faz algo porque ele persegue um fim. Seria completamente absurdo afirmar seriamente que explicações teleológicas da ação sejam sempre objetivamente falsas e insuficientes. Contudo, é exatamente essa suposição que se impõe do ponto de vista do neurocentrismo.

Suponhamos que fôssemos nosso cérebro. O homem no supermercado seria, então, naturalmente, também um cérebro. Nesse caso, precisaríamos sempre atribuir as suas ações ao seu cérebro. O seu cérebro examina o pão e assim por diante (certamente não são as suas unhas, e os seus olhos pertencem de fato ao seu cérebro). Mas em que linguagem se descrevem objetivamente processos cerebrais da melhor maneira possível?

Muitos supõem que as ciências naturais foram tão bem-sucedidas em acertar previsões e entender a natureza precisamente porque a ciência natural moderna se sustenta sem teleologia. Do seu ponto de vista, não há nenhuma intenção por trás de processos naturais, e também as leis naturais são normalmente concebidas não como instituições dotadas de intenção, mas sim como fatos nus. Segundo esse entendimento das ciências naturais, não se deveria supor que algo aconteça na natureza *a fim* de que uma outra coisa aconteça. Muito antes, processos naturais são interpretados por meio da sua remissão a leis naturais, com o auxílio das quais explicamos, de maneira geral, qual evento produz qual evento seguinte.

O desejo de comprar pão sem mofo não é, segundo essa consideração, um objeto das ciências naturais. Para sê-lo seria preciso, primeiramente, traduzi-lo em uma linguagem apropriada. Nesse caso, se trataria então da composição química daquilo que nós designamos como mofo, e da capacidade de sobrevivência do organismo, que é elevada com certa probabilidade por se evitar o mofo; da colisão de fótons com os receptores dos sentidos; do processamento complexo de estímulos na retina, e assim por diante. Mas não se trataria de que o homem faça aquilo por perseguir um fim. Cérebros não perseguem nenhum fim nesse sentido, eles preenchem certas funções do processamento de informação em um organismo complexo que se encontra em um ambiente natural ao qual ele pode, em determinadas circunstâncias, reagir. Eles também não têm intenções, apenas pessoas as têm, as quais consistem em muito mais do que um cérebro.

Uma das inovações [*Durchbrüche*] sempre novamente destacadas da ciência natural moderna consiste em que ela formule leis naturais sem teleologia. Vemos o que isso significa quando colocamos diante de nossos olhos o contraste patente entre Isaac Newton e Aristóteles. Aristóteles supunha, entre outras coisas, que houvesse cinco elementos: terra, água, fogo, ar e éter, uma substância que ele introduziu para tornar compreensível por que corpos celestes se comportam de maneira regular e sem atrito. Daí se originou a nossa expressão "quintessência", que significa, literalmente: a quinta essência, justamente o éter, que, para Aristóteles, faz fronteira com o divino. Segundo Aristóteles, todos os elementos têm um lugar natural para o qual tendem: o fogo e o ar se movem para cima, a terra tende para baixo, e assim por diante. Além disso, Aristóteles supunha, de uma maneira geral, que tudo aquilo que ocorre na natureza tem uma forma ideal ou perfeita pela qual ele se esforça. A natureza seria ordenada e compreensível para nós porque nós só precisamos descobrir a forma perfeita da espécie natural investigada correspondente para entendê-la.

A isso se opõe a ideia moderna de que podemos descobrir leis naturais com o auxílio de relações expressáveis matematicamente. A natureza não é compreensível, de acordo com essa ideia, porque ela satisfaz nossas expectativas de perfeição, mas sim porque, com o auxílio de experimentos e equações matemáticas, estamos em posição de conhecer e formular precisamente leis. Newton descobriu a gravidade dessa maneira, de modo que a doutrina aristotélica dos cinco elementos foi refutada de uma vez por todas.

Ao longo dos séculos as ciências naturais descobriram cada vez mais relações que nem sempre concordam com aquilo que nós vivenciamos em nosso dia a dia. A física moderna nos ensina que a natureza não funciona de fato como se poderia pensar que ela funcione se a examinamos apenas com nossos olhos. O que podemos ver e perceber por meio de nossos outros sentidos de maneira mais ou menos direta são objetos em uma escala restrita. Se os apreendemos apenas com os nossos olhos, assim como Aristóteles, não vamos muito longe na explicação da natureza. Ora, as explicações teleológicas de ações se aplicam apenas a uma limitada escala do cotidiano, na qual nos deparamos com pessoas no supermercado, por exemplo. Por isso, poder-se-ia pensar que eventos com os quais podemos colaborar como pessoas são, na realidade, completamente diferentes de como eles parecem ser para nós em nosso dia a dia. É esse pensamento antes de tudo que motiva a tentativa de trabalhar por uma ciência do comportamento humano.

A compreensão de que a natureza, em escala cientificamente precisa, é completamente diferente do que ela nos parece à primeira vista, levou a uma imensa sobriedade. Sem essa sobriedade jamais estaríamos em condições de descobrir realmente (e não apenas supor especulativamente) que nos encontramos em um universo possivelmente infinito e talvez até mesmo apenas em um universo entre infinitos outros. Não teríamos telefone, internet, trens, nem mesmo eletricidade em nossos domicílios, a qual também só se aprendeu a dominar porque leis fenomênicas completamente surpreendentes foram descobertas.

Eu, pessoalmente, parto do princípio de que nos encontramos não apenas em um infinito, mas sim em muitas infinitudes, pois algo como "a" uma realidade (o mundo), que jazeria no fundamento de todos os fenômenos, não existe nem mesmo pode existir. A suposição de que haja exatamente uma realidade, exatamente um mundo – um lugar em que tudo acontece – está no fundamento do pensamento grego-antigo do cosmos. Deve-se abdicar finalmente desse conceito de cosmos da mesma maneira que da doutrina aristotélica dos cinco elementos ou da patologia humoral, ou seja, da doutrina dos humores, segundo a qual doenças teriam a ver com o fato de que diferentes humores fluem através de nosso corpo.

A pesquisa sobre o cérebro deve ser levada em conta no contexto da sobriedade moderna em relação à natureza, à qual nós seres humanos também pertencemos. Ela pode trazer sobriedade se se acredita, por exemplo, que, em algum lugar no interior de nosso crânio, mora uma alma ou perambula um espírito que se remexe em nosso cérebro ou que está aprisionado a este. Isso já foi ironizado pelo filósofo britânico Gilbert Ryle (1900-1976) em seu livro *O conceito da mente* sob a expressão que se tornou famosa do "fantasma na máquina"[36].

O biólogo evolucionista Richard Dawkins explica essa forma de superstição pelo fato de que haveria em nós um "dualismo inato" entre corpo e alma e uma "teleologia inata": "O pensamento de que dentro da minha cabeça se esconda um *Eu*, o qual, ao menos em romances, pode transitar para outras cabeças, está enraizado em mim e em todos os outros homens"[37] (bom, é de se perguntar se ele está enraizado em todos nós). A "teleologia infantil" supõe, além disso, que "há uma intenção por trás de tudo"[38], no que Dawkins reconhece uma das origens da religião, a qual é, para ele, como o seu famoso título de livro já diz, simplesmente um *delírio de Deus*.

Dawkins está certo em dizer que não há de fato, por detrás de nossos olhos, um Eu, mas sim um cérebro. Também a representação de uma substância-alma vivificadora é enfraquecida pela biologia moderna, desde de que se tornou claro que podemos entender a química da vida. E por que deveria haver, ao lado da química da vida no sentido da vida biológica, ainda uma força vital? Essas representações se tornaram, por meio da ciência natural moderna, obsoletas, uma compreensão que é inteiramente importante para nossa autoimagem.

A pesquisa sobre o cérebro que prossegue pelo método das ciências naturais desabilita, no quadro de seu interesse metodica-

---

36 RYLE, 1969: 13s.

37 DAWKINS, 2008: 252.

38 Ibid.

mente conduzido por conhecimento, todas as velhas suposições que se originavam da visão de mundo teleológica. Caso se queira entender, por exemplo, a transmissão de sinais no interior de células nervosas, se será esclarecido a esse respeito por meio de canais iônicos e peptídeos. Para que se faça uma imagem abrangente, será necessário recolher incontáveis outros detalhes químicos, assim como aprender as funções de regiões específicas do cérebro.

Com essa postura de pesquisa, não se proporá nenhuma explicação teleológica das ações. Dizer que certas células disparam *para* informar células nervosas em uma região cerebral afastada é uma expressão metafórica enganosa, que, todavia, é utilizada na pesquisa sobre o cérebro sem que se pense em suas implicações teleológicas. O organismo não passa diante de si, como a clássica série francesa *Era uma vez... A vida* exibe para os nossos filhos. Os processos no cérebro não ocorrem tendo em vista células ou redes neuronais individuais porque estas perseguem a determinados fins, mas sim, simplesmente, porque elas realizam uma função.

Uma *função biológica* em um organismo não é um *fim* no sentido da explicação teleológica da ação. Caso se descreva o modo de funcionamento exato de certas células nervosas em seu contexto funcional, ao menos se descreve os processos como se nenhum operador [*Urheber*] tivesse parte neles. Não há ninguém sentado em uma sela, puxando uma alavanca para que algo passe agora através de uma membrana celular. Sinapses não são comportas que alguém abre e fecha. Nesse âmbito de descrição, faz parte que se deixe de lado representações de autoria [*Urheberschaft*], fim e ação, pois elas conduzem a suposições sem sentido (embora divertidas).

Agora se poderia fazer como em um filme, deixando rodar no pensamento uma cena e inserir uma outra no meio dela. Na primeira imagem vemos um homem que pega um pacote de pão da prateleira. A segunda imagem mostra, subitamente, uma gravação de um disparo neural em determinada região do cérebro ou outro processo corporal no interior do organismo – uma mudança de perspectiva que ocorre frequentemente no cinema contemporâneo, como acontece constantemente em *Lucy*, mas também no filme de Shane Carruths, *Upstream Color*. O efeito de tal mudança de posição por meio de um recorte súbito pode ser perfeitamente descrito por uma expressão certeira do filósofo Peter Bieri (*1944): "De uma vez só não há mais ninguém lá que faça alguma coisa. O que há é apenas a cena do acontecimento"[39].

Esse pensamento se deixa novamente ilustrar facilmente por meio de nosso exemplo. Vamos dar um nome ao nosso homem: Luís. O Luís, então, deseja comprar pão. Ele faz o que faz porque persegue precisamente esse fim. Mas talvez se queira objetar: Não seria o estabelecimento de fins por parte de Luís apenas uma função biológica? Que ele se estabeleça um fim seria então, novamente, apenas um tipo de ilusão, um esclarecimento que nos ocorre porque nós simplesmente não sabemos o bastante sobre a evolução e sobre o cérebro de Luís.

A tese de que nossas explicações teleológicas de ações se apoiam como um todo em ilusões já foi defendida como resposta ao existencialismo da segunda metade do século XX. E também ela tem uma história que a antecede, na qual Marx, por exemplo, e alguns sociólogos filiados a ele têm um papel. Nós também já podemos lhe dar um nome. Trata-se aqui, a saber, do *estruturalismo*. O **estruturalismo** supõe que fins humanos são uma espécie de ilusão que é produzida por meio do pertencimento do indivíduo a estruturas sistemáticas. Ele delega a impressão de primeiro plano de liberdade a instituições ou a estruturas anônimas de poder que se certificam, pelas costas de todos aqueles que as integram, que nós nos comportemos de certa forma. Considero o estruturalismo fal-

---

39 BIERI, 2001: 32.

so, da mesma maneira que as suas reformulações por meio do pós-estruturalismo que o sucedeu e que ainda hoje tem alguns adeptos. Se há estruturas que nos conduzem, já pertencemos então a essas estruturas e conduzimos a nós mesmos. Ainda veremos como a autodeterminação é inevitável, não importa quantos queiram que alguma estrutura a porte e nos livre do pensamento, incitador de angústia, de termos de ser livres.

II
Consciência

A filosofia da consciência dos últimos cinquenta anos aproximadamente parte, como seu nome já diz, do conceito de consciência, o que também faz sentido para os nossos fins, uma vez que a consciência é um fenômeno cotidiano conhecido por nós. Mas o conceito levanta imediatamente muitas dificuldades, pois rapidamente esbarramos no fato de que a consciência é, na verdade, um fenômeno estranho. Por que, afinal, deveria se chegar a que alguém se torne consciente, no universo, de que há um universo? Tomando emprestimo de uma ideia antiga do filósofo Friedrich Wilhelm Joseph Schelling (1775-1854) isso é até hoje expresso com a bela metáfora de que, no ser humano, a natureza abre os olhos. Diante desse pano de fundo, Thomas Nagel (*1937), em seu livro *Mente e cosmos*, pensa que a atual ciência natural jamais estará em condições de abordar apropriadamente essa questão[40]. Infelizmente, Nagel permanece preso à representação de um cosmos, de uma ordem total da natureza, tentando, então, inscrever o espírito nessa ordem. Designemos isso como o **enigma cosmológico da consciência**.

O enigma cosmológico da consciência não deve ser igualada com o problema designado por Chalmers como *problema difícil da consciência*, a que eu já aludi acima (p. 38). Esse problema, já formu-

---

40 NAGEL, 2013. Cf. tb. a minha resenha: "Lá abriu a natureza os olhos". In: *FAZ*, 07/10/2013.

lado de maneira especialmente clara no início da Modernidade por Gottfried Wilhelm Leibniz (1646-1716) consiste no fato de que pareça completamente enigmático como determinadas coisas materiais (p. ex., neurônios ou regiões inteiras do cérebro) poderiam ter uma vida interior. Por que vivenciamos os disparos de neurônios de uma maneira determinada? Chalmers considera esse problema difícil porque ele pensa que não podemos solucioná-lo com os métodos atuais das ciências naturais – no que, obviamente, muitos não o seguem.

Um ponto de ancoragem e de virada de suas considerações é o experimento de pensamento do *zumbi filosófico*. Um **zumbi filosófico** é, para ele, uma cópia física exata de um ser humano, digamos do próprio Chalmers. Essa cópia exata se comporta, além disso, exatamente como ele – com a diferença decisiva de que ela não tem consciência, de que não há então ninguém em casa, como se gosta comumente de expressá-lo. Chalmers considera zumbis filosóficos possíveis de uma perspectiva puramente lógica e também física, e não muito mais. (Eu mesmo os considero biologicamente impossíveis, pois aquilo que Chalmers designa como "consciência" também tem de ter um fundamento neurobiológico. Nós apenas não sabemos ainda ao que de neurobiológico exatamente devemos atrelá-la.)

O enigma cósmico e o problema difícil são, via de regra, introduzidos para expor a filosofia da consciência como um campo da filosofia a ser atualmente, de maneira especialmente urgente, trabalhado, o que está ligado ao fato de que, felizmente, presenciamos atualmente uma ressurreição dos temas no âmbito do autoconhecimento. Também faz parte disso a questão acerca da consciência.

Mas vamos dar mais um passo adiante. O que é realmente a consciência?

Nós acordamos de manhã e chegamos gradualmente à consciência. Ao fazê-lo, lembramo-nos, às vezes, de nossos sonhos, ou seja, de que de algum modo também estávamos conscientes no estado de sonho. Durante as nossas ocupações diárias, encontram-se no centro de nossas atenções coisas que se alternam constantemente, processos e pessoas: a máquina de café, a escova de dentes, a interação profissional, a chefia. Sentimo-nos um pouco çansados de manhã, refrescados depois de uma ducha, furiosos se alguém nos trata de maneira injusta, felizes quando alguém nos dá uma boa notícia. Vivenciamos tudo isso conscientemente, ao mesmo tempo em que não vivenciamos conscientemente o crescimento de nossas unhas ou de nosso cabelo, por exemplo.

Muito daquilo que ocorre conosco e do que realizamos cotidianamente é processado em um âmbito inconsciente. Abrimos a porta de nosso PKW sem prestar atenção em como exatamente isso acontece. Movimentamos os nossos dedos – por exemplo ao folhear estas páginas. Geralmente, a maior parte dos processos no interior de nosso organismo não chegam à consciência: a digestão de um gole d'água, a circulação de sangue em nosso fígado ou também o disparo de incontáveis nervos que nos possibilitam mover nossos dedos, ficar furioso com alguém ou reconhecer essa página diante de nossos olhos como expressão de pensamentos formados com intenção. Apenas algumas das impressões processadas por nosso organismo passam pelo *estreito da consciência*, como se chamou a isso na virada do século XX. Eles são considerados a partir da totalidade do organismo, apenas a ponta do *iceberg*, que desponta do oceano profundo de processos naturais inconscientes.

Lê-se com frequência que a consciência é o último grande enigma das ciências naturais contemporâneas. Isso é indicado como uma das razões pelas quais mais empenho financeiro e espiritual deve ser despendido na neurociência. E muitos representantes atuais da filosofia do espírito se dedicam igualmente a formular a pergunta sobre o que é a consciência de tal modo que se faça, de alguma maneira, uma contribuição para o problema de unir a consciência e a natureza.

Mas o que é, afinal, a consciência? Estamos todos, aparentemente, familiarizados com ela. Somos, enfim, conscientes; você, por exemplo, ao ler estas linhas, e eu, enquanto as digitei. Se eu estiver morto no momento em que você lê essas linhas, não estou mais consciente, mas você tem a sorte de estar consciente e de ter tempo para ler um livro sobre o que isso significa (supondo que o futuro em que você vive é constituído de tal forma que se possa vivenciá-lo conscientemente).

Assim, aprendemos também uma das principais características da consciência: nós estamos familiarizados com a consciência, ela é conhecida por nós por meio do fato, e com grande probabilidade exclusivamente por meio dele, de que nos encontramos no estado de consciência (caso contrário você não poderia de todo modo ler agora essas linhas ou também sonhar que as lê – caso a sua vida seja, contra suas expectativas, apenas um longo sonho). Filósofos frequentemente expressam isso falando ou de *perspectiva interior* [*Innenperspektive*] ou, como é mais comum hoje, do *ponto de vista da primeira pessoa*, ou seja, do ponto de vista do Eu. O **ponto de vista de primeira pessoa** consiste no fato de que nós só podemos estar familiarizados com a consciência exata e exclusivamente pelo fato de nós sermos, cada um para si, conscientes.

A consciência se encontra, então, consideravelmente próxima de nós na medida em que somos conscientes. Por isso, também se fala frequentemente de "minha" ou "sua" consciência. Chamamos a isto de **condição de posse** [*Besitzbedingung*] (às vezes os filósofos também falam de *possessividade* [*Possessivität*], o que significa o mesmo com uma raiz latina), que diz: a consciência é sempre a consciência de alguém. Eu tenho a minha consciência, você tem a sua consciência. Eu tão pouco posso estar diretamente familiarizado com a sua consciência quanto você pode estar com a minha, pois, para tanto, eu teria de me tornar você, ou você teria de se tornar eu.

Mas não satisfeitos com isso, salienta-se, na filosofia da consciência, outras condições que têm de ser preenchidas quando se está consciente, e que fazem o ponto de vista de primeira pessoa mais rico e específico. Deve-se indicar em particular aqui que só se pode conhecer a sua consciência a partir de dentro. Só se pode se tornar consciente de sua própria consciência – assim parece ao menos (uma aparência que eu ainda gostaria de dissipar). Podemos descrever isso como a **privacidade da consciência**, ou seja, a suposição de que cada um só pode chegar à consciência de sua própria consciência.

Naturalmente, posso estar consciente, em algum sentido, de que Marta tem dor de barriga, ou seja, de que ela vivencia conscientemente a dor de barriga. Mas ainda assim não vivencio a sua dor de barriga, não importa o quão vividamente eu possa representá-la – e não importa o quanto me torne oculto para mim mesmo no pensamento sobre a dor de barriga de Marta. Por isso, é de se supor que se possa dizer que a consciência de outros só nos é acessível *indiretamente*, enquanto habitamos *diretamente* nossa própria consciência, pelo tempo em que ela existir.

Tomado em primeira pessoa, parece rapidamente como se estivéssemos presos, por assim dizer, em nossa consciência, cada um de nós em sua própria. O filósofo da consciência norte-americano Daniel Dennett fala, nesse contexto, do *teatro cartesiano*, com o que ele é da opinião, como o nome já indica, de que a ideia assim expressa se remete, em última instância, a Descartes.

Isso não é rigorosamente correto, pois Descartes, muito antes, argumenta que nós não podemos estar fechados em nossa própria consciência. Esse é, também, o verdadeiro objetivo de suas considerações em suas famosas *Meditações sobre a filosofia primeira*, nas quais ele, partindo da capacidade de autoconhecimento do espírito, conclui que há verdades objetivas conhecíveis e independentes do espírito humano. Mas se habituou nas últimas centenas de anos na filosofia do espírito, especialmente na anglofônica, a tomar Descartes para Cristo.

O que Dennett quer dizer e criticar com "teatro cartesiano" se deixa compreender facilmente. Assim como até o momento nos aproximamos da consciência por meio da perspectiva interior, é como se houvesse um palco no qual tudo de que nos tornamos conscientes aparece: nossa chefia, nossa fúria, nossa alegria, nosso campo de visão, os ruídos às vezes incômodos no pano de fundo. Quando se lida com essa questão dessa maneira, coloca-se imediatamente a pergunta sobre quem, afinal, observa os processos no palco. Quem assiste ao espetáculo no fim das contas? E a resposta evidente a isso é: bom, eu, ou mesmo você, na medida em que você é um Eu, ou seja, alguém que ilumina atenciosamente o seu espaço interior e observa o que se dá lá. Assim, é de se supor que se deva buscar por alguém que observe a consciência e que, ao mesmo tempo, a conduza a partir de dentro. Se chama na filosofia alguém assim de homúnculo.

Eu vejo algo que você não vê!

A palavra "homúnculo" vem do latim e significa "homenzinho". O **erro do homúnculo** consiste em que se imagine que a nossa consciência seja um palco puramente privado no qual acontece algo que um Eu observa e que não pode ser observado por nenhum outro a partir de uma perspectiva externa. A ideia do homúnculo não é, de modo algum, uma invenção nova. Ela é antiga e atravessa os milhares de anos da autoinvestigação do espírito. Quando se diz que, na verdade, não há um Eu ou um Si, e que a pesquisa sobre o cérebro o confirmou, isso quer dizer, na melhor das hipóteses, que não há um homúnculo. Mas isso não foi descoberto pela pesquisa sobre o cérebro, pois a suposição de que haveria um teatro cartesiano e, além disso, ainda um pequeno observador que se senta em nossa cabeça é uma representação absurda que a filosofia já refutou há muito tempo. Além disso, Dennett sempre chama a atenção para o fato de que o homúnculo também é amplamente disseminado lá onde se nega oficialmente o teatro cartesiano. Ele designa essa postura como o "materialismo cartesiano".

Em seu conhecido livro *Sonhos de um visionário*, Kant não apenas já se opõe à superstição espiritual de seu tempo, como também à suposição até hoje amplamente disseminada "de que o meu Eu pensante esteja em um lugar que seria distinto dos lugares de outras partes do corpo ao qual o meu Si pertence"[41]. Kant acrescenta que "nenhuma experiência" nos ensinaria a "trancar meu eu indivisível em um lugar microscópico do cérebro"[42]. Ele compara isso ironicamente com a representação de que a alma do ser humano se encontraria em um "lugar indescritivelmente pequeno"[43] no cérebro e teria sensações ali

> como a aranha no centro de sua teia. Os nervos do cérebro a atingem ou a balançam, causando assim porém não que essa impressão imediata seja representada, mas sim que ela, que acontece em partes completamente longínquas do corpo, seja representada como um objeto presente no exterior do cérebro. A partir desse centro também se movimenta a corda e a alavanca de toda a máquina, causando movimentos voluntários segundo seu arbítrio. Essas mesmas proposições só se deixam provar ou superficialmente ou de modo algum, e, porque a natureza da alma não é conhecida o suficiente em seu fundamento, também só se deixam refutar de maneira igualmente fraca[44].

---

41 KANT, 1975: 11.

42 Ibid.: 12.

43 Ibid.: 13.

44 Ibid.: 13s.

As neurociências trouxeram, em nossos tempos, novos avatares do homúnculo ou da aranha em sua teia. Que se tome apenas por exemplo a representação de que nunca podemos ter acesso direto ao mundo exterior, mas sim sempre apenas construímos uma imagem mental que se origina no cérebro e que tem pouco ou nada a ver com as coisas "lá fora" – uma representação que Kant igualmente já ataca em seu *Sonhos de um visionário*. Afinal, ela pressupõe que essas imagens mentais são vistas por alguém e podem ser tomadas como gravuras do mundo exterior. Com isso, porém, já se conjurou o homúnculo, mesmo que talvez na forma de uma determinada região do cérebro ou mesmo do cérebro inteiro. Como o filósofo Geert Keil (*1963) nota em um contexto semelhante:

> Alguns autores veem nas neurociências a hipótese do homúnculo como um programa autêntico de pesquisa, a saber, como a busca por uma região do cérebro que seja responsável pelos serviços de controle e integração centrais[45].

Que o homúnculo e o teatro cartesiano se tratem de equívocos transparentes – ainda que em alguma medida bem escondidos – pode-se ver por meio de um simples exemplo. Suponhamos que eu veja agora uma estátua de Buda. Segundo o modelo do homúnculo, a estátua de Buda surge, então, no meu teatro cartesiano. A isso se

---

45 KEIL, 2012: 208. Keil entende o erro do homúnculo um pouco diferentemente de mim. Ele escreve que um homúnculo seria, "na nova filosofia do espírito, uma instância postulada e similar ao ser humano, que é trazida explícita ou implicitamente para a explicação do modo de trabalho do espírito humano" (ibid.). Em contrapartida, penso que se trate, no erro do homúnculo, ainda da suposição específica de que não poderíamos ter nenhum acesso direto às coisas que se encontram fora de nossa consciência, ou, em outras palavras, de nosso crânio (se se identifica a consciência com processos cerebrais que constroem imagens mentais). Essa distinção deve ser ressaltada, uma vez que se pode entender mais facilmente, seguindo à minha proposta, como a tese epistemológica do neurocentrismo se conecta com a tese de que seríamos idênticos com o nosso cérebro. Keil pensa que a última tese seria simplesmente uma "*déformation professionelle*, frequente entre neurocientistas, de se confundir ocasionalmente com o seu próprio cérebro. No dia a dia, isso dificilmente acontece conosco" (ibid.). Eu vejo isso de outra forma, na medida em que a suposição de um homúnculo antecede em milhares de anos a existência dos neurocientistas e se mostra por meio de fenômenos cotidianos como literatura, filmes e televisão.

poderia afixar o fato de que eu vejo a estátua de certa perspectiva. Ela aparece para mim, por meio do meu ângulo de visão, perspectivamente distorcida, e eu sei que ela parece diferente no teatro cartesiano de você, pois você tem de estar em outro lugar para ver a estátua (aqui já estou eu). *Eu vejo algo que você não vê.*

A estátua aparece agora, então, em meu teatro cartesiano, e eu, quer dizer, o meu Eu, a vê ali. Agora, porém, se coloca imediatamente a pergunta sobre como sei, afinal, que isso é uma estátua do Buda que, de um lado, aparece no meu teatro e, de outro, aparece no seu, de modo ainda que, ao fazê-lo, sempre tenha uma aparência diferente? – Que sei eu afinal sobre que percepção de cores você tem exatamente, e qual é exatamente a aparência da estátua para você; talvez você seja um especialista nesse tipo de estátuas e vivencie os detalhes de uma maneira completamente diferente da minha?

Pode-se dificultar ainda mais as coisas ao se colocar o seu cachorro, o seu gato ou um aquário com um peixinho dourado na frente da estátua de Buda. A estátua aparece agora no palco espiritual desses animais? Pode uma estátua de Buda aparecer, se não se tem nenhum conceito de Buda ou de estátuas?

Nos engalfinhamos nos muitos tentáculos do erro do homúnculo se concluímos, a partir desse cenário [*Versuchsaufbau*], que apenas se poderia saber que há uma estátua de Buda ali ao se tornar consciente dela. Mas se isso significa que a estátua surge em meu palco interno, não estarei consciente dela da mesma maneira que você e não estarei de modo algum consciente da mesma coisa que o cachorro, o gato ou o peixinho dourado. Mas, então, o que, afinal, está "lá fora"?

Caso acrescentemos ainda golfinhos ou morcegos, tudo se torna ainda assombroso [*unheimlicher*]. Thomas Nagel, com quem tive conversas intensivas sobre essas coisas por um longo período em Nova York, escreveu um dos artigos mais influentes dos últimos cinquenta anos sobre esse complexo de questões. Esse artigo porta o título de "Como é ser um morcego?"[46] Nagel nos convida a imaginarmos como seria receber impressões sonares do meio ambiente. Não seremos bem-sucedidos, porém, em nos colocar nessa perspectiva. Isso também vale para percepções submarinas de golfinhos ou a sensibilidade à temperatura de cobras. Coloquemos então aquilo que para nós, seres humanos, é uma estátua de Buda, em uma caverna cheia de cobras e morcegos (um cenário conhecido dos filmes de *Indiana Jones*). Na consciência de cobras e de morcegos não aparecerá nenhum Buda. Mas o que aparecerá, então? Ora, nós não o sabemos realmente, pois não temos acesso à perspectiva interna de tais consciências que nos são estranhas.

Uma imagem maravilhosamente marcante das armadilhas do homúnculo se encontra no seriado britânico *Doctor Who*, que, nesse meio-tempo, já completou 50 anos. Na temporada mais nova, a oitava, em um episódio (número 2) com o título de *Into the Dalek* [Para dentro do Dalek], Daleks são máquinas assassinas que não visam a mais nada senão aniquilar todos os seres vivos. Sua sentença favorita é "Exterminar!", ou seja: "Extinguir!" Eles mesmos são redes neurais mutantes enfiadas em uma máquina de combate que é conduzida por meio de sua atividade neural. Daleks são então, de certo modo, aquilo pelo que o neurocentrismo atual nos toma: cérebros enfiados em uma máquina, que a usam motivados apenas pelo seu egoísmo na batalha pela sobrevivência das espécies.

Os Daleks são os principais inimigos do protagonista da série, ou seja, do Doutor, que se poderia perfeitamente interpretar como um crítico filosoficamente capacitado da ideologia. No episódio "Into the Dalek", o Doutor é reduzido ao tamanho nano e entra em um Dalek que, surpreendentemente, começou a se pôr reflexões morais, o que é extremamente incomum para Daleks. O Doutor

---

46 NAGEL, 2009: 62-77.

deve entender o que está acontecendo depois que os seres humanos de uma nave espacial chamada "Aristóteles" tomaram esse Dalek como prisioneiro. É, além disso, interessante nesse contexto que Aristóteles, com seu livro *Sobre a alma*, possa ser visto como um dos originadores do erro do homúnculo[47]. Talvez o nome da nave espacial na qual a cena do homúnculo ocorre aluda a isso.

Seja como for, o Doutor entra no crânio do Dalek. Lá se vê, então, que o cérebro de Dalek tem um olho, diante do qual roda um filme. Esse filme consiste em parte em imagens de memórias e em parte de imagens do mundo exterior, que ele recebe por meio de uma lente estendida, da qual todo Dalek dispõe como uma espécie de olho extra além de seu olho interior. Em um Dalek, então, há um cérebro no qual um olho está instalado, que assiste um cinema escondido dos olhos dos outros. Isso levanta imediatamente a pergunta sobre se há, então, no cérebro do Dalek, ainda mais um pequeno Dalek, e assim por diante, o que é um dos problemas do erro do homúnculo. É preciso simplesmente homúnculos demais (infinitos) para resolver esse problema autocriado.

Tempestade de partículas no cinema da consciência?

Naturalmente, pode-se simplesmente insistir que o cérebro ou mesmo apenas uma região do cérebro é, de fato, um homúnculo. Assim, contudo, não se explicou nada, mas sim se tomou um mito por verdade. Uma outra opção, claramente um pouco melhor, levanta novamente o caso da estátua do Buda. O problema na representação de que a nossa consciência seja um puro palco que só é acessível a cada indivíduo privadamente e com a qual cada indivíduo está intimamente familiarizado é que, assim, não se pode mais reivindicar que percebamos diretamente, de algum modo, coisas no mundo exterior. Afinal, a percepção é uma forma de consciência.

---

47 ARISTÓTELES, 1995: 65 (413a).

Se a consciência sempre nos encobre da realidade ou das coisas "lá fora", isso também vale para a percepção. Nesse caso, seria fácil de entender que se defenda a ideia de que nunca sabemos o que realmente está "lá fora", pois seríamos, de fato, sempre apenas como o Dalek que assiste um filme da consciência em sua casa-cinema no interior do cérebro. Como é que sabemos, porém, que as coisas "lá fora" sequer se aproximam de ser como elas aparecem em nossa tela privada? Como sabemos até mesmo que haja coisas lá fora?

A única razão que parece ser favorável a esse modelo explicativo é que cada um de fato vê algo diferente quando ele está diante de uma estátua do Buda, e que outros seres vivos nem mesmo veem uma estátua do Buda, assim como, além disso, têm modalidades completamente diferentes de sentidos e sensações. Assim, se teria chegado ao neuroconstrutivismo, que coloca em questão que percebamos diretamente a realidade e as coisas nela e diz que, em vez disso, só podemos perceber imagens mentais ou representações que o cérebro se construiu por causa de impressões sensoriais individuais.

Todavia, não é tão simples assim. É que o neuroconstrutivismo ainda precisa sempre supor que há algo "lá fora" que se apresenta em meu cinema-consciência como estátua de Buda distorcida perspectivamente e que se apresenta para a cobra de uma maneira completamente diferente. De acordo com essa perspectiva, há algo que aparece para mim como uma estátua de Buda, para a cobra como X para o morcego como Y (X e Y são, aqui, representantes de algo que nós, seres humanos, não podemos sequer imaginar). Sim, mas então o que há ali? A essa pergunta responde o neuroconstrutivista: "Ali há um objeto físico: um tipo de tempestade de partículas que pertence a uma frequência de onda eletromagnética, de que nós, por meio de nossos receptores sensoriais, e os outros animais, igualmente por meio de *seus* receptores sensoriais, fazemos *upload* em nossa *interface* de usuário, em nossa consciência.

Mas essa informação, aparentemente tão evidente e além de tudo cientificamente informada, nos leva adiante aqui? Não, de fato não! Isso porque todo o raciocínio parte simplesmente de que só podemos chegar à consciência de objetos físicos (elétrons, prótons, campos eletromagnéticos, energia cinética média e assim por diante) pelo fato de que eles aparecem em nossa tela espiritual privada correspondente, ou seja, em nossos filmes de consciência correspondentes. Não nos foram fornecidas ainda razões para que possamos ter alguma consciência direta, uma percepção das coisas "lá fora". Não se pode, de qualquer modo, perceber diretamente elétrons, mas deve-se concluir sua existência por meio de métodos, experimentos e modelos adequados.

Mas e quanto à nossa consciência sobre métodos e experimentos, assim como nosso entendimento de elétrons? De onde afinal os tiramos? Se não é possível tomar conscientemente conhecimento de algo sem que, para tanto, façamos o seu *upload* em nossa superfície de consciência puramente privada e espiritual, isso vale naturalmente para tudo que jamais saberemos sobre as coisas "lá fora", o mundo exterior. Assim, também não penetramos, por meio de nossos experimentos científicos, nas coisas. Permanecemos presos na consciência e somos, por isso, sempre sujeitos parciais [*voreingenommene*] e enclausurados, homúnculos, justamente.

Se a consciência é literalmente um processo neuroquímico no interior do nosso crânio, no qual roda um cinema de cabeça que, supostamente, reproduz o mundo exterior, como podemos saber afinal que realmente existe algo "lá fora" que tem, de algum modo, uma conexão com as nossas imagens mentais? Não podemos dizer que nós descobrimos isso por meio de experimentos científicos, pois nós só conduzimos a estes em nosso filme de consciência. Ludwig Wittgenstein (1889-1951) formulou algumas comparações apropriadas a isso no § 265 de suas *Investigações filosóficas*:

(Como se alguém comprasse vários exemplares do jornal matinal de hoje para se certificar de que ele escreve a verdade.) Consultar uma tabela na [sua] representação [*Vorstellung*] é tão pouco o consultar de uma tabela como a representação do resultado de um experimento [apenas] imaginado [*vorgestellt*] é o resultado de um experimento.

Seria uma contradição pensar, por um lado, que nós só podemos ter consciência de algo em nossa tela, e, por outro, supor que saibamos disso exatamente pelo fato de que temos consciência de algo que não surge em nossa própria tela.

Querendo ou não, a afirmação de que só podemos ter consciência de episódios privados de consciência parte de falsos pressupostos. Isso porque, assim, se compara já uma tal consciência privada com aqueles processos que produzem eventos exteriores no cinema da consciência. De algum modo, é preciso, por fim, esclarecer por que, por exemplo, lá na frente, à esquerda, se vê uma taça vermelha – querendo ou não – e, ali na frente à direita, um cabide. É de se supor que isso se deva ao fato de que lá na frente, à esquerda, realmente haja uma taça vermelha, e lá na frente, à direita, realmente haja um cabide. Taças e cabides não estão por aí em nossa consciência, mas sim em quartos ou lojas de roupas.

Buda, a cobra e o morcego

Sob esse ponto de vista, Kant foi muito mais consequente do que o neuroconstrutivismo, que sempre invoca com prazer, e equivocadamente, a Kant. É que Kant enxergou com clareza em particular a contradição na qual o neuroconstrutivismo sempre se enreda. Em sua principal obra, a *Crítica da razão pura*, Kant visa a, entre outras coisas, provar que a identificação do portador de nossos processos de pensamento com alguma coisa (seja isso uma alma imaterial ou mesmo o cérebro) é uma falácia que se impõe no âmbito do autoconhecimento e que ele gostaria de denunciar. Kant escolheu para tanto a expressão "paralogismo", que na verdade significa, simplesmente, falácia. Segundo Kant, temos diante de nós um **paralogismo** quando se crê que o portador de uma faculdade de pensamento tem de ser uma coisa que se pode encontrar em algum lugar no mundo: uma alma imaterial e difícil de rastrear ou uma força animadora [*Seelenkraft*], ou mesmo uma propriedade ou atividade do cérebro ou de algumas regiões do cérebro que não se pode localizar exatamente.

Kant estava particularmente consciente da circunstância de que não podemos solucionar *por meio das ciências naturais* o problema da estátua de Buda que aparece para um ser humano de um jeito, e para outro ser humano, ou mesmo para outro ser vivo, de uma maneira completamente diferente. Se a consciência realmente fosse uma *interface* de usuário na qual aparecem apenas imagens mentais construídas, nenhuma ciência natural nos levaria adiante, pois ela apenas descreveria justamente aquilo que aparece em nossa consciência. Verdadeira objetividade, a qual as ciências naturais de fato pressupõem, não seria possível.

Como Kant lidaria com o problema da estátua de Buda? Ora, ele bem diria que uma estátua de Buda aparece *para nós*. E um X aparece para uma cobra, e um Y para um morcego. Kant poderia designar todas as três variantes –

1) a estátua de Buda;

2) o X (a representação da cobra);

3) o Y (a representação do morcego)

– como fenômenos e descreveria aquilo que, independentemente das representações, simplesmente está lá e que, segundo Kant, também não pode ser conhecido independentemente de nossa consciência, como "coisa em si". A principal tese absolutamente central de Kant, sem a qual todo seu edifício de pensamento desaba, enuncia, por isso, de maneira completamente consequente, que não podemos conhecer a coisa em si ou as coisas em si. **A tese principal de**

Kant, ou seja, que nós apenas podemos conhecer fenômenos, mas não coisas em si, é chamada de **idealismo transcendental**. Assim, Kant escreve, por exemplo:

> É uma observação que não exige nenhuma reflexão sutil para ser feita, mas sim que se pode supor que o mais comum entendimento pode fazer, por mais que o faça segundo o seu gênero, por meio de uma distinção obscura da faculdade de juízo que ele chama de sentimento [*Gefühl*]: que todas as representações que vêm a nós sem o nosso arbítrio (como as dos sentidos) não nos dão a conhecer as coisas de nenhum outro modo senão como ela nos afetam, embora aquilo que elas sejam em si permaneça desconhecido para nós, ou seja, que no que diz respeito a essa espécie de representações, por meio delas, mesmo com a mais esforçada atenção e clareza, podemos chegar apenas ao conhecimento dos fenômenos, nunca das coisas em si mesmas[48].

A reflexão de Kant pode ser tornada mais concreta da seguinte forma: Suponha que você disponha exclusivamente do tato como ponto de contato com os arredores do seu corpo, o mundo exterior. Para esse experimento mental, é certamente suficiente fechar os olhos e tentar se concentrar no tato. Agora imagine que alguém lhe tocasse na superfície da mão e com uma coisa determinada (digamos com uma caixa de fósforos). Mesmo que agora você pudesse descrever qual é a sensação de tocá-la, mas nunca antes tivesse visto uma caixa de fósforos, você nunca chegaria à conclusão de que uma caixa de fósforos tem a aparência visual que ela tem. A sensação de tocar uma caixa de fósforos e a aparência visual dela são duas coisas que apenas se ligam para alguém quando ele já viu alguma vez caixas de fósforos ou foi informado sobre elas por pessoas que já viram alguma vez caixas de fósforos. Fossem quais fossem as teorias que você agora fizesse sobre a coisa "lá fora" – a coisa em si – com base no seu tato – no fenômeno –, as suas descrições seriam, todavia, considera-

---

48 KANT, 1999: 80 ou AA IV: 450f.

velmente diferentes daquelas que você daria se pudesse ver a coisa lá fora, e inversamente [se pudesse vê-las, mas não tocá-las].

Kant estende essa reflexão a todos os nossos sentidos e considera que o espaço e o tempo sejam as formas de nossa intuição, que possivelmente nada tem a ver com aquilo que as coisas são em si. Espaço e tempo, segundo a incisiva tese de Kant, são meramente o quadro de nosso cinema humano da consciência, eles pertencem ao nosso sistema operante e não à realidade "lá fora".

Na onda do neurokantianismo

Tudo isso se poderia muito bem colocar em questão – e também se deveria. Está estabelecido, porém, que Kant nunca estaria de acordo com que atribuam a ele a tese de que nossa imagem do mundo é meramente mentalmente construída e que isso se deveria ao fato de que nosso sistema nervoso só pode processar internamente determinados estímulos. Kant teria tido inúmeras objeções contra essa tese, por mais que ela, em seu sucessor no século XIX, tenha influenciado na fisiologia dos sentidos, que já cedo o invocava nominalmente. Assim escreve por exemplo Hermann von Helmholtz (1821-1894), o famoso fisiólogo e físico, em 1855:

> Que o tipo de nossas percepções seja tão condicionado pela natureza de nossos sentidos quanto pelas coisas exteriores será trazido à luz de maneira completamente clara por meio dos fatos indicados, e é da mais elevada importância para a teoria de nossa faculdade de conhecimento. Justamente o mesmo que a fisiologia dos sentidos provou nos novos tempos pelo caminho da experiência Kant já havia buscado antes provar para as representações do espírito humano em geral, ao expor a parte que as leis particulares inatas do espírito, ou, o que é o mesmo, a organização do espírito, tem em nossas representações[49].

---

49 HELMHOLTZ, 1987: 21.

A suposição absurda de que Kant teria preparado o caminho para o neuroconstrutivismo é um tema recorrente (*Topos*) desde o século XIX, que nos alcança até hoje por meio dos manuais. Assim, escreve em nossos dias o ganhador do Prêmio Nobel Eric Kandel (*1929) em sua obra de referência *Neurociências: uma introdução*:

> Nós *sentimos* ondas eletromagnéticas de diferentes frequências; o que nós *percebemos*, porém, são cores: vermelho, verde, laranja, azul ou amarelo. Nós sentimos ondas de pressão, escutamos, porém, palavras e músicas. Entramos em contato, por meio do ar e da água, com incontáveis substâncias químicas, sentimos, porém, odor e sabor. Cores, barulhos, odor e sabor são construções mentais que se originam por meio do processamento sensorial no cérebro. Eles não existem enquanto tais fora do nosso cérebro. [...] Nossas percepções não são, portanto, registros diretos do mundo que nos circunda; elas são, muito antes, construídas segundo suas próprias regras e limitações, que são dispostas pelas capacidades do sistema nervoso. O filósofo Immanuel Kant falou, em relação a essa limitação inerente, de *formas* a priori *da intuição*. O espírito não é, segundo Kant, um receptor passivo de impressões dos sentidos, mas se constrói em conformidade com as categorias ideais ou objetivas já existentes como espaço, tempo e causalidade, que existem independentemente de estímulos físicos externos[50].

Kant não defende, nem de perto, nada daquilo que Helmholtz e Kandel relacionam com ele. Ele não pensava nem que nós sentimos ondas que percebemos como cores, nem que espaço e tempo fossem categorias. Kant distingue entre formas da intuição (espaço e tempo) e categorias (às quais a causalidade pertence), e disputava justamente que pudéssemos saber, por meio da aplicação de categorias, o que são as coisas em si. Além disso, Kant não considerava percepções como constructos mentais que têm algo a ver com o nosso sistema nervoso. Isso porque Kant pensava que não podemos, por princípio, saber quem ou o que propriamente pensa em nós.

---

50 KANDEL; SCHWARTZ & JESSELL, 2011: 376.

A tese de que o Eu se deixa identificar com o cérebro é descartada por Kant assim como a tese de que nós teríamos uma alma imaterial que [é o que] pensa em nós. É de se supor que Kandel não tenha lido Kant, e, se o leu, pelo menos não o entendeu. O que Kandel escreve aqui sobre Kant é como se um filósofo escrevesse sobre química e confundisse ao fazê-lo H_2O com CO_2, porque ambos parecem tão similares. Isso seria pelo menos tão útil quanto as manifestações de Kandel sobre Kant.

Todavia, há uma tradição que começa já pouco depois da morte de Kant e que tentou localizar no cérebro aquilo que Kant designou como o "Eu penso", tradição à qual pertencem pensadores como Schopenhauer, mas também cientistas já do seu tempo como Helmholtz.

Kandel se apropria, então, de uma maneira consideravelmente acrítica, de um tema recorrente da intepretação errônea da teoria kantiana do conhecimento, e leva-a ao seu ápice. Ele reclama Kant para si – seja qual for o motivo dessa apropriação. O que Kandel descreve aí como opção filosófica – abstraindo-se da questão do que Kant realmente quis dizer – tende a não ser defendido nessa forma por nenhum teórico do conhecimento capacitado, já que se trata de uma série de falácias consideravelmente transparentes, contra as quais Kant já buscava encontrar alternativas.

A suposição de que o cérebro constrói para si diferentes camadas de consciência, de modo que nós podemos apenas de algum modo, mas nunca diretamente, aferir a existência de um mundo exterior, se apoia em uma falácia ou em um equívoco que não pode ser corrigido por qualquer avanço das ciências naturais. Se a consciência consiste apenas em uma relação entre um homúnculo espiritual e uma peça em seu palco privado, a invocação das ciências naturais simplesmente não nos oferece nenhuma escapatória desse beco sem saída. Isso porque as ciências naturais poderiam então também apenas descrever o que acontece no palco privado dos cientistas individuais. Que lá onde eu creio ver uma estátua de Buda dance na realidade um enxame de partículas, que não tem em si nem cores nem de algum modo a forma de Buda, seria apenas uma outra representação daquilo que possa em si estar lá. Poderíamos apenas formular hipóteses relativa e tremendamente especulativas sobre o mundo exterior se a nossa experiência como um todo sempre fosse apenas um constructo mental que nos exibe imagens em um palco privado e interno que se encontra no interior de nosso crânio.

Nada vai além da própria experiência – Ou vai?

Que isso representa de fato um gigantesco problema para a visão de mundo científico-natural atual se pode reconhecer de maneira relativamente simples em uma perspectiva típica que é regularmente exteriorizada nesse contexto. Essa perspectiva tem implicações gigantescas para a concepção corrente da relação entre consciência e cérebro. Eu penso aqui no *empirismo*. O **empirismo** (do grego *empeiria* = experiência) é a tese de que a única fonte de nosso conhecimento é a experiência, o que significa especificamente nesse contexto: a experiência sensível. Essa afirmação filosófico-histórica ancestral e recorrente ao longo de milhares de anos é hoje, por exemplo, defendida de maneira particularmente agressiva pelo popular físico norte-americano Lawrence Krauss (*1954). Krauss enfatiza sempre que haveria apenas um único método científico. Esse método consistiria em deixar o nosso pensamento crítico ser guiado pela experiência, no que ele parece entender por "experiência" uma combinação de experiência dos sentidos, técnicas de medição e uma formulação de teorias que se constrói nesta base. Compreendido mais exatamente, ele pensa que se faça uma experiência da realidade ao fazer previsões teoricamente fundamentadas e se

80

atestar essas previsões por meio de experimentos. Isso seria algo que já fazemos cotidianamente, e que as ciências naturais modernas teriam apenas aperfeiçoado[51].

É assim que ele fundamenta a sua campanha contra as religiões mundiais, campanha que ele conduz no momento em união especialmente com Richard Dawkins. Por "religião" ambos entendem clara e simplesmente superstições irracionais, que se aferram a teses evidentemente falsas contra todo saber melhor sobre o modo de funcionamento da natureza. Como filósofo, simpatizo a princípio com a batalha contra as superstições. Mas não se combate as superstições de maneira particularmente efetiva quando se tem por base uma posição filosófica muito malfundamentada que, vista mais exatamente, é ela mesma uma superstição.

Dawkins reduz a religião a "convicções e preceitos infundamentados e arbitrários que são transmitidos de geração a geração"[52]. Além disso, ele supõe que o assunto de toda a religião seja Deus e que essa palavra seja uma "designação para um criador sobrenatural, para o qual rezar é adequado para nós"[53]. Mas de onde surgiu essa suposta compreensão de que em toda religião o assunto seja Deus e que "Deus" designe aquilo que Dawkins pensa que designa?

O que ele não vê é que as religiões mundiais (quer elas aceitem um Deus como o judaísmo, o cristianismo ou o islã ou sejam em última instância ateístas, como alguns tipos de budismo) surgiram em um tempo no qual o conceito moderno de natureza ainda não existia de modo algum. Como o autor do Livro do Gênesis chegaria

---

51 Cf. p. ex. a seguinte afirmação de Krauss: "O decisivo para a verdade é, em última instância, o experimento, não a satisfação que se deriva de suas considerações *a priori* ou também a beleza ou a elegância que se pode atribuir aos seus modelos teóricos" (KRAUSS, 2013: 14).

52 DAWKINS, 2008: 247.

53 Ibid.: 24.

a pensar que Deus seja um criador sobrenatural, se ele nem sequer tinha o conceito de natureza que Dawkins projeta anacronicamente no passado? A oposição anacrônica de uma explicação científica e uma explicação sobrenatural de eventos naturais perpassa o neoateísmo historicamente não instruído que Dawkins promove.

Esse paradigma muito simples da crítica da religião certamente já é conhecido a centenas de anos. Ele é, porém, de uma perspectiva instruída historicamente em fontes críticas – uma perspectiva que a teologia científica e as ciências das religiões já tomam a muito tempo – simplesmente uma convicção infundada e arbitrária de que a religião em geral deve ser como Dawkins a imagina para si. Como ele toma seu conceito de religião como padrão para os preceitos que visam ao esclarecimento da humanidade e para a sua libertação de supostas superstições infantis, sua concepção de religião satisfaz naturalmente, em alguns aspectos relevantes, sua própria definição de superstição religiosa, mesmo que ele não acredite em Deus, mas sim o substitua pela natureza.

A questão de como representamos para nós mesmos a nossa aquisição de conhecimento tem, então, muitas consequências de longo alcance, e concerne não apenas à teoria filosófica do conhecimento. Isso porque, com a tese de que todo o saber se origine apenas da fonte da experiência e, desse modo, sempre seja saber sobre a natureza, já recaímos em dificuldades. Se todo o saber se origina da experiência e, por conseguinte, nunca podemos saber algo definitivamente – pois a experiência sempre nos poderia ensinar algo melhor –, como podemos, por exemplo, saber ainda que não se deve torturar crianças ou que a igualdade política deve ser um objetivo da política democrática? Se o empirismo fosse verdadeiro, não poderíamos saber definitivamente que não se deve torturar crianças. Além disso, como deveríamos saber que $1 + 2 = 3$, já que isso não pode simplesmente ser verificado por meio da experiência?

Pode-se desconcertar ainda mais o empirismo ao se confrontá-lo com duas perguntas adicionais: se realmente *todo* saber se origina da fonte da experiência dos sentidos, e quanto ao saber sobre esse suposto fato. Sabemos pela experiência dos sentidos que todo saber se origina da experiência dos sentidos? Então teríamos de aceitar, nesse caso, que a experiência também pode, nesse aspecto, nos ensinar algo melhor. Teria de ser possível por princípio aprender, por meio da experiência, que não podemos aprender tudo por meio da experiência...

Para ver por que esse não pode ser o caso, precisamos empreender ainda mais uma simples reflexão. Krauss e muitos outros cientistas dizem, em seus momentos filosóficos, que todo o saber se baseia na experiência ou, em outras palavras, é "baseado em evidências", como também se chama a isso. Eles apontam isso porque querem chamar a nossa atenção para o fato de que podemos nos enganar. Nós somos passíveis de erro, o que se chama de **falibilidade**. O empirismo se promove tornando compreensível porque nós somos passíveis de erro, a saber porque nós recebemos dados do mundo exterior que precisamos interpretar e organizar teoricamente. Se quisermos, com essa base, alguma vez saber algo, temos de afirmar em algum momento que chegamos ao nosso objetivo. Formulamos, então, uma reivindicação de saber [*Wissensanspruch*]. Mas também podemos nos enganar e sermos corrigidos por meio da experiência. Para tanto, é preciso permanecer de fato aberto a revisões.

Mas como a reivindicação de saber de que todo saber se origina da experiência dos sentidos poderia ser corrigida por meio da experiência dos sentidos? Ora, a resposta fácil enuncia: de modo algum! Por isso, a sentença de que todo o saber se origina da experiência dos sentidos também não é uma hipótese científico-natural que possa de algum modo ser atestada ou refutada. Isso porque não importa o quanto uma hipótese científico-natural possa ser bem corroborada e inserida em uma teoria, tem de permanecer pensável que surjam evidências tomadas da própria natureza que mostram a falsidade da hipótese. O empirismo não é ele mesmo, portanto, uma hipótese científico-natural.

De fato, há também tipos sutis de empirismo, que foram elaborados no último século sob a palavra-chave do "empirismo lógico" de maneira particularmente impressionante por Rudolf Carnap (1891-1970) e Willard van Orman Quine (1908-2000). Carnap supõe aí, todavia, que haja sim verdades que não podem ser concebidas por meio da experiência dos sentidos, enquanto Quine apenas o corrige propriamente no sentido de que ele pensa que todo saber seria sempre uma mistura de elementos puramente teóricos e dados da experiência. Mas tudo isso, em última instância, torna de novo a situação tão complicada e sutil filosoficamente que Carnap e Quine pelo menos não são da opinião de que teríamos apenas conhecimentos científico-naturais que, além disso, só podem ser uma descrição de processos em nosso cinema da consciência.

A situação se torna ainda mais desconfortável para o tipo de empirismo que Krauss promove que, tomado rigorosamente, deve ser designado como um *empirismo consideravelmente vulgar*. Filósofos perguntam-lhe sempre no debate público se haveria saber matemático, ou seja, saber por exemplo de que $1 + 2 = 3$. Como Krauss é um físico teórico que no seu dia a dia científico trabalha predominantemente com equações matemáticas, dificilmente ele colocará em questão que está em posse de saber matemático que, além disso, é incomparavelmente mais complexo do que o saber primário do $1 + 1$. A resposta de Krauss a isso é típica. Ele pressente que está preso em uma armadilha, mas insiste que precisa de experiência dos sentidos para chegar a um saber matemático: ele precisa por exemplo ler que $1 + 2 = 3$, ou tem de ter sido instruído sobre axiomas matemáticos e sobre o modo de funcionamento de símbolos matemáticos.

Mas essa solução trapaceia. Se eu sei por meio da experiência dos sentidos que ainda há dois pãezinhos na cesta de pães (eu os vejo nela), isso é possível porque os pãezinhos refletem a luz que atinge meus receptores de fótons. Eu posso obter saber sobre os pãezinhos por meio da experiência dos sentidos, porque pãezinhos em geral estão em condição de entrarem em uma relação causal apropriada com meus receptores sensíveis. Mas os números 1, 2 e 3, assim como os símbolos matemáticos, não são idênticos com os sinais escritos. Se eu escrevo três vezes o número 1, ou seja: 1, 1, 1, trata-se três vezes de exatamente o mesmo número, a saber, o número 1. O sinal numérico concreto que eu escrevo é sempre outro, mas não o número 1. Não há, nesta página, seis números 1 distintos, mas sim apenas seis casos distintos em que eu o escrevi. Se eu vejo dois pãezinhos na cesta de pães, eles são realmente duas coisas distintas – um pãozinho e outro pãozinho. Números, em contrapartida, não podem ser nem vistos nem medidos – só visualizados por meio de sinais, o que não é a mesma coisa.

Também não se pode nem ver nem medir a diferença (ou a identidade de coisas. Por isso, se fala na filosofia de *a priori* (do latim *a priori* = de antemão, independente de toda experiência). Isso significa que nós só podemos ter saber empírico porque empregamos conceitos teóricos – como causa, lei natural, identidade, objeto, coisa, consciência – os quais certamente também se ligam à nossa experiência, mas que não podem, todavia, ser simplesmente apanhados por meio da experiência dos sentidos.

Tudo se torna ainda mais desconfortável para o empirismo consideravelmente vulgar aqui apresentado se retornamos dessa consideração algo abstrata para a questão da consciência. Pode haver de fato diversos graus de consciência, da completa vigília sobre a consciência da dor até a consciência sonolenta de estar sonhando acordado. Também há transições fluidas, por exemplo no caso, em muitos aspectos perigoso ou simplesmente apenas irritante, da queda no sono (quando p. ex. se perde a parada por ter dormido, ou quando é necessário se manter acordado em uma palestra entediante, o que faz parte do cotidiano científico). Mas a ideia empirista de que saibamos, por meio da experiência dos sentidos, que somos conscientes, traz características patológicas, uma vez que ela inclui fundamentalmente a possibilidade de interpretações errôneas, de modo que se poderia assim, a qualquer momento, se provar que nós, na verdade, não somos, de modo nenhum, conscientes. Contudo, não é o caso que eu precise, a cada instante de minha vida consciente, temer que eu faça a experiência de não ser de modo algum consciente. De alguma maneira, é como se não pudéssemos nos enganar ao menos sobre se somos de algum modo conscientes. Essa apreensão já se oculta por trás da famosa sentença de Descartes: "Penso, logo existo", o *cogito*. O ***cogito* cartesiano** diz que, enquanto somos conscientes, não podemos nos enganar sobre o fato de que somos conscientes, ao mesmo tempo em que podemos muito bem nos enganar sobre em que consiste a consciência, o que Descartes também não coloca em questão.

Krauss discute regularmente sobre essa temática com o filósofo já mencionado, Daniel Dennett, e concede que a consciência é um problema difícil. Ele acredita, no entanto (como também Dennett acredita), que a futura neurociência irá solucioná-lo. Mas como deveríamos afinal ser instruídos por meio da experiência dos sentidos, ou seja, empiricamente, de que somos conscientes? Poderia assim se provar que isso é falso? Poderiam experimentos convencê-lo de que você não é consciente neste momento?

O neurologista Jules Cotard (1840-1889) descobriu no século XIX a doença que tira dele seu nome, a Síndrome de Cotard.

Pacientes afligidos por ela declaram honestamente estarem mortos e não existirem. Um empirista rigoroso teria de aceitar que os pacientes de Cotard talvez tenham razão e estejam, em verdade, mortos. Então, eles seriam zumbis e a *World War Z* [Guerra Mundial Z] poderia em breve estourar. Mas, naturalmente, eles não são zumbis, e essa também seria uma representação absurda. Pacientes que sofrem de Síndrome de Cotard não podem ter razão, pois eles evidentemente ainda têm um corpo vivo e estão conscientes, uma vez que podem entrar em interação com outros seres humanos. Eles sofrem, em verdade, de um distúrbio neurológico que exige tratamento para que eles possam ser presenteados novamente com uma consciência saudável, que também lhes permita compreender que eles estão conscientes.

Como vemos, é uma ideia absurda a de que, um dia, possamos vir a saber que nós não temos de modo algum consciência. Quem relatar honestamente que não tem consciência será, com razão, examinado para que se descubra de que doença ele sofre ou se ele é um androide habilmente construído. Como não há, até o presente momento, esse tipo de androide, resta apenas a suposição de que não se possa colocar em questão que se é consciente sem ser consciente. Isso não inclui, como dito, que se tenha aprendido a natureza ou mesmo os pressupostos neuroquímicos necessários da consciência por meio de introspecção. Certamente ninguém, tampouco Descartes, afirmou isso!

Naturalmente, também podemos ter falsas representações daquilo que significa ser consciente. Nesse sentido, somos passíveis de erro. É, de fato, diferente saber que se é consciente e saber *o que a consciência é*. Por isso existem, para início de conversa, disciplinas científicas que se ocupam com a consciência, entre outras a filosofia. Mas assim não se deveria chegar à conclusão de que ninguém já foi alguma vez consciente, ou de que não sejamos de modo algum conscientes, uma vez que esses "resultados" nos permitiriam concluir inequivocadamente que – dito de maneira amena – algo deu errado em nossa formação de teorias.

Fé, amor, esperança – Tudo apenas uma ilusão?

Mas a nossa cultura contemporânea é repleta da suspeita de que nós não sejamos de modo algum realmente conscientes. O medo de, por assim dizer, perder a consciência estando plenamente consciente se expressa nos filmes e séries de zumbis como no *Walking Dead* ou também no clássico de 1990 *Awakenings* [Tempo de despertar]. Ele é baseado em um caso real que se passou em Nova York, documentado pelo famoso neurologista Oliver Sacks (1933-2015) em seu livro *Awakenings: Zeit der Erwachens* [*Awakenings* ["Despertares"]: Tempo do despertar]. Sack consegue, por assim dizer, despertar brevemente de sua quase completa inconsciência algumas vítimas da doença epidêmica *Encephalitis lethargica*. Infelizmente isso só dá certo, porém, em uma curta janela de tempo, o que representa o trágico da história que o filme de mesmo nome (com Robin Williams e Robert de Niro nos papéis principais) mostra.

De fato, há filósofos que são da opinião de que não sejamos conscientes, pois o conceito de consciência, tomado rigorosamente, não se refere realmente a algo. Eu penso aqui na posição assim chamada do *materialismo eliminativista*, que é defendido com particular afinco pelos neurofilósofos Patricia Churchland (*1943) e Paul Churchland (*1942), os quais lecionavam até pouco tempo na Universidade da Califórnia em San Diego. O **materialismo eliminativista** defende fundamentalmente que nossos estados espirituais como um todo são ilusões, pois, na realidade, há apenas estados e processos materiais no universo.

Paul Churchland descarta todos estados espirituais em um artigo que se tornou famoso. Ele procede da seguinte maneira: primeiro ele supõe que disponhamos de uma *psicologia popular* [*Alltagspsychologie*]. Nós falamos que seres humanos são conscientes, têm opiniões, são racionais ou irracionais, reprimem inconscientemente sentimentos, são crédulos e assim por diante. Cada um de nós tem suas próprias representações da consciência e retratamos para nós mesmos continuamente como outros seres humanos percebem e sentem a nós e às coisas ao seu redor. Churchland supõe que nossa psicologia popular seria uma teoria empírica como qualquer outra, no que logo se mostra uma tendência ao empirismo.

Do modo que ele vê, atribuímos a outros e a nós mesmos estados espirituais conscientes porque temos certa teoria sobre tais estados que extraímos de nossa experiência. Na psicologia e na ciência cognitiva contemporâneas, isso é chamado de *Theory of Mind* [teoria da mente]: a capacidade de fazer suposições sobre processos conscientes e, por conseguinte, sobre sentimentos, intenções, esperanças e convicções de outras pessoas. Segundo Churchland, teríamos erigido nessa base a nossa psicologia popular, que se trata de uma teoria empírica completamente normal. Todavia, ele considera essa teoria consideravelmente ruim. Ele afirma, em particular, que ela não teria feito nenhum avanço nem tido nenhum desenvolvimento em milhares de anos, o que, a meu ver, é falso.

Churchland diz, segundo seu lance inicial [*Eröffnungszug*], que haveria uma psicologia popular e que ela seria uma teoria empírica. A intenção por trás disso é, porém, tornar evidente para o leitor não apenas que essa teoria talvez possa ser falsa, mas que ela com certeza o é. Ele a compara explicitamente com a visão de mundo geocêntrica, que também se provou como falsa. A teoria de que o Sol se levanta pode ser designada como falsa porque se sabe que a Terra que gira em torno do Sol e em torno de si mesma, o que apenas gera a aparência na Terra de que o Sol se levante. Tomado rigorosamente o Sol tão pouco se levanta quanto a Terra está no centro do sistema solar. Na realidade, visto desse ângulo, não há nasceres do Sol, mas sim apenas uma espécie de ilusão que nos induz a acreditar em nasceres do Sol. A teoria empírica de que o Sol se levanta toda manhã se mostrou de uma vez por todas como falsa. Resta, todavia, a ilusão cotidiana de que estaríamos em um disco fixo e veríamos um nascer do Sol.

Churchland pensa agora, no próximo passo, que a nossa psicologia popular suponha em particular que haja disposições proposicionais [*intentionale Einstellungen*]. Todavia, essa é uma típica expressão técnica filosófica e assim, tomado rigorosamente, tudo menos um componente de nossa psicologia popular, o que certifica que haja um potencial para a confusão em Churchland. Por isso, gostaria de esclarecer aqui brevemente a expressão: uma **disposição proposicional** é uma disposição espiritual que se pode ter em relação a um fato: pode-se, por exemplo, temer que a guerra civil síria continue; esperar que ainda haja pão integral; crer que se faça churrasco de gatos na China; saber que se tem dedos, e assim por diante. Medo, esperança, crença e saber são, nessa medida, disposições proposicionais. Chama-se de **proposição**, na filosofia da linguagem, o conteúdo de um enunciado que pode ser verdadeiro ou falso e que se forma linguisticamente com "sentenças-que" [*Dass-Sätzen*]. Uma pessoa pode ter disposições distintas em relação à mesma proposição. Tomemos simplesmente um exemplo:

...que a guerra civil assola a Síria.

É possível saber, acreditar, se irritar, se entristecer profundamente ou ignorar isso. É possível, portanto, se comportar de diferentes maneiras em relação a essa proposição. De fato, muitos filósofos supõem que o espírito humano é, essencialmente, a capacidade de ter disposições proposicionais, o que, do meu ponto de vista, é um bom ponto de partida.

Churchland porém duvida agora que tenhamos quaisquer disposições proposicionais. E, assim, ele já é pego de imediato na armadilha de uma contradição que o filósofo norte-americano Lynne Rudder Baker (*1944) designou de maneira bastante apropriada como *suicídio cognitivo*[54]. Perguntemo-nos agora do que Churchland duvida. Ora, isso se deixa facilmente constatar. Ele duvida:

> ...que haja disposições proposicionais.

Se houvesse disposições proposicionais, poder-se-ia então chegar ao pensamento de que a realidade não consiste apenas em estados e processos materiais que podem ser investigados pelas ciências naturais. Churchland quer, com isso, fazer a limpeza de supostas superstições. A contradição é que Churchland, assim, adota a disposição de dúvida em relação à proposição de que haja disposições proposicionais. Se não houver disposições proposicionais, então Churchland também não *crê* de modo algum que elas existam! E também não o pode saber.

Por isso, ele se refugia, no fim de seu artigo "Materialismo eliminativo e disposições proposicionais", em fantasias de ficção científica, que deveriam arcar com essa contradição. Ele imagina que, no futuro, poderemos conectar cérebros uns com os outros e nos recomenda fazermos o máximo possível para nos aproximarmos desse belo futuro:

> Que se imagine o que isso significaria para o time de *hockey*, o grupo de balé ou para a equipe de pesquisa! Se toda a população estivesse assim equipada, poderia perfeitamente acontecer que todo o tipo de linguagem falada desaparecesse completamente – uma vítima do princípio "por que se arrastar, quando se pode voar?" Bibliotecas não seriam preenchidas de livros, mas com longos registros de sequências exemplares de atividades neuronais[55].

O artigo culmina em uma literatura californiana de ficção científica. Sonhadores, visionários e criadores vindos do Vale do Silício talvez estivessem de acordo com a ideia do desmantelamen-

---

54 BAKER, 1988: 1-18.

55 CHURCHLAND, 2007: 213.

to de bibliotecas a favor de padrões de ativação neural que talvez, no futuro próximo ou distante, se pudesse baixar no seu cérebro. Mas por meio de tais visões apenas se disfarça, nesse caso, a incoerência de uma concepção que gostaria de nos fazer acreditar que a nossa suposição de termos realmente opiniões e pensamentos seria, fundamentalmente, uma superstição ultrapassada.

Patricia Churchland, diferentemente de Paul, trabalha predominantemente em tirar do caminho a ideia de que a filosofia poderia descobrir qualquer coisa sobre a consciência sem a ajuda das neurociências, um projeto para o qual ela deu o nome de "neurofilosofia"[56]. Refletir sobre conceitos como "disposição proposicional" e sua participação em outros conceitos como percepção, saber, convicção e assim por diante, bem como analisar a esses conceitos por meio de argumentos cuidadosos, não deveria levar o estado de conhecimento adiante, por mais que seja isso que a filosofia do espírito fez por centenas de anos.

Mas como poderíamos ser conscientes sem ter disposições proposicionais? A consciência é, evidentemente, um assunto consideravelmente complicado. Em particular simplesmente não está estabelecido quais fenômenos, processos e estados contamos como conscientes. Contudo, é certo que nós não podemos de modo algum nos representar como seria ser consciente sem ter disposições proposicionais. Consideremos, por exemplo, o caso claro no qual estamos sentados no metrô e ouvimos música. Olhamos em volta, observamos outros passageiros, prestamos atenção na música ao fazê-lo, mas também a esquecemos às vezes e chegamos ao pensamento de madeirinhas e pauzinhos. Tais situações cotidianas são descritas na literatura com o auxílio da conhecida técnica narrativa do *fluxo de consciência*. Essa técnica também se encontra, com humor espetacular, no centro do seriado britânico de comédia *Peep*

---

56 Em seu livro de mesmo nome: CHURCHLAND, 1986.

Show, no qual podemos ouvir o monólogo interno do protagonista e, por isso, adquirimos uma visão voyeurística de sua vida interior, de sua consciência.

Entremos, então, com o auxílio de nossa imaginação, em um típico fluxo de consciência durante uma viagem de metrô. Tão logo comecemos a descrever o que vivenciamos conscientemente nessa situação, nos atribuiremos disposições proposicionais: prestamos atenção na música, olhamos em volta do metrô e descobrimos uma pessoa que parece interessante. Tentamos não encarar a pessoa, pois há diversas razões para direcionar nosso olhar apenas cautelosamente a outros passageiros, no que essas razões em grande parte se remetem ao fato de que não temos certeza de qual disposição intencional a pessoa interessante ali na frente poderia ter se nós a ficarmos encarando boquiabertos. A situação como um todo não teria mais sentido, ela, rigorosamente, nem sequer ocorreria, se não houvesse realmente disposições proposicionais. Não haveria a consciência humana, tal como nós a conhecemos a partir de nós mesmos, sem esperanças, convicções, opiniões, dúvidas, intenções e assim por diante. Sociólogos falam aqui da comunicação como uma forma de **dupla contingência**, o que, dito de maneira simplificada, significa que os seres humanos desenvolvem suas convicções sempre em comparação com as convicções que eles atribuem a outros seres humanos.

Essa apreensão um tanto óbvia é agora, todavia, disputada no âmbito do neurocentrismo. Isso já é, por si mesmo, digno de nota; porque a pergunta que se deveria colocar tendo isso em vista tem muito bem de enunciar: Por que se quer, afinal, disputar que realmente haja esperanças, convicções, opiniões, dúvidas e intenções? O que se esconde por trás da ilusão real de que uma grande parte de nossa consciência deva ser uma ilusão?

A suposição de que as disposições proposicionais e, assim, um aspecto fundamental de nossa consciência se trate de uma ilusão, de um tipo de folclore que deve ser desmantelado por meio das belas e futuras tecnologias do pensamento baseadas em evidências, é uma tese filosófica. Examinando-a mais minuciosamente, reconhece-se que ela se baseia em pressuposições insustentáveis. Essas proposições são não apenas uma, mas uma sequência de enganos, dos quais nós ainda identificaremos muitos.

Esses enganos, todavia, já passaram a marcar nesse meio-tempo a autoimagem cotidiana de muitos seres humanos em Estados industriais economicamente avançados, uma vez que eles valem como progressivos e científicos. Progressivos e científicos todos nós queremos ser, se a alternativa a isso é a superstição, a ausência de liberdade e a manipulação. O problema, porém, é que os enganos do neurocentrismo são, justamente, superstição, ausência de liberdade e manipulação. Esse fato, no entanto, está, em certa medida, bem escondido; os enganos apenas só veem à luz do dia quando se toma o tempo para se questionar a visão de mundo que se encontra por trás dele em suas pressuposições. Isso vale para cada uma das superstições dominantes em seu tempo determinado. A irracionalidade [*Unvernunft*] está sempre camuflada, caso contrário ela não seria tão efetiva como, infelizmente, é. Como ocorre, então, que se consiga disfarçar a afirmação tão evidentemente absurda de que nós não teríamos disposições proposicionais?

Para esse fim se aplicam diversas estratégias. Uma estratégia amplamente disseminada e apenas um pouco interessante filosoficamente se apoia simplesmente em fatos das ciências naturais. Ela afirma que a acumulação de um saber abrangente sobre o cérebro humano, assim como sobre a neurobiologia do conhecimento humano, levará à compreensão de que nós não temos disposições proposicionais. Naturalmente, a maior parte das vezes isso não é tão claramente expresso. Em vez disso se pesquisa, por exemplo, o que leva seres humanos a se apaixonarem, irem votar ou agirem moralmente no sentido mais geral de agir de maneira minimamente altruísta. A resposta normal à pergunta sobre o porquê de alguém agir altruisticamente não invoca, no entanto, conhecimentos das ciências naturais. Há milhares de anos se coloca a pergunta sobre o motivo de os seres humanos levarem em consideração seus semelhantes e viverem em comunidade, em vez de errarem pelas florestas como andarilhos solitários radicais. Temos, há muito tempo, uma pluralidade de respostas a perguntas como aquela sobre a origem da moral. Tudo isso, porém, é ocultado, uma vez que se gostaria de encontrar uma resposta definitiva agora e, de fato, com outros métodos do que os apropriados para tanto.

Em todo ego se esconde um altruísta

Uma resposta à pergunta sobre por que seres humanos não são simplesmente predadores egoístas e sem piedade – por mais que eles possam se comportar assim! – enuncia que os seres humanos têm a capacidade de compreender que outros seres humanos devem ser respeitados. Para fundamentar isso, pode-se indicar o fato de que também outros seres humanos levam uma vida consciente. Levar uma vida consciente significa se vivenciar como o centro subjetivo de um acontecimento, como um Eu. Nossa vida consciente humana dispõe, além disso, da possibilidade digna de nota de poder entender que existem outros centros de acontecimento além do nosso próprio; assim, por exemplo, pode haver uma criança em Xangai, para a qual, neste instante, nada é mais importante do que certo brinquedo, que me é, em contrapartida, indiferente. Faz parte da vida consciente humana saber que há outra vida consciente.

Essa compreensão é considerada pelo já muitas vezes mencionado Thomas Nagel como fundamento da **ética**. Por *ética* eu entendo a reflexão sistemática sobre a fundamentação dos princípios de nosso agir tendo em vista a circunstância de que nós somos capazes do bem e do mal.

Em *A possibilidade do altruísmo* e, em particular, *Visão a partir de lugar nenhum*, Nagel distingue duas categorias: o subjetivo e o objetivo. "O subjetivo" é o seu nome para o nosso pensamento ligado a um ponto de vista consciente. Na medida em que somos conscientes, vivenciamos tudo de um ponto de vista perspectivista. Isso vale não apenas para as nossas percepções dos sentidos, mas para todas as nossas convicções, na medida em que elas também estão inseridas em uma rede de convicções que não abrangemos simplesmente com a vista. Por isso é possível que tenhamos de algum modo convicções contraditórias, pois não temos uma visão geral de tudo que nós verdadeiramente acreditamos e pensamos – e do que esses pontos de vista, relacionados uns aos outros, significam em todos os seus detalhes [*Einzelheiten*]. Uma prova simples: tenho certeza de que você é da opinião de que mais do que sete seres humanos na Índia já viram uma árvore. Além disso, você acredita que mais do que sete seres humanos em Hamburgo já viram uma árvore. Ao fazê-lo, você tem convicções que supostamente não tinha expressamente formulado até este momento. E, pela mesma razão, também podemos mudar nossas convicções quando nos deparamos com o fato de que algumas convicções que temos são, na verdade, inconciliáveis com outras convicções que nós igualmente temos. Nossas convicções não ficam esvoaçando por aí em nossa vida interior consciente, elas não são um pombal, como Platão coloca muito bem em seu diálogo *Teeteto*.

"O objetivo" consiste, em contrapartida, na compreensão de que nós somos parte de um contexto que é ampla e completamente independente daquilo que nós pensamos sobre ele. Seja qual for o poder que nós atribuímos aos nossos pensamentos e aos nossos constructos teóricos linguisticamente codificados, sabemos todos que a maior parte dos fatos são tal como eles são de maneira completamente independente de quais opiniões nós temos e de que perspectiva nós adotamos. Por isso há, para início de conversa, um ideal de objetividade que consiste em descrever uma realidade que abstrai de nós mesmos – de nossos interesses e de nossa consciência perspectivista. Certamente, não alcançamos sempre esse ideal, e em muitas áreas inter-humanas ele é talvez até mesmo inalcançável por princípio, motivo pelo qual também faz parte da ética compreender que nossos contextos de ação não são idealmente demarcados. Exatamente por essas oscilações entre as perspectivas subjetivas e objetivas de fatos se constitui uma dimensão ética da avaliação de nossas ações.

O fato de haver outras consciências deve ser reconhecido por toda consciência, independentemente das [suas] próprias intenções. Mesmo se se quiser ser um egoísta completamente impiedoso, como Malvo de *Fargo*, é preciso reconhecer esse fato, uma vez que, caso contrário, não se pode perseguir de maneira bem-sucedida os seus próprios objetivos. Seres humanos apenas podem ser egoístas se eles entendem que outros também são egoístas. O altruísmo, que é primeiramente contrário ao egoísmo, e que é um modo de pensamento caracterizado pela consideração pelo outro, se apoia na possibilidade da compreensão que outros também são conscientes. Se eu tiver alguma razão para não usar alguém apenas como meio para os meus fins egoístas, então isso está fundamentado justamente no fato de que o outro também dispõe de consciência: sente dor, espera por algo, deseja, evita e crê. Para poder, porém, ser egoísta de alguma maneira dotada de sentido e orientada a fins, precisamos ter tomado o ponto de vista de outros, uma vez que, caso contrário, não podemos entender as suas motivações e não podemos usá-las a nosso favor. Sem essa descentralização não haveria egoísmo. Aí também está fundamentada a possibilidade do altruísmo. Querendo ou não, os outros também são conscientes e perseguem fins e merecem, desse modo, por princípio a consideração ética relevante.

Não se deveria concluir disso, porém, que nós só agimos eticamente quando somos de algum modo como Madre Teresa e sacrificamos nossa vida para os outros. O egoísmo não é em si mau, e o altruísmo não é em si bom. Ambos são aspectos do agir ético que se condicionam reciprocamente. Se acusamos alguém de egoísmo, queremos dizer com isso, na verdade, que essa pessoa adota um balanço ruim de egoísmo e altruísmo, simplesmente fingindo, por exemplo, fazer algo para um outro, mas tendo interesses próprios ocultos puxando as cordas. O problema aí é a intenção de enganar, e não o egoísmo. Como cada um de nós vive apenas uma vez, também temos por isso um direito e um dever de conduzir essa vida conscientemente como a nossa vida.

É confortável, tendo em vista esse pano de fundo, colocar em questão que alguém seja de qualquer modo consciente. Assim, contornar-se-ia o reconhecimento do fato de que os outros são seres vivos capazes de sentir dor, que também podem sofrer sob as ações cruéis e injustas que os seres humanos praticam uns com os outros. Se se consegue eliminar o ponto de vista do subjetivo e substituí-lo por um ponto de vista completamente objetivo, a saber, o de uma neurobiologia do espírito humano que se poderia supostamente alcançar um dia, poder-se-ia, assim, livrar-se do fardo de ser incomodado pelas reivindicações da liberdade humana. A ironia aí, contudo, é que a fantasia de uma descrição completamente objetiva da realidade na qual não ocorre mais nenhuma vivência subjetiva pode ser considerada como extremamente egoísta. Isso porque, desse modo, se risca também de sua visão de mundo as reivindicações éticas correspondentes, que se sustentam no fato de que há vida consciente em que se alojam disposições proposicionais. Se nós nos destituímos reciprocamente da consciência e, em vez disso, nos concebemos como neurocomputadores, isso nos facilita lidar com o fato de que, na verdade, não somos neurocomputadores. É tirar um peso das costas ter uma tal imagem de sua própria liberdade e delegar essa liberdade também, no fim das contas, ainda à nossa neuroquímica. Mas, trata-se aqui, antes de tudo, de uma forma de autoengano.

Os Churchlands disfarçam isso com prazer, ao garantirem, por meio de exemplos, o quão importante e enriquecedor seria uma vida familiar e um passeio de canoa, que eles mesmos preferem, de fato, ir à natureza do que ir ao museu e se admiram com a população indígena do Canadá, e assim por diante[57]. Quer se simpatize ou não com tais preferências, permanece um fato que a sociedade humana é construída com base em disposições proposicionais linguisticamente codificadas. Essas não são um resquício incômodo de tempos pré-tecnológicos, e isso não mudará por meio de qualquer descoberta neurobiológica.

O subjetivo e o objetivo estão, portanto, interligados. Sem o ponto de vista subjetivo não teríamos convicções e redes de convicções que nos distinguem uns dos outros enquanto pessoas e nos possibilitam diferentes projetos de vida. Contudo, isso só pode ocorrer porque nós abstraímos de nós mesmos e podemos fazer uma imagem – como fazemos continuamente – de como os outros nos percebem. Também a objetividade científico-natural só é obtida ao nos esforçarmos conscientemente por ela, o que, naturalmente, não significa que ela não exista. Ambas as coisas são sem sentido: afirmar que tudo é subjetivo e afirmar que tudo é objetivo.

O cachorro de Davidson e o gato de Derrida

Neste momento, alguns entre vocês já terão se perguntado: E no caso de outras espécies animais além do ser humano? Afinal, elas dispõem sim de consciência, por mais que eu tenha falado até agora apenas de seres humanos. Não gostaria de modo algum de

---

57 Cf. p. ex. a entrevista com ambos em: BLACKMORE, 2012: 75-99.

colocar em questão que outras espécies animais também têm consciência – e já por meio dessa formulação vocês podem ver que eu, naturalmente, também considero o ser humano apenas um animal. "Humano" ou, melhor dizendo nesse contexto, *homo sapiens*, é, entre outras coisas, o nome para uma determinada espécie animal. C. Lineu (1707-1778), que introduziu em seu *Sistema da natureza* o nome da espécie, até hoje difundido, de *homo sapiens*, indica como marca do ser humano o antigo mandamento: "Conhece a ti mesmo (*nosce te ipsum*)"[58]. A capacidade de autoconhecimento a que esse mandamento alude é, segundo Lineu, exatamente aquilo que nos faz um "*sapiens*", um ser vivo que é capaz de sabedoria.

Há, a esse respeito, uma importante história prévia. No famoso discurso redigido por Platão da defesa de Sócrates diante do tribunal popular ateniense, a *Apologia de Sócrates*, Sócrates relata que o oráculo de Delfos o teria caracterizado como o mais sábio de todos os seres humanos[59]. Ao fazê-lo, o oráculo requisita universalmente o autoconhecimento. Dele deveria ter se originado, portanto, o famoso mandamento "conhece-te a ti mesmo", que foi um grande tema da literatura e da filosofia grega antiga. A sabedoria se apoia no autoconhecimento, motivo pelo qual Lineu define o ser humano como *homo sapiens*, pois o latim "*sapere*" significa "ser dotado de entendimento" [*verständig sein*]. A classificação de Lineu, porém, não se refere simplesmente a toda forma de entendimento, mas em particular à forma especificamente humana do autoconhecimento que possibilita a sabedoria, ou seja, o autoconhecimento bem-sucedido.

Outras espécies animais vivem igualmente uma vida consciente. Nós também atribuímos a elas disposições proposicionais. Não seria possível imaginar um documentário sobre animais em

---

58 LINEU, 1781: 15s.

59 PLATÃO, 2011: 13 (20e).

que não se descrevesse como um leão espreita ou como uma gazela foge porque ela percebeu o leão. Naturalmente, a nossa práxis de atribuição de disposições proposicionais no interior do reino animal que nos circunda é parcialmente problemática, uma vez que atribuímos, a espécies animais que gostamos mais por razões históricas, disposições de que privamos outras espécies. Consideramos, na maior parte das vezes, nossos animais domésticos mais amigáveis do que cobras venenosas na região amazônica. Mas também fazemos isso com os animais seres humanos, quando, por exemplo, atribuímos a nossos inimigos apenas motivos como inveja, egoísmo impiedoso ou outras fraquezas, enquanto, em contrapartida, atribuímos aos nossos amigos (ou aqueles que consideramos como tais) boa vontade e altruísmo digno de elogio. De fato, ainda não está esclarecido o grau de organização biológica necessário para que se possa, assim, atribuir legitimamente consciência a um organismo. Essa é uma pergunta importante, uma vez que há, evidentemente, bases (neuro)biológicas, assim como pressuposições necessárias da consciência, sobre as quais nós ainda não sabemos o suficiente para poder dizer com exatidão quais seres vivos são realmente conscientes. Descobrir isso é, de fato, uma tarefa da futura neurobiologia que também é importante para a ética e para a filosofia.

Não se deveria jamais se deixar levar a destituir outras espécies animais como um todo de consciência, por mais que isso seja, naturalmente, mais cômodo, uma vez que se quer apaziguar a sua consciência moral [Gewissen] em relação às casas de abate e aos porões de tortura de animais dedicados ao avanço medicinal.

Todavia, há uma interessante linha de pensamento [Gedankengang] que faz parecer difícil atribuir disposições proposicionais a reinos animais que vão além do nosso. Ela vem do filósofo norte-americano Donald Davidson (1917-2003), ao qual devemos importantes contribuições para a filosofia do espírito. Infelizmente, seus escritos são desde parcialmente crípticos até inteiramente incompreensíveis, embora, felizmente, suas principais ideias sejam constantemente reconstruídas por outros autores de maneira mais ou menos compreensível.

Davidson é, em todo o caso, famoso por destituir outras espécies animais de nossa forma de consciência, que ele considera ser linguisticamente estruturada de ponta a ponta. Assim, ele emprega a seguinte linha de pensamento[60]: Suponha que você chegue em casa e o seu cachorro já esteja latindo e abanando o rabo diante da porta. Normalmente, interpretamos isso como a felicidade do cachorro por termos chegado em casa. Como o comediante Jerry Seinfeld disse uma vez, isso tudo faz bem para nossa autoestima. Isso porque um cachorro, segundo Seinfeld, é um ser vivo que se impressiona continuamente com o fato de que conseguimos ir embora de casa e voltar de novo para ele, e ainda de algum modo cuidando de trazer comida ao fazê-lo. O cachorro não tem nenhuma ideia de como fazemos isso e sempre nos observa impressionado – uma admiração que as nossas crianças, em contrapartida, apenas demonstram até que elas tenham entendido como se cuida de si mesma. Então, toda a mágica do poder supostamente misterioso dos adultos se desfaz e se mostra que eles também são apenas pessoas normais. O maior impulso para essa compreensão é chamado de "puberdade", um processo que, até onde eu sei, não se pôde constatar em nenhum animal doméstico...

Por isso, um respeito eticamente relevante por outras espécies animais também não se apoia no fato de que elas tenham redes de disposições proposicionais particularmente sutis. Caso contrário, não teríamos nem mesmo motivo para respeitar de maneira eticamente relevante bebês, pequenas crianças ou seres humanos espiritualmente prejudicados.

---

60 DAVIDSON, 2005. Cf. sobre esse tema também a boa visão geral em WILD, 2013.

Davidson nos pede que imaginemos o que realmente ocorre no cachorro. Quando dizemos que o nosso cachorro *se alegra com o fato de que voltamos para casa*, isso é muito mais problemático do que podemos primeiramente imaginar. Isso se torna mais claro quando se imagina que tanto a nossa filha de sete anos como o nosso cachorro estão em casa quando chegamos. Suponhamos que a nossa filha igualmente se alegra em nos ver. Ela sabe, todavia, o que significa que alguém volte para casa: é preciso abrir a porta, é preciso ter estado em algum outro lugar, por exemplo em uma cidade ou no campo, é preciso ter se deslocado com um veículo ou a pé, e assim por diante. Além disso, nossa filha entenderá o processo de uma determinada maneira: ela se alegra que voltamos para casa porque prometemos algo para ela; ela sabe que voltamos para casa porque é feriado, e assim por diante.

Davidson chama a isso de "finura" [*Feinkörnigkeit*] de nossas convicções. Não nos alegramos assim simplesmente quando alguém chega em casa. Antes, a nossa alegria faz parte de uma rede de disposições em constante transformação. O cachorro, em contrapartida, sempre simplesmente se alegra – a não ser que ele esteja doente e cansado, de modo que ele nem mesmo acorde quando chegamos. A alegria do cachorro sobre chegarmos em casa talvez não tenha nem mesmo realmente, de sua própria perspectiva, o conteúdo do "voltar-para-casa". Porque o cachorro desconhece inteiramente aquilo que chamamos de "voltar para casa"

Davidson conclui, a partir disso, que o cachorro ao menos não se alegra de jeito nenhum da mesma maneira que nossa filha quando chegamos em casa. Aprofundemos essa reflexão um pouco e nos perguntemos se um cachorro pode se alegrar sobre o fato de que a vó Müller ligou. A resposta diz certamente: não, uma vez que o cachorro não tem ideia do que é uma ligação. Na melhor das hipóteses, ele se alegra pelo tocar do telefone na medida em que esse som lembra a campainha de uma porta. Cachorros não se alegram pela ligação de avós, assim como não esperam que o novo filme da Scarlett Johansson seja bom.

Essas simples reflexões sobre a consciência de outras espécies animais não são de modo algum superficiais só por serem aparentemente autoevidentes. Geert Keil aponta para o fato de que o princípio da culpa que vigora em nossa práxis do direito penal [nenhuma pena sem culpa], não

> [pertence] às primeiras conquistas da história do direito ocidental. Na França agrária, era comum até o século XVII julgar e punir animais por causa de supostos crimes. Isso nos parece uma violação flagrante do princípio da culpa[61].

O mundo da vida humana está continuamente em contato com o resto do reino animal: caçamos, matamos e criamos animais, somos picados por mosquitos, observados por gaivotas, habitados por microrganismos e assim por diante. Em tudo isso, atribuímos a algumas espécies animais, com boas razões, disposições proposicionais.

Davidson aponta, todavia, corretamente, que facilmente nos tornamos vítimas de falsas representações da vida interior de outros animais, pois descrevemos o seu comportamento em uma linguagem que é moldada para a nossa forma de vida. Tendemos, em nosso intercâmbio com outras espécies animais, ao **antropomorfismo**, ou seja, à projeção de nossa forma de vida sobre outras espécies animais. Nossas convicções são de tal finura e diferenciadas de modo a espelhar milhares de anos de história cultural e espiritual. Compartilhamos algumas partes dessa história com outros animais, especialmente com aqueles animais que integramos em nossa vida como animais domésticos.

Mas, aqui, temos um abismo muito maior entre nós e nossos amigos animalescos do que se tem diante dos olhos em nossos tempos ao menos parcialmente mais simpáticos aos animais. O filósofo

---

61 KEIL, 2013: 159.

francês Jacques Derrida (1930-2004) torna isso claro por meio da situação de que ele um dia se encontra nu diante de seu gato e sob o seu olhar. Ao fazê-lo, ele reage primeiramente como se outra pessoa o visse nu, até que se torna claro para ele que o gato não nota, de modo algum, que ele esteja nu, pelo menos não no sentido em que ele se sente despido diante dele[62].

Os nossos sentimentos de embaraço fazem parte de nossa forma de vida, eles estão imbricados em nossas representações sobre como deveríamos viver em conjunto, o que faz parte disso, e assim por diante. Gatos vivem, de fato, com e sob nós, mas eles compartilham apenas de maneira apenas bastante limitada da nossa forma de vida. Naturalmente também vale para nós que compartilhamos de maneira apenas bastante limitada a forma de vida dos gatos. Nosso vocabulário, com o qual descrevemos processos espirituais, certamente não está em condições de descrever adequadamente e de maneira fina o bastante como é espreitar à noite por um parque e caçar ratos. Já não podemos nem mesmo nos representar isso, uma vez que não teria sentido nenhum para nós caçar ratos no parque à noite e os trazermos de volta para casa entre os nossos dentes.

Os dois lados do gosto e sobre o que se pode de algum modo discutir

Há, então, certamente componentes da consciência de outros seres vivos que permanecem em larga medida incompreensíveis para nós, uma vez que simplesmente não sabemos como é ou qual é a sensação de passar por determinadas experiências. Isso também já vale para membros de nossa própria espécie. Quando era criança, sempre me perguntei como era possível que outros seres humanos gostassem de outros pratos diferentes do que eu. Como é possível que alguém não considere delicioso apenas espaguete com

---

62 DERRIDA, 2010: 23.

molho de tomate acompanhado de limonada, mas sim algo como *Foie Gras* com uma taça de champanhe?

Se algo é saboroso para alguém, não se pode, então, de modo algum imaginar como é não gostar desse sabor. Para tanto, já é necessário ter feito a experiência própria de que o seu próprio gosto muda no decorrer de sua vida e que se pode, naturalmente, também cultivá-lo. Na maior parte das vezes, não vivenciamos um sabor como um fato neutro acerca do qual podemos adicionalmente avaliar se nós o achamos bom ou ruim. Algo sempre tem para nós um gosto melhor ou pior. Como sabemos, porém, como é não gostar de uma coisa que gostamos, ou, inversamente, gostar de algo que nos parece repulsivo?

Fala-se nesse contexto na filosofia da consciência de *qualia*. **Qualia** (do latim *qualis* = constituído de alguma maneira; singular: *quale*) são os conteúdos de vivências conscientes puramente subjetivas. Exemplos de *qualia* são sensações de cor e de sabor ou algo como a sensação de calor. Por isso, *qualia* significava na filosofia, até pouco tempo, sensações [*Empfindungen*].

Assim, já nos familiarizamos com duas facetas que acompanham a consciência. Podemos distingui-las conceitualmente:

1) A primeira faceta consiste no fato de que podemos ter *consciência de algo*. Essa faceta é chamada de intencionalidade, de modo que se pode falar de consciência intencional. "Intencionalidade" vem da palavra latina "*intendere*", o que significa estender, esticar. A **consciência intencional** consiste em nossa remissão [*Bezugnahme*] a alguma outra coisa e está ligada a uma perspectiva exterior, com uma percepção exterior. Podemos nos voltar conscientemente para algo e refletir a esse respeito. Nós estendemos, por assim dizer, a nossa consciência sobre alguma coisa ao direcionarmos nossa atenção a ela. Isso é designado também como *consciência de acesso*

[*Zugriffsbewusstsein*], ou seja, como consciência que tem um acesso focado a estados de informação.

2) A segunda faceta está ligada à nossa perspectiva interior. Fala-se, nesse contexto, de **consciência fenomênica**, ou seja, de nossa vivência consciente puramente subjetiva. O conteúdo dessa vivência são os já mencionados *qualia* ou sensações.

O conceito de consciência, que ainda tem muitos outros aspectos (e que se pode supor por isso que não seja único), induz a que se aproxime preocupantemente demais a consciência intencional da consciência fenomênica. Poder-se-ia mesmo pensar que podemos nos voltar intencionalmente para as nossas sensações. Eu posso, afinal, relatar sem problemas sobre a minha vivência de sabor ao beber um bom vinho tinto. Por conseguinte, preciso poder me voltar conscientemente para essa vivência. Faz-se, assim, do sabor do vinho tinto um objeto que, todavia, simplesmente não se pode compartilhar com os outros. Afinal, como se sabe que eles realmente gostam do vinho exatamente da mesma maneira que eu? Eles podem certamente relatar que também gostam dele. Eles talvez concordem quando eu indico a nota de baunilha. Mas se for verdade que não é possível ter vivências de sabor sem já imediatamente também as avaliar, é possível que se vivencie a nota de baunilha de um vinho tinto de uma maneira diferente, mesmo se diversas pessoas concordam de que há uma nota de baunilha.

Talvez você já tenha parado para pensar sobre **o problema do espectro invertido**, que o filósofo da consciência de Nova York, Ned Block (*1942), por exemplo, coloca no centro de seu trabalho. Block traz o problema ao seu ponto de maneira bastante colorida: não poderia ser que as "coisas que chamamos de vermelha [...]" apareçam "para você como as coisas que ambos chamamos de verde?"[63]

---

63 BLOCK. In: BLACKMORE, 2012: 44.

Essa linha de pensamento levanta enigmas particularmente complicados quando se segue nele um pouco mais. Isso porque vivências de cores são tão pouco neutras quanto vivências de sabor. Cores também nos agradam ou desagradam. Nós não tomamos simplesmente apenas conhecimento delas e depois as avaliamos, mas sim já as vivenciamos sob o sinal de uma avaliação. Nós as sentimos imediatamente como quentes ou frias, agradáveis ou inconvenientes. Além disso, também aprendemos a ver cores e podemos nos tornar melhores em distinguir umas das outras – cores que, à primeira vista, nos parecem idênticas. Caso se leve agora em conta que o nosso campo de visão é colorido de ponta a ponta, é de se pensar que a inteira realidade percebida pelo meu sentido visual tenha talvez uma aparência completamente diferente para mim daquela que ela tem para você. Mesmo se estivermos de acordo de que há um dado azul ali na frente, talvez a minha vivência do azul, por assim dizer, seja tão abissalmente diferente da sua que nós já não falamos de modo algum do mesmo dado azul.

Tudo depende do que se quer dizer quando se fala da nota de baunilha de um vinho ou do azul de um dado. Visa-se com isso a uma propriedade pública *objetiva* do vinho tinto ou do dado, ou a nossas sensações *subjetivas* individuais? No primeiro caso, haveria uma consciência intencional dessa propriedade; no segundo, uma consciência fenomenal que consiste em vivenciar *qualia*. Isso pode ser descrito assim: nós nos *relacionamos* intencionalmente com propriedades de objetos publicamente dados, enquanto *vivenciamos qualia*. Relacionar-se com algo e vivenciar algo não são necessariamente a mesma coisa.

A coisa toda com a inteligência e o robô aspirador

Isso tudo talvez lhe pareça agora quase óbvio, de modo que você se pergunta por que valeria a pena falar sobre isso. Há muitas razões para tanto, uma vez que facilmente negligenciamos a diferença entre consciência intencional e consciência fenomênica. Tomemos o exemplo da inteligência artificial e, desse modo, a pergunta sobre se computadores, *smartphones* e robôs inteligentes podem pensar.

A filosofia da consciência já se ocupa com o tema da inteligência artificial desde o início dos tempos modernos – ele não se torna primeiramente virulento com o surgimento dos computadores. Descartes já se colocava a pergunta sobre como ele poderia realmente saber que são pessoas que passam pela frente de sua janela, e não apenas robôs (ou, como se dizia então, autômatos):

> Eu os vejo, e não vejo, todavia, nada a não ser os chapéus e as roupas, sob as quais autômatos poderiam estar escondidos! Julgo, porém, que sejam seres humanos. E, assim, conheço algo que considerava ver unicamente com meus olhos apenas e unicamente por meio de minha capacidade, inerente ao meu pensamento, de julgar. Mas, caso se queira ser mais astuto que as massas, se deveria então se envergonhar de buscar, em modos de falar inventados pela massa, razões para a dúvida[64].

Como seria se houvesse robôs humanoides perfeitamente construídos que não pudéssemos reconhecer como tais [vistos] de fora? Caso se pense aqui novamente no *Doctor Who*, pode-se imaginar todo o tipo de cenários nos quais isso poderia ser relevante. Pode-se, naturalmente, também pensar no *Blade Runner*, em filmes de zumbis, na série sueca *Real Humans – Humanos reais*, ou em um dos incontáveis produtos da ficção literária que tratam desse tema. Podem ser também clássicos históricos, por exemplo, de E.T.A Hoffman e Heinrich von Kleist. Não atribuiríamos sem pensar duas vezes consciência a robôs humanoides, se eles conduzissem um diálogo inteligente conosco? Relata-se até mesmo que muitas pessoas tiveram, com o tempo, a impressão de que o robô

---

64 DESCARTES, 1992. 57.

aspirador *iRobot*, da Roomba, teria vontade própria consciente, e mesmo personalidade[65].

Coloquemo-nos agora a pergunta sobre se realmente consideraríamos robôs humanoides conscientes se eles dispusessem exclusivamente de consciência intencional, mas não fenomênica. Isso pressupõe, naturalmente, que eles podem ter consciência intencional, o que eu aceitarei provisoriamente para a reflexão seguinte. Nesse caso, talvez eles fornecessem todo tipo de relato correto. Talvez eles pudessem, por meio da análise interna da composição química do vinho tinto já descrito, chegar ao enunciado correto de que o vinho, de fato, tem uma nota de baunilha. Em nossa era da revolução digital nos é particularmente fácil imaginar robôs com uma versão aprimorada da consciência intencional – um *upgrade* da consciência –, por exemplo, por meio de um grande poder de computação em determinados âmbitos. Computadores comuns já há muito tempo jogam xadrez ou trilha[66] melhor do que a maior parte dos seres humanos. Mas tudo isso nos legitimaria realmente a designar os robôs como "conscientes"?

Creio que não. Suponhamos que faltasse a um robô humanoide perfeito em todos os outros aspectos (um Hubot da série *Humanos reais* ou um robô do *Artificial Intelligence* ["Inteligência artificial"] de Spielberg) a bochecha esquerda, e que ele tivesse, assim, a

---

65 KUCKLICK, 2014: 67.

66 *Mühle* [moinho] em alemão, também chamado de *Nünistei* [nove pedras] em suíço. Trata-se de um jogo de tabuleiro de duas pessoas em que cada jogador dispõe de nove peças para colocar em um tabuleiro. O objetivo do jogo é colocar três peças próprias em uma reta, a fim de poder remover uma peça do adversário do tabuleiro, até que o jogador adversário tenha apenas duas peças restantes no tabuleiro ou não consiga mais fazer um movimento em seu turno. O jogo é, como o xadrez, livre de contingência e com informação perfeita, ou seja, ambos os jogadores dispõem sempre exatamente da mesma quantidade de informação sobre as jogadas feitas, de modo que, dadas essas suas características e a sua simplicidade em termos de movimentos possíveis, o jogo era um perfeito candidato para que computadores se tornassem facilmente mais competentes em jogá-lo do que seres humanos [N.T.].

aparência dos robôs do primeiro episódio da oitava temporada de *Doctor Who*. Veríamos uma engrenagem enferrujada em seu interior. Então, pareceria rapidamente razoável supor que o robô não tem consciência fenomênica. Ele não tem vivências, ele não se sente de nenhum modo. Trata-se, justamente, de um robô que é movido por meio de uma engrenagem consideravelmente rudimentar. Se ele relata agora que vê um dado azul, ele poderia, de fato, ainda exteriorizar uma sentença verdadeira ou, em outras palavras, um relato correto. Mas como, porém, ele não tem nenhuma vivência do azul, faltaria a ele algo essencial para a percepção consciente. Ao menos ele não seria consciente do mesmo modo que somos conscientes. Mas o robô não poderia, apesar disso, ter consciência fenomênica? Como sabemos afinal, se poderia aqui objetar, que ele não a tenha?

Nesse momento, é importante trazer à memória que a consciência, tal como a conhecemos, simplesmente tem pressuposições biológicas necessárias – o que eu não gostaria de modo algum de colocar em questão aqui. Uma engrenagem consideravelmente rudimentar que não consista dos materiais orgânicos relevantes, tal como precisaria ser pressuposto para a consciência fenomênica (faltam, em particular, neurônios e outros tipos de células), não poderia, por razões biológicas, servir de base para a consciência fenomênica. Nossa consciência fenomênica surgiu, de fato, no curso da evolução, o que não significa, e é importante para mim enfatizar isso, que o espírito humano é, como um todo, um fenômeno evolutivo. "Espírito" e "consciência" não são o mesmo e, por isso, a neurobiologia não encobre completamente a pesquisa sobre o espírito, uma vez que ela se concentra em apenas algumas das condições necessárias para a existência da consciência.

Quando falamos de cores, sabores ou outros *qualia*, falamos sobre algo que é preciso vivenciar para realmente conhecer. Não basta ser capaz de dar relatos corretos a esse respeito. Simplesmente faltaria a esses relatos a finura fenomênica relevante, independentemente de quão diferenciado fosse o vocabulário com o qual o robô analisa o sabor do vinho tinto. Uma máquina de *sommelier* não é um *sommelier*, mesmo que uma máquina de *sommelier* seja, às vezes, capaz de um melhor serviço do que um *sommelier*[67].

O ponto é que seres humanos não seguem apenas regras bastante universais que podemos traduzir em algoritmos. Um computador consegue, por meio de algoritmos, processar informações muito melhor do que nós mesmos. O que nos destaca é, muito antes, que não lidamos com as coisas apenas com o Sr. Spock do *Star Treck*, logicamente e sem emoção. Temos sentimentos em parte irracionais, aos quais pertencem não apenas os medos muito criticados, mas também a nossa capacidade de nos apaixonarmos. O ser humano não é nem apenas um *animal rationale*, nem simplesmente um *homo irrationalis*, mas sim uma criatura que é capaz de produzir autoimagens passíveis de ilusão e, juntamente com outros, celebrá-las, cultivá-las e transformá-las na medida em que elas se mostrem prejudiciais. Temos, por isso, também o direito ao absurdo cultivado, à ironia e a perseguir ilusões, desde que isso não prejudique a ninguém que queira, por sua vez, perseguir as suas próprias ilusões.

Um exemplo simples disso é nosso intercurso inteiramente cotidiano com coisas compráveis. Nós compramos de tudo, e toda vez temos a impressão de encontrar exatamente o que tínhamos procurado e apaziguar a nossa necessidade. Porém, assim que consumimos uma coisa ou a possuímos, já desejamos alguma outra coisa. Justamente esse desejo incessante por coisas foi colocado à prova criticamente por Buda, Karl Marx e pela psicanálise. É preciso enxergar também o desejo como fonte de ilusões. Mas não podemos descartar essas ilusões, uma vez que apenas por meio delas

---

67 KUCKLICK, 2014: 90.

viemos a ser alguém. Uma consciência puramente intencional, desinteressada e observante simplesmente não seria como nós somos. Não por acaso, rodeamo-nos há milhares de anos com coisas bonitas nas quais espelhamos a nossa consciência.

Podemos, então, insistir que a expressão "consciência" se refere a uma combinação de elementos intencionais e fenomênicos, e a isso também pertence o fato de que algumas pressuposições necessárias para a consciência podem ser conhecidas pelo recurso à Teoria da Evolução. Caso se pensasse que a pura intencionalidade – ou seja, a circunstância de que algum sistema fornece relatos verdadeiros regularmente – poderia vigorar também independentemente da consciência fenomênica, nesse caso, seria como se se acreditasse que moléculas de água poderiam consistir apenas em hidrogênio e não da combinação correta de hidrogênio e oxigênio. Moléculas de água são, justamente moléculas de H_2O. H [apenas] não é, nem de perto, água.

Strange days no ruído da consciência

Coloquemo-nos agora o experimento mental inverso sobre o robô aspirador sem sensações e imaginemos como seria ter consciência apenas fenomênica, mas não intencional. No *thriller* de ficção científica de Kathryn Bigelows *Strange Days* (1995) [Dias estranhos] há uma ilustração particularmente boa de como seria dispor apenas de uma consciência fenomênica. O filme nos coloca em um futuro distópico que se passa – como é frequente – em Los Angeles. No futuro de *Strange Days* há máquinas por meio das quais se registra a consciência fenomênica de um humano e, então, pode-se assisti-las como um filme ou, em outras palavras, realmente vivenciá-las. Para tanto, ata-se um aparelho na cabeça e se vivencia exatamente aquilo que a pessoa experimentou durante o registro.

Vemos, no filme, circular um registro no qual se pode ver que a polícia matou uma estrela negra de *hip-hop*, o que poderia levar a uma revolução, motivo pelo qual os assassinos tentam afanar a faixa neural. Para tanto, eles se utilizam de um método cruel: acontece que também se pode utilizar o aparelho com o qual se registra e se assiste a consciência para fritar o cérebro, por assim dizer. Assim, os afetados são postos em um estado irreparável de oscilação de dados – a sua vivência é, para sempre, a imagem estática cintilante de uma televisão antiga depois que o programa acaba. Em uma passagem se mostra essa vivência de uma perspectiva interna, o que causa uma impressão um tanto macabra.

Certas formas de vivência psicótica e estados de ruído que podem ser desencadeados por meio de drogas psicoativas se aproximam bastante de uma tal salada de dados. Também se poderia representar esse estado como se a nossa consciência se dissolvesse em um puro impressionismo em tempo real [*verzeitlichten*], no qual não vivenciaríamos mais nenhum objeto, mas sim apenas fluxos de cores – como se alguém chegasse muito perto de um Monet tardio ou de uma pintura pontilista.

O grande filósofo escocês David Hume (1711-1776) já distinguiu entre *impressões* (*impressions*) e *ideias* (*ideas*) a fim de poder classificar as formas da vivência interior. Por *impressão* ele entende uma salada de dados, enquanto uma ideia surge pelo fato de que se ordena uma salada de dados.

É a isso que, em última instância, se remete o impressionismo na pintura. Isso porque ele ilustra ideias na base de impressões, motivo pelo qual é preciso tomar a distância correta da pintura a fim de que os objetos de que ela trata possam se sobressaltar da salada de dados. Se eu, enquanto me sento à minha escrivaninha, viro um pouco rápido a minha cabeça para a esquerda e tento não ver direito, de modo que eu não reconheça exatamente o que está ali, vejo vermelho turvo, azul, preto, manchas de luz e assim por diante. Mas assim que eu fixo diretamente as impressões, reconheço livros, um copo de água, lápis e outras coisas. Um grande tema da pintura moderna pode ser visto no aperfeiçoamento da representação de impressões. Quem dispõe de impressões pode, com elas, expressar ideias. A distinção de Hume corresponde à distinção entre consciência fenomênica (impressões) e consciência intencional (ideias).

Caso a consciência fosse exclusivamente um fluxo de vivências semelhantes a ruídos, ou seja, uma pura salada de dados, não poderíamos mais nos comunicar uns com os outros. Não estaríamos em condições de distinguir nossas impressões daquilo que as causa e com o que podemos nos relacionar intencionalmente. Nossa consciência desperta não costuma ser impressionista de tal modo que, ao se ver mais de perto, tudo se mistura. Caso fosse sempre assim, não teríamos mais impressões de algo. Estaríamos fundidos com as nossas impressões e não estaríamos mais lá, por assim dizer. Se tivéssemos apenas impressões, mas não ideias, as impressões não seriam nem mesmo classificáveis como vermelho, por exemplo, ou como uma impressão de dor. Uma pura salada de dados sem qualquer ordem não pode, todavia, ser observada ou vivenciada conscientemente por ninguém, uma vez que todos os observadores têm de classificar. Dados puros sem ordenação não poderiam nem mesmo ser registrados, e, rigorosamente falando, não existem.

Consciência fenomênica e consciência intencional trabalham, portanto, conjuntamente. Caso se separe uma da outra, se obtém, assim, uma imagem fundamentalmente incompreensível da consciência – como se a consciência fosse um robô aspirador ou um *hippie* infeliz que ficou permanentemente tendo um barato de LSD. A compreensão de que ambos ao menos não descrevem o caso normal levou a uma fórmula frequentemente citada de Kant:

> Pensamentos sem conteúdo são vazios, intuições sem conceitos são cegos[68].

---

68 KANT, 1998: 130 (A 51/B75).

O que pode causar equívocos nessa fórmula é, todavia, que se liga intencionalidade com conceitos e consciência fenomênica com intuições. Isso deixa com que pareça novamente demasiado plausível ressaltar de algum modo utilizadores competentes de conceitos como nós, seres humanos, e confiar menos capacidade de consciência [*Bewusstheit*] a outras espécies animais. É preciso, contudo, se precaver contra isso, pois outras espécies animais, naturalmente, também dispõem de conceitos, mesmo que talvez não linguísticos e, assim, de outro grau de finura. Para dispor de conceitos e poder classificar impressões, não é preciso também classificar esses conceitos, por sua vez, linguisticamente. Nós, seres humanos, podemos de fato fazer isso – nós somos, por razão de nossa linguagem, consideravelmente bem-sucedidos em classificar a realidade. Mas disso não se segue que apenas nós classifiquemos e que todos os outros animais, em contrapartida, sejam apenas máquinas de impressões famintas.

Segundo Kant, nossos pensamentos não teriam conteúdo se não tivéssemos impressões (o que ele chama de "sensação" [*Empfindung*]). Se tivéssemos apenas impressões, mas nenhum conceito estabilizante, nossas sensações seriam intuições cegas, uma vez que não poderíamos conhecer nada. Uma pura salada de dados não consiste nem mesmo em uma mancha verde no campo de visão, mas sim apenas de vivências completamente indizíveis. Caso já se tivesse visto manchas verdes, já se teria consciência intencional de algo, a saber, de manchas verdes.

Kant descreve o estado de uma pura salada de dados psicoticamente embaralhada, tal como a que vimos em *Strange Days*, também como se tal consciência fosse "menos que um sonho"[69]. Isso porque nós ainda sonhamos sobre algo. Em nossos sonhos, a sequência das representações é às vezes, de fato, como se sabe, consideravelmente esquisita, pula-se de um filme para outro e se tem

---

69 Ibid.: 219 (A 112).

também sensações consideravelmente indeterminadas. Mas também não se sonha apenas com sabores, tons e cores. Sonhos não são uma pura sinfonia de sensações.

Chamemos agora a tese de que a consciência é exclusivamente intencional de **racionalismo da consciência**. De maneira correspondente, o **empirismo da consciência** é o outro extremo e, assim, a tese de que a consciência é exclusivamente fenomênica. Ambos estes equívocos ressurgem sempre ainda hoje nas ciências que se ocupam com a consciência. No fundamento de cada um deles está uma forma diferente de neurocentrismo.

Enquanto um deles, por um lado, nos toma como sendo, em última instância, semicomputadores puramente racionais, o outro nos vê como máquinas de vivência e de prazer. Essa é a variante pós-moderna da doutrina cristã de que o homem oscila entre o deus e o animal. O equívoco tanto da doutrina antiga quanto da pós-moderna consiste em que ambos esses extremos – o deus puramente racional e o animal cobiçoso puramente emocional – simplesmente não existem quando falamos da consciência humana.

Um exemplo representativo do racionalismo da consciência é a abordagem de Dennett. Ele defende no livro que recebeu bastante atenção *The Intencional Stance* [A postura intencional] a sua conhecida **tese da disposição intencional**: essa tese parte do princípio de que é intencional todo sistema que podemos descrever como intencional. Tomemos por exemplo novamente o nosso cachorro. Podemos prever que o cachorro irá latir e abanar o rabo quando ele ouvir que nós chegamos em casa. Expressamo-nos, então, assim: o cachorro se alegra porque ele sabe que chegamos em casa. Atribuímos a ele, portanto, disposições proposicionais. Também poderíamos, porém, nos propor a um exame científico-natural e simplesmente descrever como ondas sonoras atingem os receptores sensoriais do cachorro, o que desencadeia outros processos determinados. Nessa descrição, que Dennett designa como *disposição física*, não utilizamos nenhum vocabulário intencional.

Dennett argumenta que tudo que podemos descrever de maneira bem-sucedida [*erfolgreich*] como intencional é, de fato, intencional. Assim, também programas de computador seriam intencionais, uma vez que poderíamos dizer que nosso computador nos derrotou no xadrez ou que o nosso *smartphone* é *"smart"*, ou seja, inteligente, pois ele "nota" certas coisas. Dennett defende, assim, um tipo extremo de racionalismo da consciência, de modo que não é de admirar que ele tente colocar em questão que *qualia* existam. Isso leva ao **eliminativismo do *qualia***, ou seja, à tese de que, na realidade, não existem *qualia*, o que resulta, então, na seguinte concepção de consciência:

> Um espírito humano consciente é como que uma máquina virtual serial, montada – ineficientemente – nos hardwares paralelos que a evolução nos forneceu[70].

Para Dennett não tem, então, qualquer importância se somos ou não como robôs. Na disposição física somos, até mesmo, algo como um robô aspirador, pois, nessa disposição, abstraímos justamente do fato de que temos consciência intencional e consciência fenomênica e tomamos em vista apenas os processos descritíveis de maneira puramente física. Para Dennett somos, enquanto atores que se descrevem reciprocamente na disposição intencional, programas virtuais que apenas existem porque e na medida em que nos descrevemos reciprocamente na disposição intencional. A consciência é, então, uma espécie de ficção útil, uma vez que a atribuição de consciência nos ajuda a prever comportamentos corretamente até certo ponto. Essa ficção desvaneceria se tivéssemos a cada momento à nossa disposição saber físico, ou seja, saber neurocientífico o suficiente para não termos mais de nos representar outros seres humanos como sistemas intencionais.

---

70 DENNETT, 1994: 288.

A absurdidade dessa posição salta aos olhos, e a verdadeira pergunta é como é possível que Dennett tenha chegado a essa ideia. Claramente, esse modelo está mais próximo da ficção científica do que da consciência. Muitas posições da filosofia da consciência contemporânea padecem em geral de cientismo. O **cientismo** é a suposição de que apenas o saber assegurado científico-naturalmente e formulado em uma linguagem verdadeiramente ou pelo menos supostamente técnica é um saber autêntico. Como, comparativamente, temos apenas um saber científico-natural escasso da base neurobiológica da consciência, cientistas se inclinam a compensar a sua falta de saber tomando filmes de ficção científica como uma antecipação da ciência futura (o que, de fato, é por vezes correto). Sabemos comparativamente pouco sobre a neurobiologia da consciência, pois a pesquisa sobre o cérebro é ainda uma ciência relativamente jovem, cujo objeto, segundo os parâmetros humanos, é infinitamente complexo. Além disso, não temos ideia sobre se existe vida extraterrestre consciente, e, caso exista, qual base neurobiológica ela tem. Aqui, falta-nos todo parâmetro de comparação, de modo que essas regiões são um território bastante receptivo para filosofias de ficção científica.

Sabemos muito mais sobre o espírito humano e sobre a consciência humana do que sobre as suas bases neurobiológicas. Isso desconcerta os cientistas, pois eles têm de confessar que, por exemplo, já os trágicos gregos, Agostinho, Hildegard von Bingen, Buda, Moisés, Lao-Tsé, Sappho ou Shakespeare sabiam mais sobre a consciência e sobre o espírito do que muitos de nossos conterrâneos.

Mas, então, não se pode mais falar com um tom de desprezo sobre a psicologia popular e tratá-la como uma máquina virtual utilizável, ou seja, como uma ficção parcialmente útil. O autoconhecimento do espírito humano já avançou há muito tempo muito mais do que a melhor investigação das bases neurobiológicas da consciência. Como cientistas visam a reclamar para si o avanço do saber em todos os âmbitos, esse fato é, para eles, uma pedra no sapato. Por isso, ou a história do espírito é simplesmente ocultada, ou sumariamente interpretada como a continuação da evolução com outros meios, tal como Dawkins defende. Não é imediatamente claro, no entanto, o que uma mutação genética ou mesmo uma adaptação ao meio ambiente no âmbito da natureza, ao qual também pertencemos, deveria ter a ver com Shakespeare ou com o cálculo diferencial.

O que Mary não sabe

O problema que está no fundamento de tudo isso pode ser novamente ilustrado por meio de um experimento mental facilmente compreensível e muito discutido, que remonta ao filósofo australiano Frank Cameron Jackson (*1943)[71]. Imaginemos, com Jackson, uma cientista de nome Mary. Ela vive no futuro e sabe tudo que se pode saber sobre a natureza e os métodos das ciências naturais. Suponhamos ainda que se tenha conseguido remontar, no futuro, todas as ciências naturais à física. A suposição que tem essa expectativa é designada como **fisicalismo**, que afirma que todo saber real sobre a natureza é um saber físico.

Poder-se-ia alegar a favor dessa tese que tudo que existe na natureza consiste de partículas elementares, cujo comportamento é descrito por leis naturais. Isso é designado como **microfundamentalismo**. Uma vez que, segundo esse, também células nervosas ou DNS consistem de partículas elementares, poder-se-ia pensar que todos os fatos da biologia (e, assim, também da neurobiologia) se deixariam expressar, no futuro, na linguagem da física.

Naturalmente, no presente momento, essa é uma tese extremamente especulativa. O fisicalismo é no mínimo, visto rigorosamente, uma suposição consideravelmente não científica, uma vez

---

71 JACKSON, 2009: 83-96; JACKSON, 1986: 291-295.

que não se pode imaginar como essa suposição poderia ser verificada científico-naturalmente.

Mary sabe, então, tudo que se há futuramente para saber sobre a natureza, e o exprime exclusivamente na linguagem da física (em equações matemáticas).

Todavia, Mary não é completamente perfeita, pois ela sofre de uma completa cegueira de cores. Ela vê apenas em tons de cinza, ou seja, em claro e escuro. Ela vive em um mundo inteiramente preto e branco, ou seja, no cinza. É conhecido, a propósito, de fato, um caso em que isso ocorreu há pouco tempo com um pintor após um acidente[72]. Também outros casos são documentados. Mary, então, nunca viu cores. Ela sabe, todavia, que seres humanos relatam vivências de cores e, ao fazê-lo, usam palavras como "verde" e "vermelho". Obviamente ela sabe, além disso, que essas pessoas chamam algo de "verde" quando seus receptores sensoriais processam informações que são desencadeadas por ondas eletromagnéticas no espectro de 497-530.

Jackson se coloca agora a pergunta fulcral da seguinte forma: A Mary sabe tudo, ou falta algo em seu saber? A sua resposta é que Mary não sabe tudo. Ela disporia, de fato, de todas as informações físicas pensáveis, mas, todavia, não saberia de algo, a saber, qual é a aparência do verde da floresta virgem colombiana. Ela saberia que a floresta virgem colombiana é predominantemente verde (o que ela pode saber por meio de medições). Ela não saberia assim, porém, nada sobre a minha vivência do verde em minha primeira visita à Colômbia, fora do fato de que ela é desencadeada quando se tem os cones e bastonetes correspondentes, assim como a região cerebral visual intacta. Caso uma operação depois da qual ela poderia ver cores fosse bem-sucedida (o que, tendo em vista a sua onisciência física, não deveria representar qualquer problema!), ela saberia

---

72 KANDEL; SCHWARTZ & JESSELL, 2011: 471s.

de algo que não sabia antes, justamente qual é a aparência do verde da floresta virgem colombiana. Assim, Jackson conclui a partir daí que o fisicalismo é falso. Isso é designado como o **argumento do saber**, uma vez que ele deve provar que nem todo saber é físico, do que se segue que o fisicalismo não é correto.

Pode-se levantar muitas objeções a esse argumento. Em particular, o fisicalista poderia bem dizer que, aqui, só se trata de saber real sobre a natureza, entre os quais, por diversas razões, o saber sobre as vivências de verde não contaria. Contudo, Jackson revela, com seu experimento mental, um aspecto essencial da consciência fenomênica, de modo que se poderia agora se aproximar desse aspecto por meio de uma outra perspectiva. Para tanto, tragamos novamente as cores, sobre as quais os espíritos se dividem. Poder-se-ia mesmo afirmar que a Modernidade é uma disputa em torno das cores, uma vez que a partir da física dos tempos modernos se chegou ao pensamento de que o universo é simplesmente incolor, e de que as cores são apenas uma espécie de ilusão que se origina em nossos organismos, no teclado de nossos nervos.

Sabemos, pelo menos, que sempre quando temos uma vivência de cor, um evento físico ocorreu: fótons precisam ter atingido nossos receptores dos sentidos. No que diz respeito a luzes visíveis, trata-se, *considerado fisicamente*, de um espectro de radiação eletromagnética. Radiação infravermelha e radiação ultravioleta não são percebidas por nós como cores (mas certamente como calor, quando, p. ex., se sua em sua sauna infravermelha), de modo que nem toda a luz é também visível.

Contudo, como sabemos que a luz visível é, considerada fisicamente, um espectro da radiação eletromagnética? E por que distinguimos esse espectro de outros espectros? Muito simples: pois temos vivências de cores. Caso nunca tivéssemos percebido cores, não chegaríamos também ao pensamento de que determinados âmbitos da natureza se permitem descrever de tal modo que, neles, ocorra luz visível.

Nomeemos essa reflexão, em distinção ao argumento do saber, de **a tese da insuperabilidade** [*Unhintergehbarkeit*]: essa tese afirma que nosso ponto de vista subjetivo, também para a melhor de todas as ciências naturais do futuro, permanecerá insuperável, uma vez que apenas a partir dela estamos em condições de desenvolver o ideal de objetividade absoluta. Precisamos sentir cores e sabores para que seja possível chegar ao pensamento de que eles representam apenas um recorte de uma realidade física que tem outras estruturas do que aquelas que caracterizam o campo do sabor e o campo da cor. Nossas teorias sempre serão construídas, de maneira insuperável, com base em dados que vivenciamos subjetivamente como fenômenos que se apresentam para nós como observáveis. É preciso, enfim, também primeiramente dominar os instrumentos [necessários] para, com o seu auxílio, se elevar àquilo que não é diretamente acessível aos nossos sentidos. Para tanto, usamos novamente os nossos sentidos, assim como o vocabulário que empregamos para nos orientar no "mundo da vida", como o nomeou Edmund Husserl (1859-1938) em um famoso escrito tardio de 1936, *A crise das ciências europeias e a fenomenologia transcendental*. Não podemos nos desatar do mundo da vida – Mas por que, afinal, queremos fazê-lo?

A descoberta do universo no mosteiro

A divisão, realizada por nós, da natureza em processos visíveis e invisíveis, depende de que tenhamos um saber acerca de nossas vivências, sem o qual a natureza não seria dividida de modo algum dessa forma. As divisões físicas também estão, por isso, muito longe de ser tão objetivas e independentes do sujeito humano como frequentemente se quer nos fazer acreditar. A linguagem da física, muito antes, espelha os nossos interesses humanos por conhecimento.

Basta ter em mente que a visão de mundo da física contemporânea é construída em larga medida com base na suposição bem corroborada de que, no interior de nosso horizonte cósmico, ou seja, no interior da natureza observável por nós, nada se move mais rápido do que a luz no espaço-tempo. A velocidade da luz, segundo uma famosa descoberta de Einstein, é, desse ponto de vista, o limite superior absoluto de todo movimento. Nada se expande no interior do espaço-tempo mais rápido do que aquelas ondas eletromagnéticas que chamamos de "luz". Muito se mede a partir disso, e se seguiram, dessa suposição, conhecimentos da nova física revolucionários de uma perspectiva histórica.

Até agora, tudo bem. Mas é possível se perguntar por que seres vivos que dependem em larga medida de um sentido visual que funciona mais ou menos bem desenvolveriam uma física na qual tudo gira em torno do espaço-tempo e da expansão da luz nele. Nossa física toma seu ponto de partida de nossa posição em nosso planeta e tentamos, a partir dela, explorar o universo no grande e no pequeno. Os progressos decisivos foram feitos por meio de instrumentos como o microscópio e o telescópio: o microscópio leva à prova de que a matéria é composta de unidades menores, ou seja, à descoberta do microcosmo, sobre o qual, obviamente, já os filósofos antigos especulavam. O telescópio levou em tempos recentes à hipótese do *Big Bang*. Edwin Hubble (1889-1953), de quem o telescópio Hubble recebe o seu nome, foi o primeiro a descobrir, na década de 1920, que há uma galáxia ao lado da Via Láctea. Ao mesmo tempo, ele também conta como um dos descobridores do universo em expansão.

Além disso, oculta-se com muito gosto que a teoria do *Big Bang*, assim como a teoria da expansão do universo, remontam não apenas às reflexões de Kant (de seu *História natural universal e teoria do céu*, de 1755), mas também ao padre e teólogo belga Georges Lemaître (1894-1966), que já a formulara alguns anos antes de Hubble. Einstein, em contrapartida, recusou primeiramente a teoria do *Big Bang* de Lemaître, pois ela lhe soava muito como a doutrina cristã da criação, enquanto a Igreja Católica o recebeu, por sua descoberta, na Pontifícia Academia de Ciências.

Isso não combina exatamente com o remendo histórico segundo o qual as ciências modernas, e antes de todas a física, teriam tomado o combate às superstições religiosas. Lê-se a toda hora que Galileu ou Giordano Bruno – que já ensinava no século XVI que o universo seria infinitamente grande – teriam sido perseguidos pela Igreja, e se conclui, assim, que a teologia e as igrejas sempre antes de tudo frearam o progresso com as suas superstições. Assim, porém, se oculta o fato de que Newton considerava o universo um *sensorium* de Deus (seja lá o que isso significar exatamente); que Bruno era e permaneceu um dominicano que de modo algum pensava que sua intelecção da infinitude do universo levasse ao ateísmo; que a teoria do *Big Bang* foi desenvolvida por um monge; que também Kant era profundamente religioso, e assim por diante. Erros e superstições, portanto, não se seguem obrigatoriamente de que alguém seja religioso, e eles não se encontram, de modo algum, apenas em seres humanos religiosos. Religião e ciência não se distinguem uma da outra simplesmente do mesmo modo que superstição e razão.

Caso se queira ver um remendo histórico em sua pura forma, deve-se ver o primeiro episódio da nova edição da bem-sucedida série-documentário *Cosmos*. A original, de Carl Sagan (1934-1996), transmitida nos anos de 1980, contribuiu extremamente para a disseminação da visão de mundo científica nos Estados Unidos. A nova edição, que passa desde 2014, é conduzida por Neil deGrasse Tyson (*1958). No primeiro episódio, se apresenta, em formato de quadrinhos, todos os erros históricos pensáveis sobre Giordano Bruno, a Igreja Católica e a "Itália" medieval. Aqui, trata-se de fato de pura propaganda, e pode-se muito bem se perguntar, quem, afinal, deveria se beneficiar de tal bobagem. Bruno é apresentado aí como o típico herói da ciência, que viaja pela Europa medieval e é perseguido pelos poderes da escuridão. Essa imagem da Idade Média, que é proeminente sobretudo nos Estados Unidos, uma vez que se quer, lá, distinguir-se da Europa – que ainda se imagina sempre em parte medieval – é, de uma perspectiva histórica, quase tão adequada quanto *Monty Python em busca do cálice sagrado* (1975) ou *Jabberwocky – Herói por acidente* (1977), ambos de Terry Gilliams.

Retornemos à consciência. A compreensão decisiva [aqui] é a de que o nosso saber de nossa própria vivência, ou seja, o nosso saber subjetivo, não pode ser descartado, aprimorado ou superado ao se servir da linguagem da física. Isso porque só se entende de algum modo essa linguagem se se entende o vocabulário em que ela é ensinada a alguém. E fazem parte disso palavras como "cores" ou "tempo". Nosso entendimento do significado dessas palavras é, realmente, enriquecido pelo fato de que descobrimos quais processos no universo estão ligados com vivências de cores ou com a consciência do tempo. Mas disso não se segue de modo algum que poderíamos deixar de lado, assim, as nossas vivências de cores ou a nossa consciência do tempo.

Que o tempo passe não se deixa realmente compreender fisicamente. Até hoje, é um enigma da física por que há uma "seta do tempo" direcionada do passado para o futuro. Em exposições populares se lê frequentemente que isso se explicaria pela **entropia**, ou seja, colocado de maneira simples, pelo fato de que a desordem sempre aumenta em sistemas físicos. Um cubo de gelo tem uma determinada ordenação. Caso se o coloque em água-morna, que,

126

relativamente ao cubo de gelo, é desordenada, então o cubo de gelo adquire, com o tempo, a desordem de seu arredor e derrete. Às vezes os físicos chegam mesmo até o ponto de explicar a desordem de um quarto de criança igualmente como entropia. Minha explicação para os quartos de criança bagunçados é, contudo, melhor: eles são bagunçados porque crianças não respeitam as nossas necessidades de organização, já que elas nem sequer as entendem. Crianças arremessam brinquedos por aí, o que não é um caso da física, ou seja, não é entropia, mas sim no mínimo um objeto da pedagogia, da psicologia e da sociologia. Quartos de criança simplesmente não se tornam tão desordenados como, por exemplo, um cubo de gelo que se desfaz na água-morna.

Seja como for, caso se queira explicar a direção do tempo (a seta do tempo) por meio da entropia, não se consegue, infelizmente, nada assim, uma vez que a entropia, muito antes, pressupõe que o tempo passa. Sendo assim, isso não pode ser explicado pela entropia. Essa é apenas uma pseudoexplicação, que esconde que não se entende a consciência do tempo. Por outro lado, também não se quereria dizer, naturalmente, que tudo ocorre literalmente ao mesmo tempo, ou que jamais se entenderá porque há uma linha do tempo que vai irreversivelmente do passado para o futuro. Se, também graças à física, sabemos mais sobre o tempo – por exemplo algo tão espetacular quanto o fato de que ele, justamente, enquanto fenômeno físico, atua em relação a observadores que são, por sua vez, fisicamente atuantes, e que têm diferentes estados de movimento e cuja velocidade, por conseguinte, se desenvolve de outra maneira – assim, também com isso ainda não sabemos mais sobre a consciência do tempo. Como o tempo físico e a consciência do tempo estão conectados é ainda um enigma, com o qual o filósofo do tempo tem de se ocupar.

Sensações não são legendas de um filme chinês

Infelizmente, Jackson avalia falsamente a extensão de seu experimento mental. Isso porque ele pensa, de fato, ter refutado o fisicalismo, mas sacrifica imediatamente a sua compreensão, alcançada com muito esforço, no altar do cientismo, que é o verdadeiro problema. É que Jackson acredita que os *qualia* não têm forças causais no universo. Isso soa, agora, algo grandiloquente e esconde o quanto isso é novamente absurdo. Por isso, precisamos novamente regredir um pouco.

Por trás dessa perspectiva está o **epifenomenalismo**, que, em linhas gerais, é a tese de que estados e processos espirituais não têm nenhum efeito em processos no universo. Um epifenomenalista considera estados espirituais como meros fenômenos acompanhantes, *Begleitererscheinungen* (que é a palavra alemã para epifenômenos). Sendo assim, o epifenomenalismo aceita, de fato, que há (em todo o caso) estados e processos espirituais. Ele disputa, porém, que eles interfiram causalmente no curso da natureza [*Naturgeschehen*] (uma pena, já que assim vai tudo abaixo). O filósofo norte-americano John Searle (*1932), que rejeita abertamente o epifenomenalismo, o ironiza por meio da comparação de que se deveria imaginar que

> o cérebro não seria nada além de uma pilha completamente mecânica de partes, como um motor de carro, apenas mais úmida, e ela funcionaria por meio de ligações mecânicas completamente unívocas[73].

Basta esclarecer para si próprio no que esse pensamento dá: quando você está com sede e a sua língua já está quase grudada na sua garganta, você fará todo o possível para se saciar. Você tem a consciência de uma sede insuportável, sente a língua e a garganta secas. Agora, você se põe a caminho do mercado mais próximo. Ao

---

73 SEARLE. In: BLACKMORE, 2012: 287.

fazê-lo, imagina como logo esvaziará, em uns poucos goles, uma garrafa de Brahma®, uma lata de chá gelado ou, simplesmente, um copo de água fresca. Você está diante da geladeira e apanha, sem nenhuma reserva, um suco de laranja, no qual não tinha pensado antes, mas que desperta em você memórias de uma bela tarde de verão no ano passado. Essa história não muito ambiciosa literariamente também poderia ser narrada como um monólogo interno, no qual você, enquanto narrador em primeira pessoa [*Ich-Erzähler*], descreve cronologicamente as suas representações. Aí, um *quale* segue ao outro: sede, expectativa contente, os sentimentos particulares que as representações singulares das bebidas despertam em você, e, por fim, a bebida fria que desce por sua garganta.

O epifenomenalismo afirma agora que nada disso tem a ver com o que realmente ocorre. Na realidade, o que ocorre é que o seu organismo é colocado em estados internos de informação que, em última instância, levam a que certas amostras de células nervosas disparem. Isso gera todas as impressões que aparecem para você no modo da consciência como *qualia*. Mas, independentemente de como você se sinta, o seu organismo se move para o mercado conduzido apenas por leis naturais. Vindos desse mercado ricocheteiam fótons (caso contrário ele seria invisível) que são, por sua vez, captados pelo seu organismo e que, mediados por processos aparentemente inacreditavelmente complexos, levam a que você seja atraído para o mercado.

A história causal nunca poderia verdadeiramente ser completamente descrita em detalhes, uma vez que ela contém uma quantidade infinita de informações: todas as partículas das quais você, o mercado e os arredores em que você se move consistem. Nesse modo de pensar, o universo como um todo leva a que ocorra uma corrente de acontecimentos, que deve levar, de uma maneira estritamente causal (e, portanto, antes de tudo: sem alternativa e obrigatória) de uma causa para um efeito, que, por sua vez, é a causa de um [outro] efeito, e assim por diante. Aí também acontecem *qualia*, que, porém, em nada contribuem para o que acontece. *Qualia* não devem ser causas que trazem efeitos consigo, mas sim apenas um ruído acidental composto de sensações [*Gefühlsrauschen*]: assim como as legendas em português de um filme chinês não contribuiriam em nada para a ação do filme (elas não pertencem ao mundo do filme, mas sim estão lá apenas para nós que não entendemos chinês o suficiente), do mesmo modo os *qualia* simplesmente passam ao lado do acontecimento real.

Infectado pela darwinite usual, Jackson se pergunta como, então, a existência de *qualia* poderia ser realmente conciliada com a Teoria da Evolução. Se os *qualia* não contribuem em nada para a sobrevivência do organismo, por que eles existem? Para que consciência, quando também se poderia viver sem ela? Não teriam bastado micróbios ou bactérias? Não seria, de todo modo, melhor, ou pelo menos igualmente bom para a sobrevivência, se os seres humanos não tivessem nenhuma sensação de dor; se o organismo fizesse tudo de maneira inconsciente, não apenas a digestão ou o crescimento das unhas, mas simplesmente tudo? Nessa passagem, Jackson supõem que *qualia* "sejam fenômenos acompanhantes de determinados processos cerebrais que, por sua vez, são da maior serventia para a sobrevivência"[74].

Outro exemplo seu para tais produtos colaterais [*Nebenprodukte*] evolutivos diz muito: Ursos polares carregam consigo uma pele extremamente pesada. Poder-se-ia perguntar qual vantagem evolutiva trariam as peles pesadas. Então, chegar-se-ia rapidamente à ideia de que peles pesadas dificilmente podem ser uma vantagem, uma vez que [só] é possível se movimentar lentamente com elas (por mais que ursos polares, a propósito, tenham a velocidade ate-

---

74 JACKSON, 2009: 93.

morizante de até 30km/h). No mínimo é necessário compensar a pele pesada de algum modo (p. ex. com músculos fortes). Todavia, segundo Jackson, a circunstância de que a pele de ursos polares seja pesada é apenas um efeito colateral da circunstância de que a pele os mantenha aquecidos. O mesmo se dá com muitas propriedades que surgiram no curso da evolução. É preciso escolher os aspectos corretos na descrição de um fenótipo quando se empreende uma investigação zoológica bem-sucedida. O que Jackson afirma aí é que *qualia* não deveriam desempenhar nenhum papel de verdade em uma investigação zoológica.

Desse modo, ele se encontra na tradição do início da Modernidade. Descartes, acima de tudo, é famoso-notório por sua tese de que animais seriam, na verdade, autômatos, e Julien Offray de La Mettrie (1709-1751) desenvolveu uma imagem do ser humano correspondente em seu livro *O ser humano como máquina*. Jackson supõe secretamente que uma grande parte de nosso comportamento não é de modo algum conduzido pelo fato de que temos vivências qualitativas das quais evitamos algumas (geralmente dor, pelo menos fora de jogos de SM e de comportamento autoagressivo) e ansiamos por outras (geralmente a satisfação de vontades e desejos de todos os tipos). Esses *qualia* não podem, porém, interferir nas engrenagens do que acontece, caso contrário, não se seria mais um epifenomenalista.

No pano de fundo de todo esse debate sobre o epifenomenalismo está a convicção de que o universo é causal-nomologicamente fechado e não contém, na verdade, nenhum *qualia*. O que se representa para si próprio aí é a ideia de que tudo que ocorre na natureza é determinado por meio de leis naturais. Todo evento no espaço-tempo se sucede a outro evento no espaço-tempo segundo leis naturais, para as quais não há exceção. Essa tese é conhecida como **determinismo** e será examinada mais de perto no capítulo sobre a liberdade.

Naturalmente, alguns leitores quererão objetar agora que tal imagem da causalidade e das leis naturais já foi ao menos restringida pela física quântica. E, de fato, atualmente, a concepção de que muitos processos naturais só podem ser descritos estatisticamente é amplamente disseminada, embora as leis naturais clássicas formuladas por Newton também sejam "seguidas" em determinados macrocosmos ou mesocosmos (que se encontram entre os microcosmos e os macrocosmos) com uma probabilidade extremamente alta, que é quase sempre de 100%. Mas isso não acrescenta tanto à discussão, na medida em que, normalmente, não se deduz da física quântica que os acontecimentos e relações que são lá abarcados e investigados estejam primariamente ou de algum modo ligados à consciência. Há, de fato, especulações de que ocorram, nos assim chamados microtubos (certas estruturas de proteína que se encontram nas células), processos descritíveis em termos quanto-mecânicos, por meio dos quais a consciência é gerada. Isso foi proposto primeiramente pelo matemático britânico Sir Roger Penrose (*1931). Todavia, a remissão a verdadeiros ou supostos acasos e indeterminidades na natureza fisicamente descritível não contribui, tomado rigorosamente, para a compreensão do espírito.

A ideia de que nos encontramos em um contêiner gigantesco no qual amontoados de matéria, invisíveis a olho nu, são movidos de lá para cá segundo leis da natureza invioláveis e matematicamente descritíveis é, certamente, por muitas razões, um conto de fadas. Demos também um nome a essa ideia: o **conto de fadas do contêiner**. Nesse caso, trata-se aqui de uma visão de mundo que faz incontáveis suposições não provadas e sobre a qual de todo modo ainda hoje não é nada claro, se e em que sentido ela contém um grão ou uma partícula de verdade.

A teoria física contemporânea convida a todo tipo de especulações. Em particular, coloca-se, tendo em vista a hipótese dos múltiplos multiversos, a pergunta sobre se existem de algum modo leis naturais que valem onde quer que haja espaço-tempo, ou, em outras palavras, se não há também universos que nem sequer são compostos de espaço-tempo. Recomenda-se, a quem quiser obter um panorama introdutório das hipóteses em parte verdadeiramente extravagantes nesse âmbito, o livro de Brian Greene, *A realidade escondida: universos paralelos e as leis do cosmos*[75].

Em *Por que o mundo não existe* eu já deixei claro que a suposição de que haja uma totalidade [*Weltganz*] que abrange a tudo e à qual tudo que existe realmente pertence é simplesmente sem sentido. Trata-se de uma representação muito antiga, que surgiu entre nós, seres humanos, há alguns milhares de anos, quando ainda se acreditava que nós fôssemos, de algum modo, envoltos por uma esfera. Essa impressão ainda não foi completamente desfeita, ela vive ainda na ideia de um horizonte cósmico, ou seja, na ideia de que só podemos ver até uma distância limitada em todas as direções, uma vez que a luz que nos alcança do mais longe para nós do universo teve apenas um tempo limitado desde o *Big Bang* para cruzar até nós.

Eu deixo isso tudo simplesmente como está, pois não penso, de todo modo, que ficar vagueando com o pensamento no abismo do cosmos seja de grande auxílio, se quisermos entender se a nossa sede em um dia de verão traz uma real contribuição para o que acontece na Terra.

Uma grande parte da vida humana (da qual a ética e a política fazem parte) apenas se deixa entender se levamos em conta a realidade dos *qualia*. Se quiser esclarecer por que, por exemplo, João foi para o mercado, eu não poderei evitar mencionar que ele tinha sede – ou que alguma outra coisa inteiramente estivesse por trás disso. Há incontáveis razões pelas quais ele pode ter ido para o mercado: ele queria encontrar o Ingo, que trabalha lá; ele esperava que a Inga, pela qual ele

---

75 GREENE, 2012.

está apaixonado, estivesse lá; ele queria comprar um jornal. Caso se descreva apenas seu comportamento observável de fora, então talvez ele se desloque da praça da catedral em Colônia para o próximo mercado e pegue lá uma bebida refrescante da geladeira. Mas o que realmente o impulsiona (a sede, o Ingo ou a Inga?), isso não se descobre dessa maneira.

A ideia de que o universo seria uma "máquina autossuficiente [kraftschlüssig]"[76], como o filósofo berlinense Geert Keil apropriadamente a nomeou, e que os nossos *qualia*, ou mesmo a nossa consciência como um todo, não contribuem causalmente em nada para o tique cósmico, é uma fantasia de desencargo. Trata-se de escapar da complexidade do agir humano. Se não faz diferença se João está a caminho por uma Coca-Cola®, por Ingo ou por Inga, uma vez que apenas se deve observar o que acontece exteriormente, as coisas ficam muito mais fáceis. A situação, contudo, é dificultada permanentemente pelos nossos *qualia*, e, de fato, para todos os envolvidos.

Como seria se João fosse, por exemplo, um homossexual reprimido, uma vez que ele, infelizmente, vem de um dos poucos cantos homofóbicos de Colônia, e não quisesse reconhecer que ele, na verdade, tem uma queda por Ingo, e não por Inga? Um psicanalista faria a festa investigando isso, e poderia, por exemplo, supor que não seja por acaso que João imagine ter uma queda por Inga, uma vez que seu nome soa parecido com o de Ingo, o nome do seu verdadeiro objeto de atração. A visão de mundo de um universo completamente fechado em suas leis naturais, que é designada frequentemente como determinismo, é, sob qualquer ponto de vista, uma hipótese não provada. Não se segue simplesmente, de que haja leis naturais, que tudo que acontece também acontece segundo leis naturais. Isso vale, no máximo, para o universo, e aqui também pode-se supor que nós, seres humanos, nos confiamos onisciência

---

76 KEIL, 2012: 41.

demais, quando, diante do estado atual de conhecimento, supomos que penetramos tão profundamente nas leis naturais relevantes que tenhamos, assim, obtido para nós um panorama, mesmo que apenas de nosso universo (caso devam haver outros). Gostaríamos muito que fosse assim, uma vez que poderíamos então imediatamente especular de novo. Quando o ser humano especula, ele tende especialmente rápido a se perder. Diante do infinito, os processos em nosso mundo da vida cotidiano parecem, de fato, esmagadoramente secundários. Mas essa impressão é apenas um efeito de perspectiva, e não nos informa algo como a verdade sobre o que é a liberdade humana ou mesmo que a consciência humana é uma ilusão.

A perspectiva panorâmica de Deus

A pergunta sobre como o espírito humano ou a consciência humana em geral se encaixaria de fato na natureza ou no universo não é, se não acompanhada de esclarecimentos, uma pergunta bem-formulada. Vista mais de perto, ela faz tanto sentido como a pergunta sobre se lua é uma raiz quadrada. Pode-se imaginar todos os tipos de coisa, mas não se dever ser seduzido pela imaginação a considerar essa pergunta, depois de longos desvios teóricos, como dotada de sentido. A pergunta sobre a relação entre natureza e espírito toma pressuposições demais por lugar-comum. Ela parte, geralmente, de uma visão de mundo e de uma imagem do ser humano que se deixa expor facilmente como fantasias de desencargo. De um lado, se representa para si, nos tempos modernos, um universo sem espírito, o qual, por outro lado, se complementa e se ilumina, por assim dizer, por meio do espírito. Assim, se cria para si mesmo uma "pátria fria", como diz Wolfram Hogrebe[77]. Isso significa que se descreve ainda sua morada, sua pátria, mas se tira deste lugar toda aquela magia que dá a alguém a impressão de que as coisas teriam

---

77 HOGREBE, 2009: 40.

um significado fixo e enraizado. A pátria continua a existir, mas ela é, agora, tão fria quanto o espaço para nós escuro e deserto para além da atmosfera.

O espírito humano faz para si uma imagem de si mesmo. Ao fazê-lo, ele alterna da perspectiva interior de nossa vivência cotidiana para a perspectiva panorâmica [*Vogelsperspektive*]. Essa também é a origem de nossa representação ancestral de que Deus seja uma espécie de olho que tudo vê, um modo de ver, que, de uma perspectiva real-histórica, leva à imagem humana do Google®, o que Dave Eggers retrata de maneira crítica em seu romance *The Circle* [O círculo]. Por fim, pensa-se que haveria uma ferramenta de busca que abrangeria, em princípio, a tudo. Um problema com Deus era, afinal, que simplesmente não se podia se aproximar de sua onisciência. O Google® nos deixa mais próximos disso.

Às vezes, parece que não haveria nada de que gostaríamos mais do que sermos realmente permanentemente vigiados, pois, assim, haveria por fim um Deus que tomaria nossa liberdade de nós. Só que, hoje em dia, geralmente não se quer a presença de Deus ele mesmo na sociedade moderna orientada pelas ciências naturais, uma vez que ele é tradicionalmente retratado como uma personalidade livre e consideravelmente atemorizadora (não se quer encontrá-lo, como um profeta, no deserto). Com Deus, a liberdade estaria novamente em jogo – pelo menos isso valeria para ele próprio. Além disso, muitos consideram Deus [um tanto] antiquado, embora a virulência do antigo Deus do deserto das religiões monoteístas ainda desfrute de muita popularidade.

A liberdade humana é, de uma perspectiva ideológica, um fator de perturbação: se tenho liberdade de escolher minha ferramenta de busca, o Google® lucra menos. O esforço para a formação de monopólios faz parte do funcionamento do mercado atual. Queremos, de fato, ter uma escolha (não se quer ter apenas um tipo de salsichas ou de pepino como se vê no socialismo realmente existente). Mas, da perspectiva do empreendedor, se quer, naturalmente, que todos os consumidores escolham o próprio produto e, por isso, não tenham, na realidade, nenhuma escolha. Caso se trate, então, da limitação da liberdade a favor de caminhos claramente demarcados, se quer nesse caso fazer a humanidade previsível.

A humanidade se debate acerca de quem tomaria de fato a perspectiva panorâmica; quem ou o que se quer tomar por Deus: a ciência, a tecnologia, o progresso, Google®, ou o grande clássico: Deus em pessoa.

III
Autoconsciência

Isso nos leva para o nosso próximo grande tema: a autoconsciência. Tomamos, na investigação da consciência, uma perspectiva própria. Não estávamos meramente conscientes de alguma coisa em nossos arredores, mas sim refletimos conscientemente sobre a consciência. A maior parte de nós não faz isso todo o dia, e ninguém passaria todo o seu tempo com isso – com a possível exceção de verdadeiros iluminados, se é que eles existem.

Um dos fatos dignos de nota da consciência é, como descobrimos, que não se pode realmente colocar em questão que se esteja consciente. Vimos, é claro, que alguns tentam fazer exatamente isso. Essa compreensão da insuperabilidade da consciência já se esconde atrás do mais conhecido enunciado da filosofia moderna, a saber, o enunciado infinitamente citado de Descartes: "Penso, logo existo". Em suas *Meditações sobre a filosofia primeira*, ele expressa esse pensamento da seguinte maneira:

> Pensar? Aqui está: é o pensamento, ele apenas não pode ser separado de mim. Eu sou, eu existo, isso é certo. Em que medida porém? Na medida em que penso. Afinal poderia talvez até ocorrer que eu, se eu parasse completamente de pensar, cessasse então imediatamente de existir. Sou então precisamente apenas um ser pensante, ou seja, espírito, alma, entendimento, razão – muitas expressões cujo significado me era antes desconhecido. Sou, porém, uma coisa verdadeira e verdadeiramente existente. Mas que coisa? Ora – eu já o disse – uma coisa pensante[78].

---

78 DESCARTES, 1992: 47s.

Torna-se facilmente, com base nessa citação, vítima de um engano conceitual completamente transparente. É que, de fato, não é possível se enganar sobre o fato de estar consciente, mas pode-se muito bem se enganar em suas opiniões sobre a consciência. Enquanto se está consciente, é indubitável *que* se está consciente, do que apenas não se segue que, assim, se tenha um saber indubitável sobre a natureza da consciência.

Por isso se levantou por séculos recorrentemente, e com razão, a seguinte objeção pertinente: Descartes coisificaria a consciência, faria dela uma coisa ou uma substância, a substância pensante (*res cogitans*). Ao fazê-lo, ele pensava que essa substância lhe fosse mais familiar e mais seguramente conhecível do que qualquer outra coisa deste mundo. Essa objeção, formulada de maneira particularmente clara por Kant, Fichte depois dele e, mais tarde, principalmente por Husserl e pelo movimento filosófico que o segue da fenomenologia, aponta que Descartes confunde a circunstância de que não podemos nos enganar sobre estarmos conscientes com [a ideia de] que se teria adquirido, assim, uma intelecção sobre essa coisa particular: a consciência.

Expressa mais precisamente, a objeção enuncia que Descartes confunde uma intelecção *epistemológica*, (nossa infalibilidade em relação à nossa condição de ser consciente [*Bewusstheit*]) com uma intelecção *metafísica* sobre a estruturação do universo. Agora se poderia pensar e essa falácia se tornaria assim transparente: apenas porque eu, enquanto estou consciente, não posso me enganar a respeito desse fato, não se segue que eu seja uma coisa adicional no universo, que se distingue do meu corpo como um todo e sobre a qual eu tenho um saber infalível.

Mas essa falácia se encontra mesmo secretamente no fundamento do neurocentrismo. Este pensa ainda que existiria uma coisa: a consciência, cujas propriedades de fato se teria de examinar precisamente, no que então a pergunta a se responder também seria como essa coisa se relaciona com as coisas corporais no universo, e sobretudo com o nosso cérebro. A resposta do neurocentrismo é que a consciência não é uma coisa adicional à coisa cerebral, e identifica, por isso, a consciência com ela.

Descartes, a propósito, já havia formulado a pergunta sobre como cérebro e consciência se relacionam um com o outro. Ele pensava que o contato entre consciência imaterial (*mens*) ou alma (*animus*) e corpo se dava na glândula pineal (uma parte do cérebro que se encontra no epitálamo e que toma parte na produção de melatonina no ciclo vigília-sono).

Até hoje se pensa, dando continuidade ao debate que se seguiu a Descartes no início da Modernidade, que seria válido decidir uma disputa entre duas grandes posições. O dualismo afirma que, ao lado das coisas cerebrais, haveria ainda uma coisa-consciência no universo, enquanto o **monismo** colocaria isso em questão. O **neuromonismo** afirma que a coisa-consciência seria idêntica ou ao cérebro inteiro ou a algumas regiões cerebrais e a suas atividades. Ambas as posições pressupõem que a consciência é uma coisa, o que já é o erro decisivo.

É correto que não podemos colocar em questão que estamos conscientes enquanto estamos conscientes. De fato, podemos nos enganar acerca da questão sobre se alguém ou alguma outra coisa é consciente (motivo pelo qual se pode incorrer no pensamento de que computadores, robôs aspiradores, termostatos, rios, galáxias ou seja lá o que for também poderiam ser conscientes), mas não na questão sobre se nós mesmos somos conscientes. Disso só não se segue, infelizmente, que já saberíamos o que é a consciência. Sabemos apenas que dispomos dela ou, se assim se quiser, que nós a somos – se deveria ser correto que o nosso Si, aquilo que faz de nós aquilo que nos consideramos ser, seja definido pela consciência.

Autoconsciência significa, por um lado, a circunstância de que somos conscientes e nos ocupamos expressamente com isso, ou seja, com a nossa consciência. Não poderíamos nos ocupar com essa circunstância, sem que fôssemos conscientes ao fazê-lo: somos conscientes enquanto nos ocupamos com a consciência, de modo que se coloca agora a pergunta sobre se esse caso de insuperabilidade de nós mesmos talvez coloque diante de nós outra informação sobre nós mesmos.

A autoconsciência é, todavia, por outro lado, tomada rigorosamente, um fenômeno muito mais cotidiano do que pode parecer nessa perspectiva. Relacionamos continuamente nossa situação [*Stellung*] com os nossos próprios estados espirituais, com os nossos pensamentos, sem refletir explicitamente sobre o fato de que refletimos sobre a nossa consciência. O nosso fluxo de consciência não passa simplesmente como uma legenda abaixo de nossas ações, como se, às vezes, também pudéssemos dirigir um olho espiritual interior aos processos em nossa consciência[79]. Muitos filósofos desde Kant apontaram no presente e no passado que isso faria de nossa consciência, de um modo peculiar, algo inconsciente. Por isso, é disseminada até hoje a perspectiva de que não haveria verdadeiramente consciência sem autoconsciência, ambas estão de algum modo inseparavelmente entrelaçadas. Quer-se evitar [assim] que a consciência possa rodar em nós sem que nos demos conta disso, uma vez que, caso contrário, não se entenderia mais por que a consciência nos parece na verdade algo tão incômodo que não possamos estar conscientes sem perceber que estamos conscientes.

---

79 Esse modelo da autoconsciência como olho espiritual interior com o qual observamos os nossos processos mentais foi refutado incontáveis vezes na filosofia do século XX por pensadores tão distintos quanto Martin Heidegger, Ludwig Wittgenstein, Gilbert Ryle, Jacques Derrida, a assim chamada escola de Heidelberg da teoria da autoconsciência e Ernst Tugendhat (*1930). Um panorama particularmente bom e claro sobre essa discussão se encontra no clássico de Tugendhat, *Autoconsciência e autodeterminação: interpretações analítico-linguísticas.*

Sejamos mais concretos. Avaliamos continuamente os pensamentos e impressões que vivenciamos conscientemente. Eles não apenas surgem repentinamente no campo não muito exatamente delimitado de nossa consciência e desaparecem depois novamente, mas sim são de tal maneira imediatamente vivenciados conscientemente por nós que eles recebem um selo: Ocorre-nos que ainda temos de escrever um e-mail para uma amiga. Nisso, envergonhamo-nos por ainda não termos respondido. Talvez fique claro para nós então que, na verdade, não queríamos realmente responder, uma vez que o seu último e-mail tinha estranhos tons sub-reptícios. A amizade como um todo se encontra na corda bamba e preferiríamos não responder. A consciência de que nós ainda não a respondemos, que pode surgir de maneira mais ou menos repentina no meio de uma situação completamente cotidiana, levou a que contemplássemos [*versehen*] nossos pensamentos imediatamente, e sem poder controlar isso ativamente, com uma avaliação [a seu respeito]: nós nos envergonhamos. A vergonha surge, por sua vez, em muitas formas e cores diferentes, se assim se quiser. Há graus de vergonha que observadores atentos da vida interior humana já esmiuçaram em incontáveis romances.

Naturalmente, é possível também se alegrar ou se irritar com um pensamento ou uma impressão. Vivencia-se um belo nascer do Sol e se alegra sobre isso, talvez ele esteja ligado a outras memórias de outros nasceres do Sol; desfruta-se o sabor de um brioche; irrita-se sobre o café aguado comprado na praça da estação; coloca-se o punho no bolso da calça, se o Schalke 04 perde para o Barcelona (ou vice-versa).

Uma grande parte do mundo humano de sentimentos [*menschliche Gefühlswelt*] tem a forma da autoconsciência. Essa consiste não no fato de que investigamos o nosso mundo interior com uma visão dirigida para dentro, mas sim em que a consciência intencional e a consciência fenomênica estão entrelaçadas por princípio. Não temos estados de consciência sem que estes já nos apareçam avaliados de uma determinada maneira. Com base nisso, se torna compreensível por que nossos valores morais estão atrelados ao nosso mundo dos sentimentos, já que só somos capazes de ser morais, para início de conversa, se tivermos uma consciência de que outros têm consciência, e vivenciamos essa estrutura diariamente como um sistema de valores que deve ser incessantemente calibrado.

O efeito ampliador da consciência da história do espírito

De certa maneira, a nova história da perscrutação da autoconsciência culmina na obra prima de Marcel Proust que marca uma nova época, *Em busca do tempo perdido*. A literatura, em particular, e talvez paradigmaticamente a literatura narrativa e a lírica, contribuíram por milhares de anos para que conseguíssemos um melhor entendimento da consciência. Se assim se quiser, a humanidade se tornou, no curso da história do espírito, mais consciente, de modo que já há muito tempo não temos apenas disposições em relação ao nosso meio ambiente natural e disposições difusas em relação a nós mesmos e a outros. Muito pelo contrário, desenvolveu-se desde as primeiras altas culturas na Mesopotâmia uma linguagem sutil que nos possibilitou não apenas a perscrutar a finura de nossa consciência, mas também a aprofundá-la. A disciplina científica da psicologia – com a sua oscilação que dura até hoje entre ciência natural e ciência humana – surge, não por acaso, na segunda metade do século XIX, na sequência de sobrevoos literários na perscrutação da consciência, de modo que Nietzsche, por exemplo, podia ser, ao mesmo tempo, tanto um dos melhores escritores de língua alemã (tanto como prosaísta quanto como poeta lírico) como um psicólogo crítico das nossas posturas morais, do mesmo modo como Freud logrou novas descobertas na psicanálise e, ao mesmo tempo, dispunha de profundos conhecimentos sobre mitologia, arte e literatura, o que mais recentemente foi relembrado por Eric Kandel, por exemplo[80].

A história do espírito é, desse modo, entre outras coisas, uma história da ampliação e da transformação da consciência. A consciência não é uma coisa que sempre já foi exatamente como ela de fato é. Nós não a encontramos assim na natureza como encontramos nêutrons, castanhas ou pancadas de chuva. "Consciência" é um conceito que pertence ao nosso autorretrato. Nós nos descrevemos como seres vivos espirituais conscientes, e formamos, assim, uma imagem determinada de nós mesmos. A consciência não é uma realidade que existe completamente independentemente da maneira com que formamos um conceito dela. Desse modo, ela se distingue, por exemplo, de uma cratera lunar. Naturalmente, outros seres vivos ou crianças ainda não culturalmente socializadas, por exemplo, também têm estados de consciência como impressões de cores, sons ou sabores. Faz, contudo, uma diferença decisiva para a percepção se se pode identificar o Yves-Klein-Blau à primeira vista em um museu e se sabe trazer referências da história da arte nesse contexto ou não. Essa possibilidade cultural e histórica de ordenação de impressões do sentido transforma fundamentalmente a nossa consciência. Há uma formação [*Bildung*] da consciência, mais um grande tema da literatura que foi trabalhado na espécie do romance de formação, do qual se originou a *Fenomenologia do espírito*. Essa grande obra de Hegel investiga a formação da consciência de modo filosófico ao examinar minuciosamente as diversas formas ou figuras da consciência que se diferenciaram no curso de milhares de anos.

O conceito da consciência está atrelado ao da autoconsciência, a qual, por sua vez, pode ter uma história na qual se formam novas facetas que não existiam antes.

---

80 KANDEL, 2012.

Os resultados hoje populares e supostamente rigorosamente científicos da paleoantropologia que nos informa tudo o que os nossos antepassados vivenciaram nas cavernas e como lá a moral e a civilização devem ter lentamente se formado, age como se fosse possível ter um vislumbre da vida interior de nossos antecipados pré-históricos. Isso, por exemplo, ao se formar uma representação de como o uso de instrumentos, os modos de enterro e a vida interior se interligam. O uso de instrumentos também tem, todavia, uma história, e está inserido na história do espírito. Desta, só se pode saber algo quando se tem testemunhos escritos ou orais, ou pelo menos linguísticos. Testemunhos imagéticos são insuficientes, na medida em que não se pode saber nada sobre a função de imagens, motivo pelo qual as impressionantes pinturas de caverna de nossos antepassados permanecerão, por princípio, um enigma para nós, uma vez que simplesmente não temos testemunhos confiáveis [*belastbaren*] que nos expliquem do que realmente as pinturas de caverna tratavam. Todo o resto é especulação infundada, apesar de fascinante. Algumas coisas se podem supor com boas razões. Pelo menos é consideravelmente certo que nossos antepassados ainda não eram neuróticos urbanos, e algumas formas de autorrelações de origem histórica surgem primeiramente na Modernidade, enquanto outras, certamente, desapareceram irrecuperavelmente.

Dependendo de como se imagina de que maneira surgiu uma vida interior sutil nas épocas anteriores à escrita, se será surpreendido com o nível em que se encontram algumas das primeiras obras literárias transmitidas da alta cultura mesopotâmica – como o épico de Gilgamesh ou a poesia lírica (na forma de hinos de templo) da sacerdotisa assíria En-Hedu-Anna, que escreveu no século III a.C. (na região do atual Iraque, o berço da alta cultura) e possivelmente foi a primeira pessoa (de que sabemos ao menos) que assinou um texto literário com o seu nome.

Os primeiros testemunhos escritos de altas culturas certamente não caíram do céu, mas sugerem que houve uma longa pré-história da vida interior autoconsciente, que traz consigo complexas autodescrições as quais – como os épicos homéricos *Ilíada* e *Odisseia* – foram transmitidos oralmente e refinados por muito tempo. Também por isso não se deve superestimar a capacidade de autodescrição e de autoconhecimento do nosso tempo, só porque somos por acaso, no momento, aqueles que vivem agora e que têm orgulho do estabelecimento de suas conquistas tecnológicas.

Há porém, infelizmente, a tendência amplamente disseminada de procurar anacronicamente formas de autoconsciência já em cenários de caverna, por mais que, desde a sociologia surgida no século XIX, tivesse de já ser claro que há uma história da autoconsciência. Essa ideia foi formulada com toda a clareza pela primeira vez nas filosofias pós-kantianas de Fichte, Schelling e Hegel. Ela é o centro da *Fenomenologia do espírito*, na qual Hegel visa a provar que o espírito humano como um todo possui uma história que não se pode entender, se se a concebe como uma continuação das relações biológicas pelos meios da consciência.

Infelizmente, essa história – como qualquer outra história real –, naturalmente, não se passa simplesmente de modo que sempre façamos avanços perceptíveis. É suficiente que obras literárias ou linguagens caiam em esquecimento para que a autoconsciência seja lançada de volta a estágios já há muito tempo superados. Uma razão para isso é aqui, como ocorre tão frequentemente, simplesmente a liberdade humana, que consiste justamente também em poder esquecer, ignorar ou reprimir alguma coisa.

É decisivo, porém, que não sejamos apenas conscientes, mas também que nós mesmos tenhamos, em relações cotidianas, uma consciência da consciência. Conhecemos a esta não apenas porque temos disposições em relação às nossas próprias convicções, desejos, sentimentos ou impressões sensíveis, que podemos cultivar e de que podemos cuidar: afinal, podemos nos tornar conhecedores de vinho e *gourmets*; aprender a reconhecer o azul Yves-Klein à primeira vista; tornamo-nos mestres em judô; classificar uma sequência de acordes como típica de Beethoven ou do Nirvana; aprender os nossos próprios paradigmas de comportamento, e assim por diante. Além disso, temos também nisso tudo do mesmo modo imediatamente uma consciência de que outros têm consciência. A consciência de que outros também são conscientes é um fato exatamente tão original (Heidegger inventou uma palavra para isso: *gleichursprüngliche* [igualmente originário]) quanto a consciência de nós mesmos. A autoconsciência não se dirige apenas a nós mesmos como indivíduos, mas já está estruturalmente atrelada à consciência alheia. O julgamento de nossas disposições conscientemente vividas (como alegria por algo ou vergonha) já é orientado pela nossa expectativa de que outros tenham uma disposição em relação às nossas disposições. Vivenciamos a nós mesmos desde o princípio em contextos sociais e não precisamos primeiramente nos encontrar nele ao deixarmos o nosso teatro cartesiano privado. Cada um de nós vivencia isso em fenômenos conhecidos, como que se queira compartilhar vivências belas (p. ex. em uma viagem ou em uma visita ao museu), uma vez que apenas dessa maneira se pode esperar uma confirmação da estrutura dessa vivência. Cultivamos a nossa consciência segundo a medida da consciência de outros, uma medida que já está inscrita em nossa vida interior no instante em que podemos de algum modo verbalizar alguma coisa. Isso é, nessa medida, na verdade evidente, uma vez que precisamos ter aprendido de outros as regras de nossa linguagem, o que já impõe uma disciplina à nossa consciência individual, que faz que não seja mais possível para nós deixar nossos pensamentos vaguearem arbitrariamente (e, p. ex., designar, como uma criança, tudo que nos agrada e de que gostamos com a sequência de sons "mamãe", ou tudo que se movimenta com a sequência de sons "carro").

O primeiro a reconhecer que a nossa consciência de que outros são conscientes é o fundamento da sociedade humana foi Kant, e depois dele ainda mais explicitamente Fichte e Hegel. A essa ideia aderiram, cada um à sua própria maneira, Marx e os avôs da sociologia e da psicanálise. Ela também está no fundamento de muitas teorias feministas, em particular da influente teoria sobre os papéis de gênero de Judith Butler, no que Butler, porém, invoca explicitamente Hegel.

Em tempos de neurocentrismo, a capacidade de chegar à consciência de que outros também têm consciência é designada como *Theory of Mind* [teoria da mente], o que é uma expressão enganadora, uma vez que a palavra "teoria" é usada de maneira inapropriada. Desde a década de 1990 pensa-se, além disso, em se ter encontrado a base biológica desse fenômeno. Os assim chamados neurônios-espelho, desse modo, deveriam ser responsáveis pelo fato de que compreendemos o comportamento e os sentimentos de outros interiormente, por assim dizer, ao disparar neurônios e simular internamente a disposição consciente dos outros. Percebe-se, a sombra, por assim dizer, da dor de uma pessoa que "balança" no chão, porque certos neurônios surgiram e permaneceram ao longo da evolução (ou seja: por meio de mutações genéticas contingentes).

Não gostaria de colocar em questão que há neurônios-espelho, nem que, sem eles, possivelmente não teríamos nem autoconsciência nem consciência de consciências alheias. Tampouco gostaria de colocar em questão que importantes bases biológicas dos estados espirituais humanos tenham surgido, em última instância, por meio de mutações genéticas contingentes, ou seja, não planejadas ou dirigidas a fins, e que foram, então, selecionadas pelo meio ambiente. Que haja seres vivos em nosso planeta e talvez também em outros lugares é, da perspectiva do universo, contingente, ou seja, não há nenhuma razão particular para tanto. Todavia, não há, da perspectiva do universo, uma razão particular para absolutamente nada, só há, justamente, aquilo que há.

Isso quer dizer apenas que podemos formar facilmente uma imagem do universo e dos seus mundos simplesmente infinitos na qual nós, com a nossa consciência e as carências e avaliações atreladas a ela, não desempenhamos qualquer papel. O universo, assim entendido, naturalmente não dá a mínima para nós. Os processos do surgimento das espécies, que abarcamos com a expressão "evolução", também não são conduzidos consciente ou intencionalmente. Não há razões biológicas mais profundas para que haja seres como nós para além de que animais como nós existam por uma vez no tempo, e nosso surgimento biológico foi possível porque determinadas estruturas funcionais foram selecionadas em tempos ancestrais [*unvordenklichen*] e transmitidas por meio da reprodução. A nossa existência e a nossa existência continuada dependem da nossa adaptação a um ambiente natural extremamente frágil, uma adaptação que pode se dissolver a qualquer momento por meio de uma catástrofe. O universo, o nosso planeta ou a natureza não se preocuparão se nós ainda existiremos se a composição da atmosfera (seja por meio da mudança climática, do impacto de um meteorito ou de uma erupção vulcânica) mudar de tal maneira que não possamos mais respirar. Como dito, nossa vida natural está ligada a condições biológicas naturais. Isso não significa, apenas, que nossa vida espiritual seja idêntica às suas condições biológicas, ou que possa ser completamente compreendido e esclarecido por meio da pesquisa científico-natural dessas condições.

Na medida em que seres humanos tendem, por falta de conhecimento dos fatos do universo, a avaliar falsamente a sua própria posição enquanto seres vivos espirituais, o progresso de nossos conhecimentos no campo da neurobiologia serve, naturalmente, para um progresso do autoconhecimento. Isso porque caso se acredite que o Sol aparece para nós para que possamos ver; ou que a circunstância de que somos conscientes e autoconscientes é uma espécie de sinfonia espiritual que se dá para honrar a Deus, que literalmente assiste de longe ao espetáculo "aqui embaixo", então se erra realmente consideravelmente feio. Apesar disso, seria um equívoco pensar que todo saber neurobiológico nos propicia um melhor entendimento da autoconsciência do que, por exemplo En-Hedu-Anna, Homero e Sófocles, Nāgārjuna, Jane Austin, Agostinho, Hildegard von Bingen, George Sand, Hegel, Bettina von Arnim ou Marx nos deixaram à disposição.

Torna-se claro por que isso seria um equívoco por meio de uma consideração que já nos é familiar agora. Vimos, de fato, que nós só sabemos de que maneira ondas eletromagnéticas conectam-se com impressões de cores porque temos impressões de cores e aprendemos a distingui-las (*tese da insuperabilidade*). As impressões de cores também não desaparecem de algum modo com o nosso saber crescente sobre ondas eletromagnéticas. Nossa vivência permanece sempre uma dimensão autônoma, sem a qual não teríamos de modo algum acesso aos fatos e processos científico-naturais com os quais está ligada.

Como as mônadas na parábola do moinho

Isso pode se tornar ainda mais claro com uma distinção útil de John Searle. Em seu livro *A redescoberta da mente*, ele aponta para o fato de que a nossa vivência seria **ontologicamente subjetiva**, ou seja, que a consciência é descritível da perspectiva interior na qual vivenciamos cores, sentimentos e assim por diante. Ele distingue isso de **fatos ontologicamente objetivos**, ou seja, fatos que podem ser descritos de modo que nenhuma consciência tome parte em sua existência [*Bestehen*]. Caso se descreva uma reação química por exemplo, se concebe assim, segundo essa distinção, um fato ontologicamente objetivo.

Nesse sentido, Searle aponta para o fato de que a consciência é epistemicamente objetiva, o que significa que se pode, de uma perspectiva da teoria do conhecimento, formular reivindicações de saber sobre o que é a consciência, no que, no entanto, é possível também se enganar. Mas aquilo sobre o que se formula reivindicações de saber é e permanece ontologicamente subjetivo, insuperável [*unhintergehbar*]. A confusão de que são vítimas muitos que querem colocar em questão a consciência se apoia, portanto, segundo Searle, no fato de que eles não entendem que algo pode ser, simultaneamente, epistemicamente objetivo e ontologicamente subjetivo. Simplesmente não há razão para considerar a nossa consciência apenas da perspectiva ontologicamente objetiva, uma vez que não se trata nela de um objeto potencial e completamente estranho. Autoengano e auto-observação ruim são possíveis e disseminados, mas disso não se segue que a nossa própria consciência pudesse ser uma realidade completamente estranha.

Pode-se diagnosticar a alienação [*Entfremdung*] da autoconsciência de si mesma da seguinte maneira: aprendemos que muitos fenômenos que vivenciamos diariamente se mostram, com um conhecimento mais exato do universo, completamente diferentes do que pensávamos. Tomemos novamente o nascer do Sol. Caso se pense ver a borda superior do Sol no horizonte, trata-se aí de um reflexo, comparável com uma fata morgana, que é possibilitada por meio da composição química da atmosfera. Além disso, o Sol simplesmente não se levanta no sentido que ele parece fazê-lo para nós, uma vez que o efeito como um todo surge pelo fato de que nós mesmo giramos em torno do Sol. Em certo sentido, não há, então, nascer do Sol. Pelo menos assim se expressam alguns, e algo semelhante vale para o horizonte ou para o céu azul, ambos efeitos que não são ontologicamente objetivos.

Os fatos ontologicamente objetivos sobre corpos celestes e sobre nossa atmosfera fazem com que a situação pareça tal que acontecimentos como nasceres do Sol se desmascarem como mera aparência [*Schein*], como um tipo de ilusão. Mas justamente isso não pode ser correto no caso da consciência. A consciência não pode ser, nesse sentido, mera aparência. Muito antes, a consciência é a fonte das aparências. Sem consciência, nem nos enganaríamos nem teríamos alguma vez convicções verdadeiras. Ela é simplesmente o ponto de vista a partir do qual o que quer que seja aparece para nós, e não se pode renunciar a esse ponto de vista, uma vez que não haveria mais ninguém que pudesse saber alguma coisa.

Não saberíamos nem sequer onde deveríamos procurar, por exemplo, no cérebro ou nos rastros do passado biológico de nossa espécie, se já não estivéssemos familiarizados com o que significa ser consciente ou autoconsciente. Isso é justamente o que também Leibniz quis dizer com a sua famosa **parábola do moinho**, que esquenta os ânimos até hoje. No § 17 de seu pequeno livro *Monadologia*, ele afirma que não se poderia explicar as nossas impressões "por meio de razões mecânicas", o que significa "por meio de figuras e movimentos" que ocorrem em nosso organismo[81]. De fato, Leibniz ainda não podia saber muito sobre a estrutura exata da fisiologia de nosso cérebro. Todavia, a metáfora enganosa de que o cérebro seria um tipo de máquina (que hoje é geralmente identificada com um computador), não perdeu nada em atualidade.

Leibniz imagina, então, que se poderia entrar na máquina do pensamento, ou seja, no cérebro. Ele compara isso com entrar em um moinho, e afirma: "Isto posto, encontrar-se-ia nele, tão logo se o visitasse, apenas peças que empurram umas às outras, e nunca

---

81 LEIBNIZ, 1996: 445.

algo que fosse capaz de explicar uma percepção"[82]. Temos, aqui, a formulação originária do problema assim chamado por Chalmers de problema difícil da consciência (p. 38).

Leibniz extrai daí a conclusão consideravelmente injustificada de que o espírito humano não poderia ter qualquer complexidade interna, mas sim seria uma mônada (do grego antigo *monas* = unidade). O famoso físico Erwin Schrödinger (1887-1961) vai ainda mais adiante em *Espírito e matéria* e pensa, contra as "abomináveis mônadas de Leibniz"[83], até mesmo que

> há na verdade apenas *uma* consciência. Essa é a doutrina dos *Upanishads*, e não apenas dos *Upanishads*. A vivência mística da união com Deus leva sempre a essa concepção, onde fortes preconceitos não se contrapõem; e isso significa: mais facilmente no Oriente do que no Ocidente[84].

Essa tese, porém, não se pode levar a sério, tanto científico-naturalmente quanto filosoficamente sem uma fundamentação laboriosa, o que Schrödinger também pressente, motivo pelo qual ele se imuniza contra críticas do "Ocidente". Para início de conversa: Onde começa o Oriente no qual os fortes preconceitos são menores? Seria em Bonn, no outro lado do Reno – ou seja, no lado oriental – mais espiritual do que na minha moradia no lado ocidental de Bonn? Há mais consciência una na Alemanha do que em Portugal, porque a Alemanha está a leste de Portugal? Eram os *hippies* californianos tão "espirituais" porque eles se mantinham tão longes do Ocidente? Schrödinger, infelizmente, foi vítima do **euro-hinduísmo**, inventado no espaço linguístico germânico no romantismo, que é a representação de que na Índia se teria uma consciência una maior e mesmo verdadeiramente mística – como se fosse mais difícil para os indianos entender que o seu vizinho tem uma consciên-

---

82 Ibid.: 447.

83 SCHRÖDINGER, 1989: 78.

84 Ibid.: 79.

cia própria! A ideia pseudomística à qual Schrödinger (que vem ele mesmo do assim chamado "Ocidente") adere, segue-se para ele de que ele não consegue solucionar o problema difícil da consciência, que ele formula neuroconstrutivamente bem no início de seu livro:

> O mundo é um constructo de nossas sensações, percepções, lembranças. De fato, é cômodo pensá-lo como simplesmente em si e para si existente. Mas ele, aparentemente, não é já, por meio de sua mera existência [*Vorhandensein*], também realmente manifesto. O tornar-se manifesto do mundo é um processo ligado a processos especiais em partes muito especiais desse mundo, a saber, a certos processos no cérebro. Essa é uma relação de condicionamento [*Bedingungverhältnis*] extremamente peculiar[85].

De fato, isso é uma "relação de condicionamento extremamente peculiar", mas apenas porque aquilo que Schrödinger desenvolve aqui é incoerente. Se (1) o mundo é um constructo de nossas sensações e (2) o cérebro pertence ao mundo, então o cérebro também é um constructo de nossas sensações. Como deve o cérebro, então, estar no fundamento dessas construções, ou seja, ser algo que não é ele mesmo construído de suas sensações? Como, por favor, isso deveria funcionar?

Leibniz e Schrödinger não veem que, se algo não funciona de modo puramente mecânico como um relógio, disso não se segue ainda de modo algum que isso não tenha complexidade alguma. Não se pode opor espírito e matéria como se opõe o simples ao complexo. Basta, aqui, como enfatiza a filósofa e física que pesquisa na Universidade Técnica de Dortmund, Brigitte Falkenburg (*1953), apontar para o fato de que fenômenos mentais são interligados de maneira diferente de fenômenos físicos, motivo pelo qual as proposições verdadeiras que se pode exprimir sobre cada um deles não podem ser reunidas em uma única disciplina teórica. Espírito e matéria são complexos cada um à sua maneira. Falkenburg

---

85 Ibid.: 9.

mantém por isso, sob sinais transformados, a tese de Leibniz de que o espiritual e o corporal seriam por princípio mesurados com medidas distintas, sendo, assim, incomensuráveis[86].

Não se trata, para mim, de defender Leibniz contra Schrödinger. Considero a teoria da consciência de Leibniz absurda, uma vez que ele chega ao ponto de pensar que, tomado em seu fundamento, tudo que existe tem um tipo de consciência. Essa posição é chamada de **panpsiquismo**. Ela tem, vale notar, defensores até hoje, que a defendem ou a precisam com impressionante precisão. Faz parte dela, entre outros, Chalmers, que vai tão longe a ponto de considerar que onde quer que haja informação, ou seja, onde se possa dizer que um bit é processado, também poderiam existir vivências. Ele considera, por isso, uma "questão em aberto" se um termostato poderia ter consciência (ainda que consideravelmente simplória)[87].

A questão realmente em aberto aqui é o que tem de ter dado tão errado para que não se saiba mais se termostatos, células fotoelétricas, lâmpadas e pancadas de chuva podem, contra todas expectativas, ser de algum modo conscientes. Obviamente essas coisas não são conscientes, e toda outra suposição só pode ser o resultado de falsas premissas e de estruturas conceituais [Begrifflichkeiten] confusas.

A parábola do moinho contém, todavia, uma centelha de verdade. O que ela mostra é que a descrição de processos mecânicos ou semimecânicos (químicos) que ocorrem enquanto estamos conscientes ou autoconscientes e que tem de estar conectados de alguma maneira com a consciência e a autoconsciência seguem outros princípios do que a descrição da consciência e da autoconsciência. Se eu falo sobre canais de íons de redes neurais, isso pressuporá considerações completamente outras do que quando falo sobre a autoconsciência. Isso porque a autoconsciência está inse-

---

86 FALKENBURG, 2012: 354s.

87 CHALMERS, 1996: 293-299.

rida em contextos sociais. Nos processos cerebrais, porém, não há contextos sociais, mas sim ocorre um processamento interno de informação, se é possível assim se exprimir. Diversas pessoas tomam parte em uma verdadeira interação social, e elas todas não surgem de modo algum em meu cérebro. Eu não as absorvo. Isso significa que a consciência dirigida para fora e que interage socialmente não pode ser presa dentro da concentração na descrição de processos no cérebro. Dito mais uma vez com aforismo de Hogrebe: "O espírito é exterior, mas rebenta no interior"[88].

Bio nem sempre é melhor do que *techno*

A tese de que alguns conteúdos da nossa consciência se encontram simplesmente do lado de fora de nosso crânio é designada como **externalismo**. Um tipo importante de externalismo é o **externalismo social**, que parte do princípio de que alguns conteúdos de nossa consciência apenas existem pelo fato de estarmos em contato com a consciência alheia. O tipo mais radical dessa tese é o **interacionismo social**, que afirma que, sem esse contato, não teríamos de modo algum autoconsciência – uma ideia que remonta a George Herbert Mead (1862-1931) e que foi há pouco tempo submetido a uma reedição pelo renomado psicólogo Wolfgang Prinz (*1942) em seu livro *O si no espelho*[89].

O fundador do externalismo, o filósofo norte-americano Hilary Putnam (*1926), é um dos filósofos globalmente mais importantes do período pós-guerra. Em círculos mais amplos ele é conhecido, pelo menos indiretamente, por causa da trilogia *Matrix*. Isso porque em seu livro *Razão, verdade e história*, ele esboça, no primeiro capítulo com o título "Cérebro no tanque", a visão assustadora de que todos nós poderíamos ser apenas cérebros que são

---

88 HOGREBE, 2009: 17.

89 PRINZ, 2013.

estimulados eletricamente, de modo que se simula para eles a ilusão de uma realidade independente deles[90]. Os filmes do *Matrix* se apropriaram dessa representação e a apresentaram em tela. Putnam também está entre os primeiros que propuseram imaginar a consciência como um computador no qual a consciência ou, em outras palavras, o espírito roda como um software. Essa tese é chamada de **funcionalismo computacional**.

Putnam introduziu o externalismo originalmente na filosofia da linguagem e, a partir dela, tornou-o frutífero para a filosofia da consciência. O assunto central na filosofia da linguagem é a pergunta sobre como é possível que nossas palavras signifiquem de algum modo algo. Isso porque as coisas a que damos nomes e os estados de coisas [*Scahverhalte*] que discutimos não clamam por serem chamados ou discutidos desse modo. É por isso que é possível que haja diferentes línguas. Aí se revelou que muitas suposições sobre o espírito humano e sobre sua relação com o ambiente natural – que se designa a maior parte das vezes como o "mundo exterior" – se apoiam em suposições em parte consideravelmente confusas sobre o significado de nossas palavras. Em seus livros, Putnam colocou até hoje continuamente a pergunta sobre que teorias explícitas ou implícitas do significado de expressões linguísticas norteiam nossas considerações sobre nós mesmos. Esse método esclarecedor levou a intelecções de amplo escopo, em particular a que praticamente ninguém que o aplicou seja da opinião de que o eu é o cérebro.

Putnam fez uma simples consideração sobre a água que o levou ao externalismo. Coloquemos-nos a pergunta aparentemente mais fácil de todas: O que significa realmente a palavra "água"? A resposta tão fácil quanto rasa é que "água" significa água e se relaciona a ela. Isso, contudo, não é de modo algum óbvio. Afinal, se morássemos na *Matrix*, ou seja, se eu fosse idêntico ao meu cére-

---

90 PUTNAM, 1990: 15-40.

bro, que se encontraria neste momento não em Bonn, mas sim em algum lugar em uma estação espacial, e fosse lá eletricamente estimulado desde o início dos tempos, então, a coisa toda com a água seria um verdadeiro problema. Isso porque eu nunca teria então visto água de verdade. Sempre que eu tivesse tido a oportunidade de refletir sobre a água as máquinas teriam inserido em mim pensamentos de água, e quando eu talvez pensava ser uma criança a quem se ensinava o significado de "água", isso foi tudo apenas uma ilusão radical. Eu nunca estive em contato com água.

Tudo o que eu, enquanto cérebro na *Matrix*, sei sobre água, só sei das minhas imaginações, das minhas alucinações, que as máquinas às quais estou acoplado produzem na verdade. Isso soa aterrorizador, e se vê rapidamente que, nesse cenário, jamais poderíamos realmente saber algo sobre alguma coisa. Todo nosso suposto saber consistiria em impressões aparentes [*Scheineindrücken*] com que as máquinas nos alimentariam – talvez apenas para manter nossos cérebros intactos. Um cérebro que tem belos sonhos possivelmente se deixa conservar melhor do que um cérebro que também sabe, ainda, que ele será sempre explorado pelas máquinas como fonte de energia e que, tendo esse pensamento, recai lentamente em uma depressão crônica e por fim falece.

Tudo isso soa assustador. Soa ainda mais assustador quando se esclarece que o neurocentrismo quer sinceramente fazer com que todos nós acreditemos que *nós* somos, fundamentalmente, cérebros em um tanque. Segundo ele, devemos sim ser cérebros que estão fechados dentro de um crânio. A evolução deve conduzir os nossos pensamentos, porque, supostamente, tudo que consideramos verdadeiro apenas parece plausível porque as biomáquinas às quais os nossos cérebros estão acoplados seguem certos interesses egoístas: elas querem transmitir o seu DNA e, fora isso, apenas sobreviver, sem nenhuma finalidade adicional. Estar aí é tudo. O neurocentrismo ensina então, desse modo, que seríamos, na verdade, cérebros no tanque, que são conduzidos por processos e máquinas alheias [a nós] – a evolução, os genes, os neurotransmissores e assim por diante. Trata-se, desse modo, quase de uma biovariante do *Matrix*. Mas bio não é sempre melhor do que tecno.

Putnam, naturalmente, não para aí. Antes, ele imagina um cenário com o auxílio do qual ele ilustra por que não poderíamos ser cérebros em um tanque. Imagine que formigas rastejam diante de você na praia e realizam um estranho movimento de lá para cá. Você vê como aparentemente as formigas, ao fazê-lo, desenham um retrato de Winston Churchill na areia. Pergunta: Conhecem as formigas Winston Churchill e teriam elas feito um retrato dele na areia? Isso seria igualmente tão inimaginável como o proverbial macaco que tecla em uma máquina de escrever e, ao fazê-lo, produz um manuscrito de *Fausto – A primeira parte da tragédia*. As formigas não conhecem Winston Churchill e o macaco não conhece *Fausto*. Nada contra formigas e macacos, mas eles simplesmente não conhecem nosso mundo da vida, tampouco quanto conhecemos o seu. O que eu sei, afinal, sobre o que formigas vivenciam ou o que elas pensam quando se comunicam umas com as outras por meio de feromônios, ou seja, de odores? Macacos estão evolutivamente mais próximos de nós, motivo pelo qual designamos alguns deles prontamente como humanoides, ou seja, como similares a seres humanos. Isso não significa, todavia, que possamos imaginar o seu mundo da vida.

As formigas na areia simplesmente não estão em condição de retratar Winston Churchill, uma vez que elas não poderiam de modo algum ter tomado conhecimento de Winston Churchill. Seria de se admirar se elas soubessem que Churchill já viveu um dia. De onde elas deveriam ter obtido essa informação? Quem quereria explicar isso a elas e como elas poderiam vir a entender isso?

Putnam junta agora as duas coisas: se fôssemos cérebros no tanque, saberíamos tão pouco algo sobre a água quanto as formigas sobre Churchill e o macaco sobre o *Fausto*. Simplesmente falta a cérebros em um tanque o contato correto com a água, que consiste em já se ter alguma vez tocado, visto e bebido água. Igualmente, falta às formigas o contato correto com Churchill, que consiste em ter tido aulas de história sobre ele e que, por exemplo, se tenha o visto no YouTube®, em documentários de TV ou em livros.

De maneira geral, vale: os pobres cérebros no tanque não sabem absolutamente nada sobre algo que vá além de sua imaginação. Isso significa que eles nem sequer dispõem de alguma linguagem que se assemelhe mesmo de longe à nossa linguagem. Todas as suas palavras se relacionam apenas a episódios e objetos alucinógenos. Eles não conhecem nem água, nem país, nem amigos, nem aquecimento do chão, nem dedos. Imaginamos que poderíamos ser tais cérebros no tanque porque não vemos que nossa linguagem não como que descreve permanentemente apenas aquilo que ocorre interiormente em nós, mas sim, justamente, fala sobre o ambiente público no qual nos encontramos[91]. Essa tese é **a ideia fundamental do externalismo**.

Caso se acredite que as simples palavras que nós primeiramente praticamos como crianças não teriam qualquer relação com o mundo exterior, mas sim seriam apenas etiquetas que crianças pequenas colam em suas imagens mentais, se invocou, assim, novamente ao homúnculo. Pensa-se que a criança pequena estaria presa em seu próprio espírito. As representações aparecem para esse pequeno ser humano no palco que apenas ele vê. Ele cola, nessas imagens, etiquetas de nome e chama com algum esforço, depois de algum tempo, um tanto de suas impressões "mamãe", um outro tanto "papai" e ainda outro tanto de "biscoito".

---

91 Infelizmente, visto exatamente, o argumento de Putnam não basta para provar estritamente que não somos cérebros no tanque. Para mais detalhes, cf. GABRIEL, 2008: 93-109.

Apesar do cenário de horror dos cérebros no tanque, nos lisonjeia a representação de que dispomos de uma interioridade de que ninguém mais se aproxima. Gostaríamos muito que tudo isso: a vida inteira se passasse em um palco privado que não poderia existir sem nós. Imaginamos que a inteira realidade com suas cores chegaria ao fim com o nosso falecimento, como se cada morte fosse um verdadeiro apocalipse no qual tudo está em jogo. Mas nós não somos tão importantes.

Como o tolo Augusto tentou expulsar a onipotência

A suposição de que seríamos cérebros no tanque ou (o que dá no mesmo) cérebros no crânio é uma fantasia narcisista. Sigmund Freud (1856-1939) examinou a estrutura fundamental dessa fantasia em um capítulo de seu livro *Totem e Tabu*, sob o título de "Animismo, magia e a onipotência dos pensamentos". Também Putnam fala nesse contexto de que a suposição de que formigas pintariam um retrato de Churchill, ou mesmo também a suposição de que cérebros no tanque teriam uma linguagem puramente privada, levariam a uma "teoria mágica" do significado linguístico[92].

Freud lembra do fenômeno conhecido de todos nós de que, por exemplo, pensamos em uma pessoa e a encontramos então de repente no trem ou recebemos uma ligação inesperada dela. Em geral, fazemos de uma maneira mais ou menos frequente a experiência de uma inesperada aparência de sentido [*Sinnhaftigkeit*]. É então como se os acontecimentos contingentes em nosso planeta fossem, de alguma maneira, feitos sob medida para nós: quando no dia de um reencontro há muito ansiado o Sol brilha repentina e inesperadamente ou quando no instante da morte de um conhecido começa de repente a trovoar. Tais experiências podem, naturalmente, ser muito mais profundas e nos passar a impressão de que

---

92 FREUD, 1991: 125-150; PUTNAM, 1990: 17.

houvesse uma intenção por trás dos acontecimentos apenas aparentemente contingentes, de que todo esse *show* (como no *Show de Truman*) tivesse algo a ver conosco. Caso se exagere nisso tudo, se é levado diretamente à superstição ou mesmo à psicose.

Ora, Freud pensa em relação a isso que a humanidade teria vivido por longos períodos como se os acontecimentos contingentes sempre fossem a expressão de relações anímicas [*seelischer*], o que ele designa como **animismo**. Hoje em dia, o animismo é levado em consideração mesmo por filósofos e cientistas naturais na forma do pampsiquismo ou na **hipótese da panspermia**. Os primeiros pensam, como descrito mais acima, que tudo seria fundamentalmente animado, e nosso espírito seria apenas uma variante complexa de uma força espiritual fundamental, que seria tão real quanto por exemplo a força nuclear. Os últimos pensam que a vida em nosso planeta talvez tenha surgido pelo fato de que ela, desde tempos primordiais, já se disseminasse de forma germinativa pelo universo e também tivesse se instalado aqui.

A própria visão de mundo de Freud, todavia, também não vai mais adiante. É que ele supõe que nós sejamos máquinas consideravelmente primitivas que se encontram permanentemente sob fluxos de desejos, o que ele designa como **libido**. Nossa vida espiritual consiste, para ele, essencialmente em organizar as nossas sensações de desejo. Para Freud, absolutamente nada se esconderia por trás disso. Para ele, as coisas são justamente de tal modo que nós somos máquinas de desejo surgidas por meio da evolução, que se iludem de que haveria estruturas intencionais que vão além da regulação de nossa libido. Por isso ele coloca em questão também a representação de um homúnculo, mas vai tão longe a ponto de supor que nunca seríamos realmente "o senhor da casa"[93]. Freud, quando se observa exatamente, ainda se aferra, então, ao homúnculo, mas faz dele um pateta.

---

93 FREUD, 1999: p. 7s.

Mas ele também não para por aí, mas sim também se entrega descaradamente a um completo exagero. Porque ele vê, como muito de seus conterrâneos – antes de todos Nietzsche –, através da fantasia de onipotência dos pensamentos, conclui apressadamente a partir disso que os nossos pensamentos conscientes, o nosso "Eu", como ele diz, seria ainda um completo idiota:

> O Eu desempenha aí o papel risível do tolo Augusto no circo, que quer suscitar nos espectadores, por meio dos seus gestos, a convicção de que todas as transformações na arena do circo seriam apenas consequência de seu comando. Mas apenas os mais jovens dos espectadores acreditam nele[94].

Aqui já se confunde algumas coisas. Se o Eu deve ser apenas o brinquedo de forças anônimas, quem interpreta, então, o tolo Augusto? Ele é considerado estúpido justamente porque outros são inteligentes. Na medida em que ele é de algum modo um Eu, não pode ser que todos sejam um tolo Augusto. Então, Augusto justamente não é tolo e os adultos também não são mais espertos. E quem são, por favor, os muitos espectadores?

A confissão de Freud de que o Eu seria um tolo Augusto é típica para a problematização ou a depreciação do Eu ou do Si: ele confunde, como muitos outros, a compreensão de que não há homúnculo com o suposto conhecimento de que não há o Eu ou o Si, ou que ambos são apenas uma ficção mais ou menos útil. Nisso, porém, se negligencia a compreensão realmente evidente de que o Eu ou o Si justamente não é um homúnculo e que isso, aliás, não foi aceito por praticamente ninguém que, na longa história da filosofia do espírito, tenha falado de um Eu ou de um Si!

Por isso se deveria, aqui, se utilizar de Freud de uma outra maneira, que é mais frutífera. Pode-se aderir à sua observação de que os pensamentos não têm onipotência ou magia sem concluir disso que nossos pensamentos não tenham nenhum poder e sejam

---

94 *Apud* MERTENS, 2013: 150.

apenas ondas de ilusão que surgem em um oceano incomensuravelmente grande e primitivo. A tese de que o espírito seria ou já teria de algum modo se disseminado pelo universo – a onipotência do pensamento – pode ser designada como **animismo contente**. Ele é a expressão de uma completa superestimação de si, o que podemos aprender com Freud. A suposição inversa, de que sejamos de todo modo um tolo Augusto que habita uma apresentação de circo que, na realidade, nada tem a ver com ele, é, em contrapartida, uma completa subestimação de si, a qual – em lembrança de uma expressão famosa de Hegel – eu gostaria de designar como **consciência infeliz**.

Nessa passagem, vê-se que há uma conexão entre a expressão técnica filosófica "autoconsciência" [*Selbstbewusstseini*] e o uso, hoje em dia cotidiano, da palavra no sentido de "autoestima" [*Selbstwertgefühl*]. De fato, as nossas concepções de consciência, ou seja, a nossa consciência da consciência, está conectada com que valor atribuímos à consciência. Frequentemente – talvez sempre, se poderia supor com Freud –, nossos próprios sentimentos de autoestima se refletem na construção de teorias, quando se trata aí do que é o espírito humano.

Há ainda uma série inteira de problemas que acompanham o problema da consciência. Resulta desses problemas que seja difícil se formar uma imagem exata de como se pode ter, por um lado, consciência de algo e, por outro lado, consciência da consciência. Como consciência e autoconsciência estão conectadas?

Coloque-se a seguinte pergunta: Você pode se encontrar em algum estado consciente, sem poder também fornecer informações a seu respeito? Parece que também vivenciamos conscientemente a cada momento nossas impressões conscientes e poderíamos relatar sobre elas de algum modo. Esse diagnóstico fundou todo um ramo teórico que hoje em dia se chama *Hot*, a saber, a assim chamada *higher-order-theory* [teoria de ordem superior].

Visto exatamente, trata-se aí de ideias velhas em trajes novos. Essas ideias foram primeiramente delineadas na *Crítica da razão pura* de Kant e continuaram a ser desenvolvidas por seus sucessores, e antes de tudo por Fichte, um virtuoso do Eu (que carrega o "*ich*"[95] no sobrenome)[96]. Kant e Fichte consideravam uma característica decisiva de nossa consciência que cada estado consciente individual pode ser acompanhado por uma consciência de nível superior sobre a nossa consciência: sinto agora, por exemplo, o sabor de baunilha porque comi um iogurte de baunilha, e posso compartilhar isso com vocês. Igualmente vejo neste momento, como sempre, novas letras aparecerem em minha tela, sinto como meus dedos se movimentam sem propósito definido sobre o teclado, percebo o contato com a minha cadeira de escrivaninha e posso relatar sobre tudo isso. Também podemos intensificar as nossas impressões e as manipular até determinado grau ao chegarmos à autoconsciência, ou seja, ao nos ocuparmos com a nossa consciência.

Mas a autoconsciência também pode ser angustiante, o que é ilustrado de maneira particularmente penetrante na obra de Kleist, que foi extremamente afetado pela filosofia de Kant, o que se designa até mesmo como sua "crise de Kant". Kleist escreveu um pequeno texto maravilhoso, *Sobre o teatro de marionetes*, no qual ele examina o fenômeno de que podemos nos tornar inseguros porque chegamos à consciência da nossa consciência. No texto ocorre uma cena na qual duas pessoas do sexo masculino estão em uma piscina pública e uma das duas (um jovem de dezesseis anos) levanta o seu pé e faz um gesto que lembra a ambos de um tema famoso para estátuas, o "menino com espinho" [*Dornauszieher*]. No tema do menino com

---

95 O autor aqui faz um jogo de palavras com o fato de que o termo alemão para "Eu", "*Ich*", está contido no sobrenome do filósofo Fichte [N.T.].

96 Cf. a esse respeito a muito recomendável vista geral que vai dos argumentos principais de Fichte até a *higher-order-theory* (FRANK, 2015).

espinho – trata-se de um jovem que está prestes a puxar um espinho do seu pé – Freud se esbaldaria: um espinho tem de ser puxado!

As muitas conotações homoeróticas e beirando à pedofilia dessa cena são inconfundíveis (antes de tudo quando se pensa em *Morte em Veneza*, de Thomas Mann, onde Gustav von Aschenbach também compara o seu amado Tadzio com um menino com espinho). Seja como for, o ponto decisivo que Kleist destaca, resulta de que o observador mais velho da cena aborreça o jovem ao zombá-lo e imitá-lo por não ter visto na cena de modo algum a elegância desejada:

> Uma visão que ele, no instante em que pôs o pé na bancada para secá-lo, lançou a um grande espelho, o lembrou disso [do menino com espinho]; ele riu e me disse que descoberta ele tinha feito. De fato, eu tinha feito, nesse instante, o mesmo; mas seja para testar a certeza da elegância que o habitaria, seja para confrontar a sua vaidade um pouco salutarmente: ri e respondi – ele estaria vendo espíritos! Ele enrubesceu e levantou o pé uma segunda vez para mostrá-lo para mim; mas a tentativa, como se deixa facilmente pressupor, falhou[97].

Também se trata de elegância, a propósito, em um brilhante episódio de *Seinfeld* com o título de "*The Chaperone*" (sexta temporada, primeiro episódio), no qual a graça está no centro da discussão, assim como a circunstância de que não se pode adquiri-la. A tentativa de adquiri-la falha pelo fato de que é preciso já tê-la inconscientemente e não a produzir conscientemente. Elaine faz essa dolorosa experiência em uma entrevista de trabalho:

> LANDIS: É claro, Jackie O. era uma ótima moça. Vai ser muito difícil tomar o lugar dela. Todos a amavam. Ela tinha tanta... Elegância.
> ELAINE (entusiasmada): Sim! Elegância!
> LANDIS: Não são muitas pessoas que têm elegância.
> ELAINE: Bom, você sabe, elegância é algo difícil. Eu gosto de pensar que eu tenho um pouco de elegância... Não tanto quanto Jackie –

---

97 KLEIST, 1997: 949.

LANDIS: Você não pode ter "um pouco de elegância". Ou você a tem, ou... não.
ELAINE: Ok, tudo bem, eu... não tenho elegância.
LANDIS: E você não pode adquirir elegância.
ELAINE: Bom, eu não tenho nenhuma intenção de "adquirir" elegância.
LANDIS: Elegância não é uma coisa que você possa pegar no mercado.
ELAINE (cansada): Ok, ok, olhe – eu não tenho elegância, eu não quero elegância... Eu nem mesmo digo elegância, ok?
LANDIS: Obrigado por ter vindo.
ELAINE: É, é, certo.

Caso dirijamos nossa consciência à nossa consciência, é possível que a nossa consciência se transforme. A pergunta sobre se uma cena é elegante ou se o gesto é bem-sucedido depende sempre de que maneira nós a fazemos compreensível para nós. Nisso sempre tomam parte fatores subjetivos. Caso surjam dúvidas, que podem ser desencadeadas por nós mesmos ou por outros, em relação à avaliação de nossas impressões, é possível que nossas próprias impressões se transformem.

Encontra-se por trás disso um problema completamente geral, que não apenas Kant, mas também depois dele Fichte e Hegel examinaram de maneira consideravelmente minuciosa, influenciando, assim, sobretudo os diferentes círculos de românticos. Esse exame levou, em última instância, às grandes conquistas da psicologia moderna no desbravamento do inconsciente.

O problema geral identificado pelos três consiste em que não se pode verdadeiramente afirmar que a consciência seja sempre acompanhada de autoconsciência, como se os nossos estados conscientes sempre fossem, ao mesmo tempo, observados por uma instância avaliativa superior. Isso porque se poderia, então, imediatamente colocar a pergunta sobre se essa instância ela mesma é consciente ou não. Se ela for consciente, tem de haver novamente uma instância superior que observe essa primeira instância, uma vez que se definiu a consciência de modo que haja uma instância superior que a observa. Assim, porém, resulta o problema do regresso ao infinito: seria preciso, para cada consciência, uma outra consciência a fim de que ela possa ser consciente, e assim ao infinito.

Naturalmente, poder-se-ia agora tentar a seguinte escapatória: Por que, afinal, a instância superior não deveria estar em condições de observar a si mesma? Ela teria então a tarefa dupla de observar (ou avaliar) a consciência e observar ou avaliar a si mesma.

Isso, porém, não funciona, o que se pode ilustrar com um caso simples. Tente jogar alguma hora um jogo de tabuleiro estratégico – como trilha ou xadrez – contra si próprio. Como se sabe, tal tentativa falha. Não se pode realmente jogar trilha ou xadrez contra si próprio, uma vez que não teria sentido dispor de um plano complicado, já que não se poderia mantê-lo oculto do seu adversário. Algo semelhante se dá com a autoconsciência que observa a si mesma. Ao se tentar produzir a autoconsciência por meio de uma forma impossível de auto-observação há, aqui, o risco de um círculo vicioso. Ao dever produzir a si mesmo por meio da auto-observação, ou se incorre em um regresso, ou em um círculo.

A autoconsciência em círculo

Conhecemos essa estrutura não apenas da teoria filosófica da autoconsciência, mas também de situações cotidianas. Suponha que quiséssemos, depois de férias na praia comendo muito, adotar uma dieta. Ficamos sabendo então que poderíamos, no restaurante que estamos no momento, pedir uma pizza muito elogiada. Teríamos a escolha entre uma salada extremamente insatisfatória que se adequa ao nosso plano de dieta e a sedutora pizza. A autoconsciência entra em jogo nessa passagem, e começa a avaliar nossa consciência, assim como na conhecida representação de um anjo em um ombro e um diabo em outro. O oscilar de um lado para outro, frequentemente quase imperceptível, ou seja, quase inconsciente, toma o seu curso. Em algum momento ocorrerá uma decisão, e o diabo e o anjo desaparecerão por enquanto.

Em tudo isso, porém, não é como se por trás do diabo e do anjo estivesse ainda mais alguém que os avaliasse. E, mesmo se fosse assim, se uma outra voz viesse e falasse mal do diabo por exemplo, não haveria por trás dessa mesma voz uma outra voz ainda. Em algum lugar essa escada para, e geralmente no diabo e no anjo. Nós como que simplesmente ouvimos uma voz interior, sem que ainda passe um comentário a esse respeito.

Poder-se-ia apreender a questão ainda um pouco mais precisamente. Se só há consciência porque há uma autoconsciência acompanhante que se distingue da consciência, a questão se coloca sobre se a autoconsciência também é consciente. Uma vez que se admitiu que a consciência poderia *per definitionem* sempre ser acompanhada de uma autoconsciência, isso também vale para a autoconsciência. Tem-se assim, então, porém, infinitos âmbitos: consciência da consciência da consciência e assim por diante. Esse é o regresso [*Regress*] ao infinito *par excellence*, ou seja, uma regressão [*Rückschritt*] contínua ao infinito. Para ter consciência é preciso consciência da consciência; para ter consciência da consciência, é preciso ter consciência da consciência da consciência, e assim por diante.

Essa teoria não se sustenta. Por isso, se deu tradicionalmente (sobretudo nas teorias da autoconsciência de Kant e de Fichte) preferência à suposição de que se para na simples autoconsciência. Mas então se imputa a essa que ela possa observar a si mesma. Caso contrário, como saberíamos que há, de algum modo, autoconsciência? Isso é designado como o **problema do círculo**: a autoconsciência gira em torno de si mesma e só sabe por causa disso que ela existe. Mas, então, há uma consciência que é consciente de si mesma sem precisar de uma instância avaliadora, justamente a autoconsciência.

Isso contradiz a suposição original de que a consciência esteja atrelada a uma instância superior.

Kant reconheceu claramente esse problema do círculo: se temos autoconsciência, temos já de ter consciência da consciência. Não podemos produzi-la do nada por um passe de mágica e, por isso, também não podemos explicá-la a partir de uma perspectiva na qual agíssemos como se ainda não soubéssemos do que falamos. Ele expressa isso de um modo algo complicado:

> Por meio desse Eu ou ele ou isso (a coisa) que pensa, não se representa nada mais do que um sujeito transcendental dos pensamentos = x, que só é conhecido por meio dos pensamentos que são seus predicados e do qual, isoladamente, não podemos jamais ter o menor conceito, e em torno do qual nós, por isso, giramos em um constante círculo, ao ter de já, a todo momento, de nos servir de sua representação para poder julgar algo sobre ele[98].

Kant fala, aqui, do "Eu ou ele ou isso" que deve pensar, e deixa em aberto no que isso verdadeiramente consiste. Para tanto, ele mesmo dá a seguinte razão: nossas representações da consciência dependem essencialmente de como representamo-nos o portador de pensamentos. Quem ou o que tem verdadeiramente pensamentos, ou quem ou o que pensa em nós? A resposta de Kant é que não podemos realmente saber isso, uma vez que já temos de fazer uma representação do portador do pensamento antes de poder descobri-lo. Não podemos, segundo Kant, chegar atrás de nossas representações, para então encontrar lá uma realidade oculta da consciência, seja isso uma alma imortal ou o cérebro.

Essa conclusão não satisfez os seus sucessores. Quer-se saber, afinal, quem ou o que é verdadeiramente o portador de pensamentos. Somos *nós* pensadores dos pensamentos ou *se* pensa em nós? Georg Christoph Lichtenberg (1742-1799) por exemplo, um conterrâneo de Kant, considerou essa possibilidade, quando escreveu:

---

98 KANT, 1998: 447 (A 346/B 404).

Tornamo-nos conscientes de algumas representações que não dependem de nós; outras acreditamos, ao menos, que dependeriam de nós; onde está o limite? Conhecemos apenas a existência de nossas sensações, representações e pensamentos. Pensa-se, dever-se-ia dizer, do mesmo modo como se diz: troveja[99].

Já Fichte e Hegel analisaram, nesse âmbito, a estratégia de solução do interacionismo social, com que nos familiarizamos há pouco. Essa estratégia soluciona o problema partindo do fato de que é preciso haver mais de uma consciência para que possa haver autoconsciência. Fichte e Hegel afirmam que só entendemos a consciência e temos autoconsciência porque percebemos a consciência em outros que, então, por meio de interação conosco, instalam, por assim dizer, sua autoconsciência em nós.

Você talvez conheça a ideia fundamental talvez de outro contexto (da pedagogia ou da psicologia). É especialmente disseminada a ideia de que "a voz da consciência [*Gewissen*]", ou seja, a instância avaliadora em nós, surge por meio da criação [*Erziehung*]. Nossos pais e outros tutores teriam, desse modo, instalado a consciência moral [*Gewissen*] em nós. A consciência moral seria, então, como a autoconsciência de um modo geral, um artefato social.

Wolfgang Prinz reelaborou essa tese há pouco em seu livro *O si no espelho* e defendeu a tese de que "o si" só "pode surgir por meio dos outros"[100]. Prinz vai, de maneira consequente, tão longe em suas suposições que nenhum de nós poderia ter intenções sem ter aprendido intenções antes com outros:

> Agencialidade [*Agentivität*] e intenções, assim afirmo, são originariamente percebidas e concebidas de modo a estarem operando em outros, e apenas por meio de práticas do espelhamento social as pessoas chegam a relacionar essas

---

99 LICHTENBERG, 1971: 412.

100 PRINZ, 2012: 113.

representações a si mesmo e aplicar mecanismos de direcionamento semelhantes às suas próprias ações[101].

Essa ideia foi, até onde é de meu conhecimento, elaborada sistematicamente pela primeira vez por Fichte, que a trouxe à fórmula: "O ser humano [...] se torna humano apenas entre seres humanos [...] – caso deva haver de algum modo seres humanos, então tem de haver vários"[102]. Fichte chama essa estrutura de *reconhecimento*. Segundo ele, ergue-se em nós em algum momento uma demanda que nos convida a ser um Si. Essa demanda é implementada como mecanismo de direcionamento e, desse modo, chegamos à autoconsciência.

Isso tudo parece plausível à primeira vista, e nos permite entender como internalizamos representações de quem ou como devemos ser. Certamente, é correto que nos apropriamos de valores e paradigmas de comportamento retirados de nosso meio social, o que também tem de ser esclarecido de algum modo.

Todavia, o interacionismo social exagera. Como deve ser possível que eu reconheça [*erkenne*] uma outra pessoa como uma autoconsciência, se eu já não dispor por minha vez de consciência e, desse modo, de autoconsciência? Não posso primeiramente chegar à consciência, que está atrelada à autoconsciência, ao aprender que outros têm consciência porque eles demandam de mim que eu seja consciente. Não seria de modo algum possível fazer um *upload*, por assim dizer, em um espírito completamente formatado. Não se resolve nem o problema do regresso ao infinito nem o problema do círculo ao se aumentar o número de autoconsciências.

Hegel, que se confronta criticamente com a tentativa de solução de Fichte em seu livro *Fenomenologia do espírito*, foi provavelmente o primeiro que reconheceu isso. O ponto de Hegel é que não entendemos melhor a consciência por supormos que ela existiria

---

101 Ibid.: 19.

102 FICHTE, 2013: 39 (§ 3).

173

no plural. Não é de modo algum uma solução, se temos um problema com a coisa, simplesmente multiplicar essa coisa!

Além disso, pode-se perguntar o seguinte ao interacionismo social: Por que não conseguimos, então, trazer uma pedra à autoconsciência? Isso decorre do fato de que ela não dispõe do *potencial para a autoconsciência*. O potencial de ser uma pessoa consciente [*ansprechbare*] já deve existir se uma demanda se dirige a nós. O que se aprende por meio de interação social são, de fato, mecanismos de direcionamento e representações complexas de cursos de ação, papéis [sociais] e muito mais. O que, porém, não se pode aprender dessa maneira, é simplesmente ter consciência e autoconsciência. Nesse âmbito, o interacionismo social falha.

Mas e agora? Não haveria então autoconsciência, uma vez que cada tentativa de a tornar compreensível falha por problemas de princípio? Vimos que não se pode explicar a consciência por meio dela própria. Cai-se em situações sem saída, ou seja, em aporias, se se entende a autoconsciência como uma espécie de consciência de nível superior. A consciência não é a chave que abre todas as portas do espírito humano. Isso já se vê pelas dificuldades em que se cai quando se tem de esclarecer a consciência por meio dela mesma, o que traz novamente consigo o problema esboçado da autoconsciência. Se quisermos nos entender como seres vivos espirituais, não basta constatar que somos conscientes. Por isso, nem a filosofia da consciência nem a neurofilosofia são a pedra filosofal no âmbito da autoconsciência.

Nós nos encontramos na busca por nós mesmos. Caso se queira chegar ao autoconhecimento, é de se perguntar primeiramente o que, afinal, poderia ser o Si que se gostaria de conhecer. Temos agora dois candidatos: consciência e autoconsciência. Em ambos os casos, trata-se de respostas à pergunta sobre quem ou o que somos verdadeiramente, ou seja, de elementos de nosso autorretrato. É possível conceber a si mesmo como consciência ou autoconsciência, no que ambas essas descrições estão interligadas. Todavia, isso não é suficiente, como as múltiplas aporias e becos sem saída com que nos familiarizamos nos mostram. Contudo, foi importante ver mais exatamente algumas das armadilhas e aporias que acompanham o nosso entendimento desses conceitos.

IV
Quem ou o que é realmente o Eu?

"O Eu" é um conceito ominoso que, hoje, é usado vagamente, juntamente com o "Si", como nome para a central de controle do pensar, sentir e querer. Neurocêntricos argumentam geralmente que não há um Eu ou um Si, uma vez que ele não se deixa comprovar no cérebro. Ao mesmo tempo, alguns deles afirmam, e de maneira particularmente clara por exemplo o filósofo da consciência de Mainz, Thomas Metzinger (*1958), que o Eu seria um tipo de simulação que o cérebro produz, um "automodelo transparente", como Metzinger o chama, que nos passa a impressão de que veríamos uma realidade diretamente acessível por meio de um "túnel do Ego", por assim dizer, que se situa atrás de nossos olhos[103].

Assim resulta, todavia, a contradição, de que o Eu, por um lado, não deveria existir – a tese espetacular que supostamente deveria ter sido comprovada por meio da pesquisa sobre o cérebro e da Teoria da Evolução –, mas de que, por outro lado, ele muito bem existe, a saber como túnel do Ego, só não como uma coisa permanente. Metzinger pensa que dispomos de uma pluralidade de automodelos geráveis de modos socialmente distintos, uma estrutura que teria se formado na fria batalha pela sobrevivência da evolução de organismos por meio da seleção.

Ora, pode ser que assim seja. Ao menos não há dúvidas de que, em algum lugar, temos de contar com uma explicação *bottom-up*

---

103 METZINGER, 2003.

[de baixo para cima], ou seja, com o fato de que estruturas neurobiológicas complexas como o cérebro humano surgiram no curso de milhões de anos de evolução. Metzinger pensa que a capacidade dos organismos de produzir automodelos seria uma "arma [...] que deriva da corrida armamentista cognitiva"[104]. Mas, assim, ele não desmente a existência de um Si, o que produz a contradição de que, por um lado, se afirma que não existiria nem um Eu nem um Si, e, por outro lado, ao mesmo tempo, se fornece uma descrição do Eu supostamente não existente que se destaca apenas pelo fato de que ela é equipada com metáforas tecnológicas e bélicas.

> Eu considero de bom grado o automodelo humano como uma arma neurocomputacional, como certa estrutura de dados que o cérebro pode ativar de tempos em tempos, por exemplo quando de manhã, ao acordar, uma percepção sensorial e um comportamento motor tem de concordar um com o outro. A máquina-ego simplesmente ativa o seu Si fenomênico e esse é o momento em que se vem a *si*[105].

É completamente correto que o Eu ou o Si não seja uma coisa entre coisas. Ele não existe na mesma ordem de coisas que ratos, gatos e colchões. Quem pensa isso, de fato, se engana. Todavia, não nos livramos do nosso Eu nos assegurando, com base em metáforas com tons bélicos e darwinistas, que não sejamos verdadeiramente ninguém[106]. Se o Eu fosse, como *interface* de usuário consciente do organismo que se vivencia como central de comando controladora, uma simulação por meio da qual surge um automodelo que se comporta como um túnel (mas que autodescrição peculiar!), ele existiria de fato.

Simulações não existem nem um pingo a menos do que gotas de água. O efeito de uma descoberta espetacular, supostamente sus-

---

104 BLACKMORE, 2012, 2015.

105 Ibid.

106 METZINGER, 2003.

tentada pela mais nova pesquisa sobre o cérebro, de que não haveria um Eu, resulta de que se alimenta primeiramente a expectativa de que o Eu teria de ser uma coisa que se poderia buscar dentro do crânio, para então se ser recebido com a descoberta de que não há nenhum Eu para se encontrar lá. Mas por que se deveria esperar que o Eu ou Si devesse ser uma coisa? Essa expectativa já pressupõe o naturalismo moderno, ou seja, que tudo que existe é pesquisável científico-naturalmente. Nisso se mantém, apesar de todas as garantias do contrário, o conceito de Eu, apenas agora na forma de uma simulação. A verdadeira pergunta, porém, é: O que é verdadeiramente afinal esse Eu ominoso, de modo que se possa colocar a pergunta sobre em que medida ele é uma simulação? E em que medida essa pergunta deve poder ser respondida por meio da pesquisa sobre o cérebro?

Além disso: Como Metzinger sabe que se simula para ele um túnel do Ego? Dá-se, aqui, o problema de que ele relata a partir da experiência interior e vivenciada conscientemente. É como se alguém, por exemplo, descrevesse no telefone qual é a sensação de estar em um simulador de voo. Uma tal descrição ao menos não é uma perspectiva científico-natural da experiência interior. Pode, desse modo, ser verdade que alguns filósofos da consciência e neurocientistas se vivenciem como túnel que se situa atrás de seus olhos. E eu concordo com eles que isso é uma espécie de ilusão, no surgimento da qual o seu cérebro toma parte (o que vale para toda ilusão vivenciada). Não se pode, porém, delegar para a pesquisa sobre o cérebro a pergunta sobre se tais relatos, feitos a partir do cinema da consciência, são conceitualmente coerentes. O verdadeiro palco aqui seria a filosofia, que desenvolveu o conceito de Eu.

A realidade das ilusões

Que o Eu pudesse ser uma ilusão é uma suspeita antiga, representada por figuras proeminentes como Buda, Hume e Nietzsche.

Na tradição de Hume, fala-se de uma *teoria do feixe do Eu*, que se distingue de uma *teoria substancial do Eu*. A **teoria do feixe do Eu** supõe que nos encontramos, de fato, em muitos estados de consciência (ou seja, estados de pensar, sentir e querer), mas que o Eu, porém, não é mais do que a mera soma desses estados. O Eu, desse modo, muda constantemente, dependendo de quais estados existem, e não é uma existência [*Bestand*] permanente. O Eu seria, assim, um feixe. A **teoria substancial do Eu**, em contrapartida, pensa que o Eu seria aquele, aquela ou aquilo para quem esses estados do pensar, do sentir e do querer aparecem de algum modo. Ele se distingue, nessa medida, de todos os estados que ele pode ter. Uma substância é o portador de propriedades; ela tem, portanto, propriedades. Se o Eu fosse uma substância, ele se distinguiria, por exemplo, de seus pensamentos e sensações pelo fato de que ele seria a instância que tem esses pensamentos e sensações. O Eu, segundo essa teoria, não se esgota em seus estados, mas se encontra em uma distância avaliativa em relação a esses.

Os prós e contras de ambas as teorias são considerados há milhares de anos. A pesquisa sobre o cérebro a princípio não leva mais adiante nessa questão, na qual se trata da pergunta sobre se o Eu se deixa conceber coerentemente como um feixe. Caso se identifique o Eu com o cérebro, tem-se uma forma de teoria substancial (outras teorias substanciais identificam o Eu com a alma ou com o corpo inteiro). Caso se considere o Eu uma simulação que o cérebro produz em uma região específica ou por meio da sincronização de muitas regiões, ele permanece ainda uma substância, apenas justamente uma que não é idêntica com o cérebro, mas sim com partes do cérebro. A pesquisa sobre o cérebro nos impõe mais uma teoria substancial do que uma teoria de feixe.

Um ramo influente da filosofia da consciência contemporânea é influenciado pela assim chamada fenomenologia, uma orientação filosófica que teve seu ponto de partida no século XIX e foi elaborada decisivamente pelo matemático e filósofo Edmund Husserl. A **fenomenologia** (do grego *to phainomenon* = o fenômeno) se ocupa com as diversas formas de aparência [*Schein*], fenômeno [*Erscheinung*], ilusões etc., e com a sua distinção. O Eu desempenha desde o início um papel central aí, na medida em que se pode concebê-lo como algo para quem em geral algo outro aparece. A minha tela aparece para mim, neste momento, assim como uma pluralidade de outros objetos e impressões subjetivamente vivenciadas, que estão todas conectadas em um campo da consciência vivenciado como unitário, meu estado-agora vivenciado [*erlebten Jetzt-Zustand*].

Muitos dos filósofos contemporâneos da consciência aderem à fenomenologia, mesmo se eles – diferentemente do que grandes fenomenólogos como Franz Brentano, Husserl, Heidegger, Sartre e Merleau-Ponty – sejam ao mesmo tempo fundamentalmente naturalistas. Searle retoma com seus livros uma importante ideia fundamental da fenomenologia, que ele, a meu ver, coloca de modo completamente correto da seguinte maneira:

> O bom da consciência é: se se tem a ilusão de se ter uma consciência, também se tem uma. Não se pode aplicar a distinção comum entre aparência e realidade à consciência do mesmo modo como se a aplica a outros fenômenos[107].

Com isso Searle quer dizer que podemos, de fato, nos enganar conscientemente sobre algo: podemos, por exemplo, pensar, à primeira vista, que algo seja um ouriço, quando, na verdade, ele é um cacto, ou pensar que algo tem um gosto doce, mas logo sermos corrigidos sobre isso. Como já mencionado acima, muitos estão convencidos de que seja isso que está por trás da famosa sentença de Descartes "Penso, logo existo", embora seja problemático, de um ponto de vista histórico, identificar aquilo que Descartes designa como "pensar (*cogitare*)" com o conceito posterior de Eu. Mas isso é outro assunto.

---

107 BLACKMORE, 2012: 283.

É decisivo que a consciência pertença aos casos que apontam para a estrutura em geral típica para o espírito, a saber, que também uma ilusão é um tipo de realidade. Se eu vivencio o fata morgana, naturalmente não há água lá onde penso ver água. Todavia, eu vivencio água e me lanço talvez sedento ao local aparentemente com água. Mesmo se a consciência como um todo fosse uma estrutura ilusória que o nosso corpo, enquanto uma máquina de cópia de genes programada puramente para a autopreservação, produz de modo completamente inconsciente, essa ilusão ainda existiria e seria, além disso, o fator decisivo para nós, seres vivos conscientes. Como Searle novamente sustenta: "A consciência é a nossa vida. [...] O especial na consciência é, então, que ela representa a pressuposição de praticamente tudo que é importante"[108].

Do reducionismo da puberdade à teoria de banheiro

Uma estratégia típica do neurocentrismo para conservar a filosofia do corpo vivo [*Leib*] consiste em que "naturalizar", como se diz, primeiramente o Eu, o que significa incluí-los no âmbito dos objetos científico-naturalmente explicáveis e compreensíveis. Dessa maneira o Eu perderia o seu aspecto misterioso, por assim dizer. A **naturalização de um fenômeno** é a tentativa de tratar, contra a aparência original, um fenômeno aparentemente não investigável científico-naturalmente como científico-naturalmente articulável e pesquisável. Aqui, "naturalmente" significa, desse modo, algo como "pesquisável científico-naturalmente", o que já levanta incontáveis perguntas, uma vez que é tudo menos claro em que consiste a possibilidade de ser pesquisado científico-naturalmente.

Outro conceito para esse processo, que é carregado de outra maneira [*andersgelagerter*], é o *reducionismo*. **Reducionismo** [*Reduktion*] (do latim, *reducere* = reduzir) é, nesse contexto, a redução

---

108 Ibid.: 277.

[*Zurückführung*] de um conceito aparentemente não situado no âmbito da formulação teórica científico-natural a um equivalente científico-natural. Para que uma redução possa ser empreendida de modo sensato, deve haver uma *ocasião para a redução* [*Reduktionanlass*]. É preciso ter adquirido novos conhecimentos científico-naturais sobre um campo de objetos, conhecimentos dos quais parece se seguir que podemos, agora, alcançar uma melhor explicação de um fenômeno por meio da redução de alguns conceitos em uma linguagem científico-natural. Não se reduz simplesmente por causa de um humor metafísico por exemplo, motivo pelo qual não se deveria proceder assim apenas para desfazer-se de nossa cotidiana e refinada linguagem do espírito ou para considerá-la, como os Churchlands, simplesmente uma teoria empírica (a psicologia do dia a dia) maltecida.

O **neurorreducionismo** é, de modo correspondente, a redução de um fenômeno aparentemente não explicável neurocientificamente a um fenômeno neurocientificamente explicável. Um simples exemplo cotidiano que se poderia utilizar a favor desse proceder é a puberdade. Aqui, há uma ocasião para a redução. Por um lado, a puberdade é conhecida por nós como uma série de mudanças interligadas de comportamento: rebeldia, questionamento da autoridade dos pais, o refúgio em uma esfera privada não compreensível para os pais, oscilações de humor, e assim por diante. Por outro lado, trata-se em tudo isso de um fenômeno acompanhante de mudanças hormonais, que se dão por meio da produção de hormônios sexuais que acompanha o amadurecimento sexual. Até agora, tudo bem. Uma explicação redutiva diria agora que o sistema de mudanças de comportamento pode ser reduzido aos processos neurocientificamente explicáveis. Caso se queira explicar de maneira realmente adequada o que ocorre na puberdade, é preciso levar em consideração os fatos hormonais, assim como os seus efeitos no cérebro humano. A concepção reducionista diz que, no caso da puberdade, nada mais tem de ser levado em consideração. A rebeldia ou a crítica das autoridades como os pais e os professores seriam apenas um produto secundário, um fenômeno acompanhante das mudanças hormonais, ou seja, nada que se possa tratar objetivamente [*sachlich*]. Todos os fenômenos das mudanças de comportamento na puberdade se deixariam, desse modo, reduzir a mudanças hormonais, de modo que as mudanças de comportamento podem ser deixadas de lado na explicação.

Aqui, é importante considerar uma distinção frequentemente negligenciada nos debates públicos, a saber, que há pelos menos dois tipos de reducionismo. A **ontologia** (do grego antigo *to on* = o ser ou o ente [*Seiende*] e *logos* = doutrina [*Lehre*]) se ocupa atualmente com a pergunta sobre o que significa que algo exista. De modo correspondente, há um **reducionismo ontológico**, que diz, de um fenômeno aparentemente não natural, que ele existe apenas como fenômeno [*Phänomen*], apenas como aparição [*Erscheinung*] por trás da qual se encontra apenas um processo natural, e mais nada. Um exemplo disso seria a redução de água pura a H_2O: água pura é, vista objetivamente, nada mais do que H_2O, [de modo que] pode-se, pelo menos assim pensa o reducionista, reduzir ontologicamente a água a H_2O. Filósofos introduzem frequentemente como exemplo a redução da temperatura sentida à energia cinética média de partículas, o que nos permite usar da termodinâmica em lugar de nossas sensações de temperatura. Dessa maneira, a temperatura se deixaria reduzir a propriedades do sistema de partículas, de modo que se pode deixar de fora, de um ponto de vista ontológico e objetivo, as nossas sensações. O **reducionismo teórico**, em contrapartida, é mais modesto e afirma apenas que um fenômeno que se pode descrever em uma estrutura conceitual não-científico-natural pode ser descrito de maneira mais adequada em uma estrutura conceitual científico-natural.

Caso se aplique isso à puberdade, já não é mais claro que forma de reducionismo está em jogo. Quer-se dizer que se pode descrever a puberdade levando em consideração as mudanças hormonais, ou se quer dizer que a puberdade é apenas uma mudança hormonal e nada mais do que isso?

O neurocentrismo se mostra tradicionalmente presunçoso ao querer empreender ambas, a redução ontológica e a redução teórica. E esse é exatamente o problema. Em sua forma originária ele foi defendido, por exemplo, por Karl Vogt (1817-1895), um cientista natural alemão-suíço que, já na metade do século XIX, colocava em questão, da forma hoje em dia comum, a liberdade. Vogt era notório em seu tempo pelo enunciado: "Os pensamentos se encontram na mesma relação com o cérebro que a bile com o fígado ou a urina com os rins"[109]. Caso se reduza a puberdade ontologicamente segundo esse modelo, a oscilação de humor de um adolescente na puberdade não é nada mais do que uma oscilação hormonal. Mas o que isso deveria dizer sobre o nosso intercurso uns com os outros?

Na *Fenomenologia do espírito*, Hegel antecipou de sua maneira inimitável teses como as de Vogt, e as refutou ironicamente. Em uma famosa passagem, ele escreve:

> Fibras do cérebro e semelhantes, considerados como o ser do espírito, já são uma efetividade [*Wirklichkeit*] pensada, apenas hipotética – não *existente* [*daseiende*], não sentida, vista, não a verdadeira efetividade; se eles *existem* [*da sind*], se eles são vistos, eles são objetos mortos e não valem mais como ser do espírito. [...] – O conceito dessa representação é que a razão é *ela mesma* para si *toda coisidade*, também a *puramente objetiva* [*gegenständlich*]; ela o é, porém, *no conceito*, ou o conceito apenas é sua verdade, e quanto mais puro é o conceito, mais tola é a representação na qual ele é degenerado quando seu conteúdo não é como conceito, mas sim como representação [...]. O *profundo*, que o espírito rebenta de dentro para fora, mas apenas até

---

109 VOGT, 1971: 17.

chegar em sua *consciência representante* e lá o deixar ficar – e o *não saber* dessa consciência do que ela é, do que ela diz, é o mesmo vínculo do elevado e do inferior, que a natureza expressa ingenuamente nos vivos no vínculo do órgão de sua suprema consumação, o órgão reprodutivo – e do órgão do urinar. – O juízo infinito enquanto infinito seria a consumação da vida que apreende a si mesma, a consciência que permanece na representação do mesmo se comporta, porém, como urina[110].

A **teoria do pensamento do banheiro** de Vogt, como podemos dizer agora com Hegel, visa simplesmente a nos apontar que o nosso pensamento não seria uma faísca divina, mas sim um processo natural-orgânico. Mas Vogt não é apenas um duro crítico de concepções religiosas ou teológicas da alma (como Karl Marx), contra os quais ele traz o cérebro em jogo. Vogt e outros neurocêntricos de seu tempo, como também o especialmente naquela época muito lido e discutido Ludwig Büchner (1824-1899, irmão do escritor Georg Büchner), seriam, além disso – como, infelizmente, a grande maioria dos cientistas e pensadores desse tempo, não apenas os neurocentristas de então – severos racistas e misantropos. Em seu *best-seller Força e matéria: Estudos empíricos-naturais-científicos em uma apresentação universalmente compreensível* (1855), Büchner explica (supostamente) diferenças de comportamento entre a "raça caucasiana" e essas "raças humanas inferiores" invocando a fisiologia do cérebro, já que uma diferença de comportamento teria, segundo essa lógica, de ser sempre reduzida a uma função cerebral.

Os nativos da *Nova Holanda*[111], aos quais falta quase inteiramente a parte superior do cérebro, furtam-se a toda virtude intelectual, a todo sentido para a arte e a toda virtude moral. O mesmo vale para os assim chamados *caribenhos*.

---

110 HEGEL, 1986: 262.

111 Nome dado à Austrália antes da consolidação do domínio britânico em toda a sua extensão [N.T.].

> Todas as tentativas dos ingleses de civilizar os novos holandeses falharam[112].

A seguinte argumentação de Büchner, que ainda é popular hoje em dia em uma forma um pouco melhor disfarçada, não é muito mais feliz:

> Sabe-se como o sexo *feminino* em geral constata uma inferioridade espiritual frente ao sexo *masculino*. De modo correspondente, *Peacock* descobriu que o peso médio do cérebro *masculino* é consideravelmente maior do que o de um cérebro *feminino*[113].

Como se essas explicações não fossem absurdas o bastante, beira a ironia quando Büchner, justamente na mesma página, se apoia em um médico hospitalar de nome "*Geist*", que deveria ter atestado tudo isso.

Uma das principais fraquezas do neurorreducionismo ontológico consiste em que ele toma uma a uma as mudanças de comportamento que descrevemos em nossa linguagem adequada às condições psicológicas e sócio-históricas e pensa encontrar os seus fundamentos no cérebro. Isso também é chamado de **essencialismo** (do latim *essentia* = essência), ou seja, a suposição de uma essência imutável pela qual não se é responsável, mas que também não se pode mudar. Tampouco quanto se pode parar as mudanças hormonais simplesmente por meio de um discurso convincente, também não se pode transformar fundamentalmente a processos cerebrais. Caso houvesse um cérebro feminino, não se poderia mudar nada a esse respeito por meio de processos de emancipação social. Mulheres seriam, então, definidas pelo seu tipo específico de cérebro. Que não seja assim não é preciso explicitar aqui mais demoradamente.

De fato, sabemos que a puberdade acompanha uma mudança hormonal. Esse saber também tem consequências morais, uma vez

---

112 BÜCHNER, 1855: 430.

113 Ibid.: 427.

que ele nos ajuda a entender melhor as nossas crianças ou a nós mesmos enquanto pessoas que estão na puberdade. Mas isso não leva a que agora os fenômenos, tomados em seu fundamento, desapareçam ou não tenham mais efeitos.

Por isso, seria muito mais aconselhável em geral ao neurocentrismo que ele escolhesse a estratégia do reducionismo teórico, ou seja, apenas afirmasse que se entende melhor um dado fenômeno – como a puberdade – quando se o explica neurocientificamente. Também isso pode ser disputado, mas se freia um pouco assim o neurocentrismo, que tende a se tomar por Deus que, fundamentalmente, compreende a liberdade humana como completamente mecânica.

O Eu é Deus

Isso tudo, leva, de fato, ao Eu, ao pequeno deus sobre a terra. Se fala muito hoje do Eu. Trata-se da questão sobre em que medida o egoísmo seria justificado, sobre o Eu empreendedor, e muito mais. Neurocêntricos oscilam entre a identificação do Eu com o cérebro e o questionamento de sua existência – à qual se recorre quando se percebe que o reducionismo de modo algum combina bem com o Eu. Mas quem ou o que é verdadeiramente esse Eu?

Aqui, é aconselhável lançar os olhos à história do espírito. Um dos primeiros na língua alemã a ter substantivado o pronome "eu" em "o Eu" ou "esse Eu" é um filósofo medieval que se chama geralmente por Mestre Eckhart (1260-1328). "Mestre" (como tradução de magistrado) significa, nesse caso, o mesmo que professor de Filosofia e Teologia. Mestre Eckhart foi acusado de heresia em Colônia pela Inquisição e morreu durante o seu processo em Avignon, no qual as suas principais doutrinas foram postumamente julgadas como heréticas. Como uma razão para que ele não fosse muito aprazível para as autoridades eclesiásticas de seu tempo pode-se dar, justamente, a sua concepção de Eu, na qual se viu posteriormente o impulso inicial para o Esclarecimento, que, assim, já se poderia encontrar na Idade Média (como muito que se considera moderno, ou seja, nem antigo nem medieval). Em um famoso sermão – mas bem examinado não incriminador para a Inquisição – Mestre Eckhart diz:

> Por isso peço a Deus que ele me livre de "Deus"; pois meu ser essencial está acima de Deus na medida em que concebemos Deus como a origem das criaturas. [...] mas se eu não fosse, também "Deus" não seria; que Deus seja "Deus", eu sou a causa para tanto; se eu não fosse, então Deus não seria "Deus". [...] nessa descoberta me é compartilhado que eu e Deus somos um[114].

Como na maior parte dos outros casos, também não é o caso que, na descoberta do Eu, algum suposto ateísta que estudou a natureza e não encontrou Deus se volte contra a Igreja e introduza, assim, a modernidade. Já nos familiarizamos com esse remendo histórico, e ele pertence firmemente à ideologia da visão de mundo científico-natural. Mas se trata aí então, justamente, de uma ignorância histórica, o que é pouco relevante para o neurocentrista, uma vez que ele pensa que não há uma verdadeira história do espírito, mas sim apenas a evolução biológica. A história do espírito deve, então, ser apenas **evolução cultural**, ou seja, a continuação da evolução biológica darwinianamente descritível por outros meios. Essa concepção é um importante componente da autoimunização do neurocentrismo, uma vez que seus defensores poderiam perceber, caso contrário, que os grandes saltos na história de nossa autodescrição não foram de modo algum obtidos por meio de intelecções sobre fibras cerebrais.

Mestre Eckhart desenvolveu uma teoria do "fundamento da alma" [*Seelengrundes*] e presumiu haver uma "faísca da alma" em nós[115]. Isso está conectado com a sua teoria do Eu. A sua ideia, aí, é

---

114 MESTRE ECKHART. "Sermão 52". In: LARGIER, 1993: 562s.

115 Ibid.: 509.

consideravelmente radical, e ela se apoia em uma simples consideração. Tomemos por um instante uma xícara de café. Eu vejo neste momento minha xícara de café. Há, então, uma relação entre mim e minha xícara de café, e precisamente a do ver. Ver algo significa conhecer algo com o auxílio de nossos sentidos. Eu conheço, então, a xícara de café. Agora, ponhamo-nos a pergunta: Seria eu, afinal, idêntico a esse conhecimento, ou eu ocorro em algum lugar nesse conhecimento de maneira que eu possa, assim, apreender minha identidade? Ora, eu não sou a xícara de café, isso é claro. Seria eu então aquilo que conhece a xícara de café? Isso também não pode ser o caso, uma vez que eu ao menos não posso ser estritamente idêntico com aquilo que conhece a xícara de café, dado que posso conhecer também muitas outras coisas. Se eu sou algo, sou, então, alguém que pode conhecer entre outras coisas a xícara de café, mas que também pode, justamente, conhecer outras coisas. Sou, enfim, também eu quando conheço a lâmpada.

Posso, então, conhecer todo tipo de coisa, e enquanto eu viver é uma questão em aberto o que eu ainda conhecerei. Suponhamos agora que fosse possível conhecer a mim mesmo como eu conheço uma xícara de café. Se fosse o caso que Eu = cérebro, isso seria inteiramente possível. Nesse caso, eu me conheceria por exemplo em uma ressonância magnética. De fato, os neurocientistas nos dizem, até o momento, que isso ainda não é possível, porque ainda não se encontrou o Eu. Não é claro como os muitos fluxos de informação podem ser trazidos à unidade mesmo no âmbito de nossas percepções, o que é conhecido com o **problema da ligação**. Isso para não falar da pergunta sobre como todos os processos relevantes para o conhecimento podem estar ligados de tal forma que se poderia reconhecer [*erkennen*] aí um Eu. Mas suponhamos que isso será resolvido no futuro. Nesse caso, eu poderia ver o meu Eu em manchas de ressonância magnética. Mas esse Eu ainda não seria o Eu que nós buscamos. É que o Eu conhecido seria tão pouco estritamente idêntico com o Eu conhecedor quanto no caso do conhecimento da minha xícara de café.

Com a sua reflexão fundamental, que estendi aqui até o tema do cérebro, Mestre Eckhart descobriu o tema da radical não objetualidade [*Ungegenständlichkeit*] do Eu. Essa ideia está por trás do conceito moderno de *autonomia* (do grego *autos* = si e *nomos* = lei), ou seja, de nossa autolegislação. O que Mestre Eckhart diz parte do princípio de que o Eu não pode ser estritamente idêntico com qualquer objeto que ele conheça. Com base nisso, ele foi tão longe a ponto de considerar o Eu "igual a Deus" [*gottgleich*], uma vez que a distinção entre todos os objetos e o espírito divino seria, a seu ver, uma intelecção fundamental do monoteísmo.

Caso se aceite tudo isso e se tire Deus da história, chega-se rapidamente à ideia de que há um Eu que a tudo sabe que se esforça de maneira puramente neutra a conhecer a realidade como um todo e desvelá-la em seus mistérios. Esse modelo profundamente teológico está no fundamento do entendimento científico moderno, uma conexão que é, na verdade, historicamente bem pesquisada e conhecida, mas que hoje simplesmente foi relegada ao esquecimento. Isso porque o Eu não quer ser apenas igual a Deus, ele quer ser Deus, e o tira, por isso, do seu retrato do mundo para entrar em seu lugar.

Tirar Deus verdadeiramente da história e não cair secretamente nas presas da teologia pressupõe, porém, que se desenvolva uma outra e realmente moderna concepção de Eu. O que resta, caso contrário, é sempre apenas a ideia de uma criação sem Deus, na qual se tem a sensação de que falta algo que deveria estar lá. O paradoxo é que a visão de mundo científico-natural moderna se apropria, na verdade, de tudo do monoteísmo cristão-judeu-islâmico, apenas esvaziando a natureza radicalmente de Deus e pondo, no lugar do observador divino do espetáculo do mundo, o Eu pensante e criticamente examinador. Isso corresponde à tese de Max Weber do "desencantamento do mundo", que, para ele, não é de modo algum um fenômeno especificamente moderno, mas sim, a seus olhos, teve seu ponto de partida já nos profetas do Antigo Testamento, que se voltam, em nome do recém-descoberto Deus do deserto, contra a magia das religiões politeístas e, dessa maneira, desencantam o mundo. Toda magia jaz na mão de Deus. Dessa maneira, surge a ideia de uma natureza em si mesma esvaziada de sentido, cujo curso podemos no máximo observar.

A melhor ilustração da fantasia teológica da visão de mundo científico-natural se encontra na já mencionada nova edição da série-documentário norte-americana *Cosmos*, que desde março de 2014 também é transmitida na Alemanha sob o título de *Unser Kosmos: Die Reise geht weiter* [Nosso cosmos: a viagem continua][116]. O narrador, o astrofísico Neil deGrasse Tyson, está, nessa série, em condições de mover a sua nave espacial no espaço-tempo tão rápido quanto quiser, a fim de informar o telespectador sobre o *Big Bang* ou sobre galáxias muito distantes. Sua nave espacial também pode encolher tanto quanto se quiser, a fim de, dessa maneira, tornar o universo visível ao longo de diferentes escalas de tamanho. Ela é chamada, de maneira bastante significativa, de "Nave da imaginação", e, de fato, ela trai, visto rigorosamente, muito mais sobre a imaginação de Neil deGrasse Tyson do que sobre a história da ciência. É verdade que as ciências naturais e a sua história são ilustradas de maneira [facilmente] compreensível por Seth MacFarlane (que alguns de vocês talvez conheçam como o criador da série animada *Family Guy* [Uma família da pesada]). Em muitos aspectos a série é um modelo de divulgação científica. Precisamos de mais disso em nossa programação de TV, mas talvez com menos ideologia.

---

116 No Brasil, a série também começou a ser transmitida em 2014 sob o nome de *Cosmos: uma odisseia no espaço* [N.T.].

O ponto crítico se pode, porém, ver particularmente bem em uma cena na primeira temporada, na qual se trata da idade do Planeta Terra. O narrador se dirige com a nave da imaginação para a beira do Grand Canyon. Para poder mostrar aos telespectadores as camadas ocultas nas quais se pode encontrar parcialmente fósseis, ele ergue – como Moisés ou como um pequeno deus na terra – as suas mãos, após o que as camadas, com um rumor bíblico, se separam umas das outras e os tesouros escondidos são liberados. A encenação aqui, como em outras passagens do programa, sugere que o narrador seja de fato como Deus, que pode estar presente em todos os lugares e em todos os tempos da criação, assim como em todas as escalas. Além disso, o narrador faz milagres, uma vez que seria um milagre se alguém pudesse, com um ato de sua vontade, separar as camadas do Grand Canyon umas das outras ou (como em outro episódio) aumentar a força gravitacional de Manhattan de 1g para 100g e logo depois reduzi-la novamente, de modo que os hidrantes sejam esmagados pela sua própria massa e caixas de papelão voem pela rua. A nave da imaginação é um exemplo da fantasia de uma onipotência no pensamento.

O pensamento que está por trás do Eu desempenha frequentemente um papel lá onde, à primeira vista, não se o esperaria de modo algum. Em particular, o Eu desenvolve o seu efeito no pano de fundo da concepção moderna de objetividade absoluta. **Objetividade absoluta** seria uma disposição na qual se poderia observar o universo como se não houvesse qualquer observador inteligente com os seus tipos específicos de condições de conhecimento (aos quais pertencem os nossos sentidos). Um conhecimento valeria como mais objetivo quanto menos ele fosse marcado pelo fato de que ele ainda é relacionado a um ponto de vista.

Thomas Nagel, com quem já nos deparamos frequentemente, colocou isso com sua famosa metáfora da "visão a partir de lugar nenhum". Em *Por que o mundo não existe*, falei, nesse contexto, do "mundo sem espectador" [*Welt ohne Zuschauer*][117]. Muitos são da concepção de que as ciências naturais deveriam se esforçar pela objetividade absoluta. O ideal de conhecimento consistiria, então, em desenvolver uma visão de mundo na qual o nosso ponto de vista não ocorresse mais. Nessa imagem pode-se, no máximo, nos descrever como espécies que se encontram sob leis naturais – como tudo mais que há nessa imagem.

Nagel não quer de modo algum colocar em questão que conseguimos, de fato, abstrair de nosso ponto de vista. Ele considera isso, como já vimos, até mesmo um fundamento da ética. Preciso, afinal, estar em condições de entender que uma coisa não existe simplesmente para pertencer a mim, quando quiser limitar e dividir reivindicações de posse. Sem a capacidade de se colocar na posição do outro e de abstrair do que queremos nós próprios e de como nós mesmos avaliamos a situação, não se poderia jamais entender como seria possível de algum modo haver alguma decisão política ou eticamente relevante. Só se poderia então no máximo supor que a batalha egoísta dos cidadãos ou dos demais membros da comunidade por sobrevivência produz a ilusão de que se pode se separar do seu ponto de vista, assim como na descrição do egoísmo feita mais acima. Nossa capacidade de examinar a vinculação a interesses [*Interessenbezogenheit*] de nossas convicções está conectada com a nossa capacidade de abstração teórica. Tradicionalmente, essa capacidade é chamada de *razão* [*Vernunft*].

Aquilo para que Nagel aponta é que não se segue ainda de modo algum, do ideal de objetividade absoluta, que ele não tenha nada mais a ver com o nosso ponto de vista. Esse ideal é, muito antes, outro ponto de vista, extremamente peculiar: o ponto de vista da ausência de ponto de vista. Ninguém pode verdadeiramente to-

---

117 NAGEL 2012; GABRIEL 2013: 15.

mar um tal ponto de vista, uma vez que isso seria uma contradição em si. Por isso, esse ponto de vista pode, no máximo, permanecer um estranho ideal, pelo qual podemos nos esforçar, mas que não podemos, por princípio, alcançar. É preciso se tornar consciente desse fato, porque, caso contrário, nos colocamos pelas nossas próprias costas, sem percebermos, no papel de Deus.

O grande mestre quase esquecido da filosofia do Eu

Ninguém investigou tudo isso tão exaustivamente quanto o grande mestre da filosofia do Eu, Johann Gottlieb Fichte. Fichte se tornou famoso em seu tempo por meio de Kant, que publicou habilmente por meio de seu editor anonimamente a primeira obra de Fichte, *Ensaio de uma crítica a toda revelação*, de 1792, de modo que os leitores de então acreditaram que se trataria de um livro de Kant. Dessa maneira, Fichte conseguiu, em 1794, a sua primeira posição como professor em Jena, que ele precisou abandonar em 1799 na ocasião da famosa querela do ateísmo – no que Fichte, por muitas razões, era uma pedra no sapato de, entre outros, Goethe, que era o ministro responsável pela Universidade de Jena na época. Goethe não tinha muito apreço pela representação de que o Eu seria um pequeno deus sobre a terra, uma vez que ele era muito mais da opinião de que Deus se deixaria encontrar antes na natureza do que em nós.

Já o título de sua primeira obra deixa concluir que Fichte não se aproximou inadvertidamente do ateísmo. Fichte foi, além disso, o reitor-fundador da Berliner Friedrich-Wilhelm-Universität, a atual Universidade Humboldt, e foi social e politicamente ativo por toda a sua vida. Ele é um típico gênio das classes pobres do século XVIII que foi reconhecido e patrocinado por meio da piedade de um bom patrono. Fichte foi atualmente redescoberto na ética contemporânea (principalmente nos Estados Unidos, mas também pelo filósofo de Leipzig Sebastian Rödl (*1967)), uma vez que ele foi o primeiro filósofo que fez uma conexão entre a autonomia do Eu e seu reconhecimento por meio de outros. Assim, ele também se tornou o criador do interacionismo social discutido acima (p. 157), sobre o qual ele fundou a sua filosofia do Estado.

Fichte é, porém, especialmente conhecido pelo fato de que ele se propôs a pergunta sobre quem ou o que é verdadeiramente o Eu. Foi nesse contexto que ele desenvolveu o seu programa filosófico, ao qual ele deu o nome de "doutrina-da-ciência" [*Wissenschaftslehre*]. Seu pensamento fundamental é facilmente compreensível, e Fichte se perguntou por toda sua vida por que tantos não queriam entendê-lo. Os escritos de Fichte são, à primeira vista, difíceis ou mesmo incompreensíveis, o que se deve precisamente ao fato de que ele tentou evitar cargas conceituais desnecessárias ou empréstimos complicados da história da filosofia, uma vez que ele queria, na verdade, que qualquer um que se interessasse pudesse entendê-lo. É preciso hoje, todavia, fazer um pouco de trabalho de tradução, a fim de reconstruir compreensivelmente as suas ideias.

Aqui está, então, o **pensamento fundamental da doutrina-da-ciência**. Há diferentes áreas do saber, cujas características principais [*Grundzüge*] já nos são ensinadas na escola fundamental: matemática, geografia, português, educação física e assim por diante. O que aprendemos aí não são apenas conteúdos como, por exemplo, pintura, escrita correta e nomes de capitais. Também aprendemos como se aprende algo de uma maneira geral. Desse modo, pode-se colocar a pergunta sobre se não há um denominador comum de todas as áreas do saber, uma vez que todas elas têm de ter uma forma comum vinculante [*verbindende*], se é o caso que se aprenda alguma coisa por meio delas. Parece, então, haver uma conexão de todas as áreas do saber, por mais que elas transmitam individualmente conteúdos diferentes. Segundo Fichte, apesar de seus conteúdos diferentes, é preciso que o saber tenha, como um todo, uma forma universal.

E é isso exatamente que é o ponto de partida de Fichte. Sua doutrina-da-ciência investiga como, afinal, forma e conteúdo do conhecimento estão conectados. Seu questionamento é ao menos tão antigo quanto a filosofia de Platão. Ainda hoje ela se encontra mesmo em nossa palavra para matemática, pois ela contém o verbo do grego antigo "*manthanomai*", que significa "aprender". Para Platão, em aulas de Matemática, tratava-se aprender como se aprende, ao ser levado por pequenos passos a uma intelecção, a qual, segundo Platão, pode ser ensinada a todos os seres humanos. Ele ilustra isso em seu diálogo *Menon* por meio de um escravo inculto, ao qual são ensinadas passo a passo intelecções geométricas fundamentais. Fichte persegue então, como Platão, a intenção de apontar para nós, seres humanos, que somos todos dotados de razão. Isso significa, justamente, que podemos aprender algo de outros, pois compartilhamos a capacidade de saber algo com todos os seres humanos. Isso é designado como o **universalismo da razão**, que é uma suposição fundamental do Esclarecimento.

Além disso, Fichte ainda admite que a forma do saber se apoia no fato de que nós podemos entender alguma coisa em geral. Mesmo que nos esforcemos pela objetividade absoluta, precisamos ainda ser capazes de entender os resultados disso. Isso significa que também o caso limite da objetividade absoluta permanece, por isso, relacionado a nós. Fichte fala, nesse contexto, não apenas do Eu, mas também do nós, o que Hegel retoma na fórmula muito citada: "Eu que é nós e nós que é Eu"[118].

No caso-limite da objetividade absoluta examinado por Fichte, há uma distinção entre o Eu e o não-Eu. Dessa maneira o Eu se torna algo absoluto, algo completamente desatado do não-Eu (o latim *absolutum* não significa nada mais do que: desatado [*losgelöst*]). Tomado rigorosamente, Fichte desenvolve três princípios que se

---

118 HEGEL, 1986: 145.

tornam os pilares de suporte da filosofia do Eu. Deve-se ter isso diante dos olhos quando se fala hoje do Eu, uma vez que as ideias fundamentais de Fichte afetaram de Freud até Sartre, o que ainda se preserva em nosso vocabulário psicológico atual. Caso se ignore essa história, recai-se demasiado fácil no pensamento de que o Eu nos seria bem conhecido e se trataria de alguma coisa natural como o nosso cérebro, por exemplo. Mas não se poderia ter uma compreensão mais falsa e rudimentar de Fichte, Freud, Sartre ou mesmo de si mesmo. Fichte teve experiência disso já em seu tempo de vida e escreveu sobre as primeiras reações extremamente críticas à doutrina-da-ciência, visivelmente desapontado: "A maior parte dos homens seria mais facilmente levadas a se considerar um pedaço de lava na Lua do que um *Eu*"[119].

Os três pilares da doutrina-da-ciência

Passemos brevemente pelos três princípios da doutrina-da--ciência, uma vez que eles mostram do que se trata verdadeiramente quando se fala no Eu.

O **primeiro princípio da doutrina-da-ciência** enuncia: Eu = Eu"[120]. Naturalmente, isso soa trivial, como, porém, lentamente notaremos, não é. Poder-se-ia pensar que se poderia igualar tudo a si mesmo de maneira não informativa. Isso é chamado de **tautologia**. Mas, e no que diz respeito a

O quadrado redondo = o quadrado redondo
Ou
O rei atual da França = o rei atual da França

para que algo possa ser idêntico consigo mesmo, ele precisa aparentemente existir. Não há um quadrado redondo e não há mais

---

119 FICHTE, J.G. *Grundlage der gesamten Wissenschaftslehre* (1802). In: FICHTE, 1971: 175.

120 FICHTE, 1971: 94.

um rei atual da França (Nicolas Sarkozy foi um caso especial...).
Esse problema, porém, não se dá com o Eu, uma vez que "o Eu" não
significa a princípio nada além do que aquela, aquele ou aquilo que
sabe algo. Afinal, queremos desenvolver uma doutrina-da-ciência,
ou seja, pensamentos sobre como é possível que diferentes áreas do
saber estejam conectadas. "O Eu" é o nome, então, para que haja alguém que sabe algo. Isso não pode ser colocado em questão. *É que,
caso se coloque em questão por algumas razões que haja alguém
que sabe algo, não se poderia saber por si mesmo que há tais razões!*
Essa é a versão reduzida de Fichte do *cogito* cartesiano. "Penso, logo
existo" se torna, em Fichte, "Eu = Eu" ou, justamente, "Eu sou Eu".
O primeiro princípio garante, então, que, no âmbito do saber, há
pelo menos um elemento que é idêntico a si mesmo: o Eu. Se eu
sei que chove neste momento em Londres, e também ainda sei
que 2 + 2 = 4, eu não me distendo em dois seres: o que sabe que
chove e o que sabe que 2 + 2 = 4.

O **segundo princípio da doutrina-da-ciência** enuncia em
uma forma algo simplificada: "Eu ≠ não-Eu". Por trás desse princípio se esconde exatamente a ideia da objetividade absoluta. O que
não é o Eu, justamente, não é – segundo Fichte – Eu. Tudo que não
é alguém que sabe algo, por exemplo pedras, prados, neutrinos, galáxias e assim por diante, pode ser resumido sob o conceito de não-
-Eu. Coisas ou fatos que só existem quando alguém sabe sobre eles
não pertencem a essa categoria. Fichte também chama essa categoria de "natureza", o que lhe trouxe em seu tempo objeções de, entre
outros, Goethe, que pensava não se poder excluir o Eu da natureza.
Mas Fichte ganhou aqui historicamente, pois ele trouxe ao ponto,
com o segundo princípio, a ideia da natureza como não-Eu, a ideia
da objetividade absoluta. Ao fazê-lo, porém, ele não era da opinião
de que haveria simplesmente a natureza, mas sim pensava que o
conceito da natureza, como a totalidade de tudo que é da espécie do
não-Eu, seria um produto da abstração do Eu.

De fato, a intenção de Fichte era, na verdade, salvar desse modo, por assim dizer, o Eu da natureza. Todavia, desse modo, ele também purificou, inversamente, inteiramente a natureza do Eu, de modo que, aparentemente, não era mais compreensível como o Eu poderia vir alguma vez a pertencer à natureza.

Esse dilema nos ocupa até hoje na medida em que entendemos por "natureza", entre outras coisas, o que se tentou investigar sob o sinal da absoluta objetividade. E isso não vale, então, *per definitionem*, para o nosso ponto de vista subjetivo. O Eu se opôs, assim, de maneira radical à natureza, de modo que seria de se esperar, no próximo ato, a tentativa de removê-lo inteiramente do retrato. É exatamente isso que o neurocentrismo tem em mente, uma vez que ele quer desfazer a aparência que se tem da existência do Eu ao tentar traduzir tudo que tem a forma do Eu na linguagem da neuroquímica ou da psicologia evolutiva.

Mas Fichte teria se revoltado vigorosamente contra isso – e de fato com boas razões. Isso porque a concepção de objetividade absoluta ignora que ela traz a natureza a um conceito unitário. Realizemos um simples percurso de pensamento. O que prótons, bósons, fótons e nêutrons têm verdadeiramente em comum? Ora, não apenas que todos eles acabem com "ons" (caso contrário, também poderíamos adicionar maçons ao modelo de partículas). Isso porque, ao lado deles, pertencem à natureza também moléculas e galáxias, o *Big Bang*, a força gravitacional, bactérias, ursos d'água[121], supernovas e o espaço-tempo. Então, mais uma vez: O que, afinal, esses objetos, leis ou fatos têm verdadeiramente em comum, de modo que podemos em geral reconhecer [*erkennen*] que eles pertencem ao mesmo âmbito?

E aqui responde Fichte: eles têm em comum que nós os descrevemos do ponto de vista da objetividade absoluta. Isso signifi-

---

121 Invertebrados microscópicos, chamados de ursos d'água por terem quatro patas e garras e pela forma com que se locomovem [N.T.].

ca, porém, que todos esses objetos, leis e fatos estão conectados no quadro de uma teoria. Rigorosamente falando, não há até hoje uma tal teoria, não há uma teoria unitária da natureza que fosse reconhecida como uma ciência natural particular. Nem mesmo a física consegue isso. Mas de onde tiramos, então, a certeza de que há um âmbito unitário da natureza, que nós investigamos no modo da objetividade absoluta?

A chave para a resposta dessa pergunta reside em que o ponto de vista da objetividade absoluta não pode, ele mesmo, ser investigado do ponto de vista da objetividade absoluta. A ideia da objetividade absoluta é um produto da abstração, que resulta de que abstraímos de nós mesmos em uma investigação. Não desaparecemos, no entanto, desse modo, mas sim nos mantemos fora do retrato que fazemos de uma situação objetiva [*Sachlage*].

Em completa sintonia com Fichte, Nagel e Searle reformularam esse pensamento em tempos mais recentes. Isso porque ambos apontam para o fato de que o nosso ideal de objetividade é formulado de um ponto de vista que não pode, ele mesmo, ser objetivo, porque ele é e permanece o nosso ponto de vista, ou seja, o Eu se distingue do não-Eu, ele formula a teoria a respeito do que conta como Eu e do que conta como não-Eu. Essas teorias não são primeiramente forjadas no laboratório, mas sim em relações sociais, o que Nagel e Searle não colocam no centro, mas Fichte já havia reconhecido.

Disso não se segue que não haja objetividade absoluta, que neutrinos, por exemplo, sejam "socialmente construídos". Há realmente neutrinos, e foi um capítulo empolgante da história da ciência do século passado prevê-los teoricamente e por fim descobri-los. O que se segue daí, todavia, é que é impossível que haja apenas objetividade absoluta. Uma visão de mundo completamente abrangente na qual o Eu não ocorra é radicalmente incompleta. Em primeiro lugar, visões de mundo completamente abrangentes simplesmente falham – o que foi o tema de *Por que o mundo não existe*. Mas você não precisa compreender o que isso significa agora mais exatamente. Aquilo de que precisamos aqui é, simplesmente, a compreensão completamente simples de que as nossas suposições sobre o que pertence como um todo à natureza são feitas de um ponto de vista. Esse ponto de vista examina as coisas e fatos no modo da objetividade absoluta, modo que praticamos por meio de métodos científicos modernos. Mas esses métodos e, assim, o quadro da objetividade absoluta, não se deixam eles mesmos ser examinados ao se aplicar esses métodos a si mesmos. Não há ciência natural da ciência natural, motivo pelo qual há até o momento, de fato, disciplinas neurais absurdas – a neurogermanística, a neurossociologia e a neuroteologia, mas não há ainda nenhuma neuroneurociência, que se poderia superar de novo com uma neuroneuroneurociência.

Diante desse pano de fundo, podemos nos voltar para o **terceiro princípio da doutrina-da-ciência**. É preciso tempo para apreciá-lo, antes de que possa explicá-lo de maneira mais compreensível para nós, nativos do século XXI: "*Eu oponho no Eu o Eu partilhável ao não-Eu partilhável*"[122]. Há, nesse princípio, três protagonistas:

1) o Eu;

2) o Eu partilhável;

3) o não-Eu partilhável.

Soa estranho, mas é facilmente reconstruível. "O Eu" é, diferentemente do Eu divisível, a circunstância que você tem em comum comigo: a circunstância de que podemos saber algo. Aqui, é importante pôr diante dos olhos uma relevante distinção entre *saber* e *representação*, que hoje se apaga de muito bom grado.

De Platão até a teoria do conhecimento atual – que se ocupa intensamente, entre outras coisas, com a pergunta sobre o que o

---

122 Ibid.: 110.

conhecimento em geral é – se fala da **definição padrão de conhecimento**[123]. Esta enuncia: *Conhecimento é convicção justificada e verdadeira*. Por trás disso se esconde a seguinte ideia, que Platão formulou pela primeira vez em seu diálogo *Teeteto*, o texto fundador da teoria do conhecimento: pergunte-se se alguém pode ter conhecimento de algo que é falso. Posso ter conhecimento de que a Angela Merkel tem dezessete dedos indicadores? Ora, como eu poderia ter conhecimento disso, se ela tem (até agora) apenas dois! Isso é chamado da **condição de verdade**. Ela diz que só se pode ter conhecimento de algo que é verdadeiro. Aquilo de que se tem conhecimento é algo que é verdadeiro

Próxima pergunta: Você pode ter conhecimento de algo de que não está de modo algum convencido? Suponha que eu te dissesse que sei que $2 + 2 = 4$. Agora, você perguntaria: Você realmente acredita nisso? E eu o informaria que não estou de modo algum convencido disso. Isso seria estranho. Se se pensa saber algo, se está também convencido disso. Por isso, há uma discussão de milhares de anos sobre a relação entre conhecimento, certeza e crença. Não se pode ter conhecimento de nada que não se considere com um alto grau de certeza como verdadeiro. Se eu sei algo, eu faria uma aposta a esse respeito.

Talvez agora você queira apontar para o fato de que nós praticamente nunca temos certeza absoluta. Afinal, enganamo-nos também às vezes, por mais que pensássemos ter conhecimento de algo. Igualmente, pode-se também convencer pessoas de que elas têm conhecimento de algo de que, na verdade, não têm conhecimento de modo algum – por isso que há ideologia.

---

123 Embora, no original alemão, *Standarddefinition des Wissens*, a tradução mais literal fosse "definição padrão de saber", optamos por traduzir como "definição padrão de conhecimento", já que esse é o termo consagrado nas discussões em português acerca da definição tripartite de conhecimento platônica que está sendo discutida aqui. Cf., p. ex., a introdução de Plínio Smith da tradução do livro de Robert Fogelin, *Reflexões pirrônicas sobre o conhecimento e a justificação* (Tradução de Israel Vilas Boas. Salvador: EDUFBA, 2017) [N.T.].

Esse ponto cobre a terceira condição para o conhecimento, a **condição de justificativa**. Ela diz que ninguém pode ter conhecimento de nada que não se possa defender com boas razões assim que se começa a ter dúvidas. Se eu dissesse que sei onde Angela Merkel está no momento, e você colocasse isso em questão, eu poderia apontar que acabei de vê-la em uma entrevista em Berlim ou que um conhecido meu acabou de me ligar porque ele viu a chanceler com guarda-costas, fazendo compras. Ter conhecimento de algo pressupõe que se pode indicar razões para que se o considere verdadeiro. Significa então, ao menos: considerar verdadeiro algo que é verdadeiro por boas razões e com uma convicção consideravelmente firme.

É importante agora o fato de que é muito fácil compartilhar um conhecimento com alguém. Se a minha mulher me liga e me diz que o nosso cachorro ainda está dormindo na sala, ela pode olhar e confirmar isso. Minha mulher sabe, então, por meio do simples olhar (que é a boa razão para o seu conhecimento) que o cachorro dorme na sala. Se ela compartilha isso comigo, compartilhamos o conhecimento. O conhecimento é partilhável [*teilbar*] e, de fato, por meio do compartilhamento [*Mitteilung*], como a palavra já mostra. Isso é o que Fichte chama do não-Eu divisível [*teilbare Nicht-Ich*].

O que, porém, eu não posso compartilhar com a minha mulher, é a sua representação dessa cena. Se ela vai na sala e vê nosso cachorro lá, ela o vê de uma determinada perspectiva e tem determinados sentimentos em relação ao cachorro, percebe determinados objetos nos quais eu talvez não prestaria atenção, pois ela tem outras suposições de pano de fundo e experiência, das quais muitas são inconscientes. Nossas representações estão inseridas em um pano de fundo, como Searle o chama, ou seja, em um repertório de capacidades e suposições que ocorrem de maneira predominantemente não consciente[124].

---

124 SEARLE, 1990: 180-202.

Aludimos exatamente a isso quando falamos de que não podemos nos representar como é ser alguma outra pessoa. Por uma **representação** pode-se entender o episódio psicológico que ocorre quando se processa impressões sensíveis ou se traz à memória impressões processadas sensivelmente por meio da imaginação. O conceito de representação traz novamente dificuldades, que se pode contornar quando se entende por ele aquelas informações que são acessíveis a um indivíduo por razão de sua situação específica como um todo, do que faz parte, justamente, que o indivíduo se encontre em determinado lugar e em determinado tempo. Não sei o que a minha mulher representa, e inversamente ela não sabe o que eu represento. Mesmo quando se conhece bem uma pessoa, não se pode, nesse sentido, entrar em seu mundo de representações e vivenciá-lo de uma perspectiva interior – como, por exemplo, em *Being John Malkovich* [Quero ser John Malkovich].

Pode-se, por isso, compartilhar representações, mas não as partilhar. O conhecimento, em contrapartida, pode-se compartilhar e, assim, também partilhá-lo. Isso se segue simplesmente do conceito de conhecimento, que eu gostaria de colocar aqui mais uma vez de maneira resumida: eu posso conhecer o mesmo que outra pessoa sabe na medida em que ambos de nós reconhecemos o mesmo fato como verdade e temos as mesmas boas razões para tanto. Encontramos-nos, então, no mesmo estado de conhecimento. Eu não posso, porém, ter a mesma representação de outra pessoa, uma vez que, para tanto, eu precisaria ser a outra pessoa.

A filosofia do Eu de Fichte trata do conhecimento; trata-se, de fato, afinal, da doutrina-da-ciência. Desse modo, já em seu tempo ele protestou contra a suposição de que só poderíamos conhecer algo porque temos representações que surgem em nós pelo fato de que os terminais nervosos de nossos receptores sensoriais são estimulados. Ideias semelhantes circulavam em seu tempo e eram empregadas para colocar o nosso conhecimento como um todo em questão. Desse modo, porém, se confunde, justamente, conhecimento e representação.

O terceiro princípio de Fichte diz então, de maneira bastante simples, que alguém que conhece algo é colocado, assim, em um estado partilhável. O conhecimento é algo universal, que se deixa compartilhar e partilhar. "O Eu" é o nome de Fichte para dimensão universal do saber. Ele é o sujeito universal do conhecimento. "O Eu partilhável", em contrapartida, é o nome de Fichte para o fato de que pode haver muitos que conhecem algo. "O não-Eu partilhável" é aquilo tudo que se pode conhecer no modo da absoluta objetividade.

Isso tudo pode soar muito correto agora. Seria possível usar Fichte para legitimar a cultura contemporânea do conhecimento, uma vez que ela gira em torno do Eu, que ela confunde atualmente com o cérebro – e, desse modo, com um não-Eu partilhável. Assim, se estaria, então, ainda na posição do início do século XIX, para trás da qual o neurocentrismo regride. Mas não é como se a filosofia tivesse parado nessa época, mas sim, em certo sentido, foi então que ela tomou o rumo certo.

No ser humano, a natureza abre os olhos

Mas qual é, então, o problema com o Eu? Nós sabemos de fato agora do que se trata: do sujeito do conhecimento. Ser um Eu significa conhecer algo e poder compartilhar esse conhecimento. Não significa, portanto, estar sozinho consigo mesmo e, por outro lado, hospedar um homúnculo no seu cérebro. Assim já fica claro: eu não sou meu cérebro.

Contudo, a filosofia do Eu de Fichte colapsa sobre si mesma pelo fato de que se pode colocar a pergunta sobre como, então, o Eu se conecta com a natureza. No tempo de vida de Fichte, Schelling, o pensador mestre dos românticos, foi o primeiro a formular a objeção decisiva – a qual, aliás, em suas consequências posteriores, possibilitou o existencialismo, o marxismo e a psicologia profunda moderna. Mas, como se isso não fosse o bastante, o aluno de Schelling, Johanes Müller (1801-1858), vale, junto com Charles Darwin (por mais que não no mesmo nível), como um dos biólogos mais relevantes do século XIX. Até hoje, a sua formulação da **lei das energias específicas dos sentidos** é incluída nos manuais das neurociências. Essa lei diz que não é a estrutura objetiva de um estímulo externo que determina uma percepção dos sentidos, mas sim, muito antes, o órgão do sentido (ou seja, as células nervosas correspondentes) que é responsável por em qual modalidade (p. ex. ver, ouvir, saborear) um estímulo é trabalhado como percepção. Considerações desse tipo se impuseram a Müller, pois ele levou a sério a objeção de Schelling contra Fichte, objeção que levou, por fim, à assim chamada filosofia da natureza [*Naturphilosophie*].

A **filosofia da natureza** se coloca a pergunta sobre como a natureza precisa ser constituída se, em algum momento no curso de seu desenvolvimento, podem surgir seres que são capazes de compreender o desenvolvimento da natureza. Considerações desse tipo são conhecidas hoje em dia pela palavra-chave do *princípio antrópico*. O **princípio antrópico** (do grego, *ho anthropos* = o homem) se refere à compreensão de que o universo observável é claramente apropriado para o desenvolvimento de seres vivos que observam esse universo. Isso pois nós somos, de fato, tais criaturas que se desenvolveram no interior do universo. Metaforicamente, se expressa esse desenvolvimento como se a natureza, por assim dizer, despertasse no ser humano e chegasse à consciência de si mesma, uma metáfora primordialmente romântica, que Nagel retoma em empréstimo explícito a Schelling em seu livro *Mente e cosmos*[125].

---

125 NAGEL 2013. Cf. a esse respeito a minha resenha: "Da schlug die Natur die Augen auf" [Lá a natureza abriu os olhos] (in: *Frankfurter Allgemeine Zeitung*, 07/10/2013).

É, de fato, uma circunstância digna de nota que estejamos em posição de compreender a natureza. Pode-se considerar isso verdadeiramente espantoso, pois não há, de todo modo, indícios de que a natureza tenha literalmente contado com que se desenvolvessem seres vivos dotados de espírito [*geistige*] que começassem a decifrar as leis da natureza. Que existam seres vivos dotados de espírito não parece, de todo modo, necessário, quer dizer, nós poderíamos facilmente imaginar um caminho alternativo da evolução de seres vivos em nosso planeta, no qual seres dotados de espírito, que tentam de algum modo compreender a natureza e o seu próprio lugar nela, jamais teriam surgido.

Certamente, já é enganoso quando se fala aqui que a evolução teria produzido seres vivos espirituais. "A evolução" é, afinal, simplesmente o nome para processos de surgimento de espécies que são descritos por meio da Teoria da Evolução. Não é o caso que se trate, na evolução, de um "relojoeiro cego", como Richard Dawkins chamou a isso em seu livro de mesmo nome[126]. Isso porque a evolução não é nem um relojoeiro nem qualquer outro tipo de artesão, pois ela não é nem um sujeito nem alguma outra pessoa com intenções cegas, mas sim simplesmente o nome sintético para complexos processos de surgimento de espécies que se deixam explicar melhor com o auxílio da Teoria da Evolução do que com qualquer outra alternativa existente até então.

Todavia, lê-se às vezes que a evolução faria isso ou aquilo ou teria levado a isso ou aquilo. Isso é absurdo, uma vez que a evolução não leva a nada. No máximo, por exemplo, mutações genéticas causadas por meio da radiação advinda do cosmos, assim como por outros processos naturais que ocorrem na divisão de células, levam a que fenótipos mudem, ou seja, a forma de manifestação exterior de seres vivos de determinada espécie. Se o seu mundo também

---

126 DAWKINS, 2008².

muda de algum modo – isso podendo ir até grandes mudanças catastróficas que atingiram repetidamente a Terra – talvez os seres vivos com genes mutantes sobreviverão e se reproduzirão, e assim por diante. As ideias fundamentais do darwinismo são conhecidas.

A expressão "a evolução" leva facilmente a supor que os processos estão conectados como se houvesse uma intenção, apenas, justamente, uma intenção cega, como a sobrevivência de indivíduos e espécies. Mas, assim, coloca-se novamente a evolução, contra a vontade, como um processo conduzido intencionalmente, por exemplo, como batalha pela sobrevivência. O progresso decisivo da biologia da evolução em relação a tentativas mais antigas de explicação da origem das espécies também consiste, porém, em que a biologia da evolução justamente consiga fazê-lo sem qualquer suposição de intenções. Por meio do progresso da biologia e de saltos enormes como a prova do DNA e a sua decodificação no último século, se tornou claro que se pode deixar de lado relojoeiros cegos. A Teoria da Evolução não precisa de tais metáforas, que simplesmente dão conta da necessidade de se colocar, no lugar do antigo Deus cheio de intenções, pelo menos um Deus substituto: o relojoeiro cego ou a evolução.

A filosofia da natureza de Schelling insiste, em oposição à filosofia do Eu de Fichte, que seres vivos espirituais que se identificam como um Eu e que podem, dessa maneira, conseguir saber sobre a natureza, não caem do céu. Não somos Eus angelicais, que são de algum modo atarraxados a corpos símios ou presos neles. Todavia, isso significa primeiramente apenas que há condições biológicas necessárias para que possamos nos identificar como um Eu. Essas, porém, não necessariamente interferem com a nossa cultura de saber.

Nisso, a natureza foi descoberta e se tornou um grande tema do século XIX no âmbito da autoinvestigação do espírito humano sob a palavra-chave do Eu, porque ela pode, por assim, dizer, atingir o Eu. A filosofia da natureza e suas consequências no século XIX, ao que também pertencem o marxismo e a psicanálise, objetaram, contra a representação de uma completa autonomia do Eu, que há doenças do Eu e que ele só está de alguma maneira em condições de desdobrar uma dimensão do saber quando não é perturbado pelas suas condições naturais ou se deixa confundir com elas. Contra a tese de Fichte de que a natureza seria, na verdade, apenas um produto da abstração, impõe-se a impressão de que haveria realmente uma natureza cega de modo algum formada pelo Eu, a qual produziu seres vivos conscientes sem qualquer intenção consciente. Fichte essencialmente não se manifestou a esse respeito, algo que Goethe e Schelling objetaram a ele, motivo pelo qual eles tomaram outra direção.

"Deixa que o papai faz isso": Freud e *Stromberg*

Foi com esse pano de fundo que também Sigmund Freud desenvolveu a sua concepção influente de Eu. Ele a elabora de maneira particularmente clara em seu escrito *O Eu e o Isso* de 1923, no qual ele situa a distinção de consciente e inconsciente na seguinte famosa estrutura conceitual: Eu, Super-Eu e Isso[127]. Freud entende "o Eu" não mais como uma dimensão universal do saber, mas sim como uma faceta ou uma instância da vida de nossa psique [*Seelenlebens*]. "Formamos para nós a representação de uma organização conexa dos processos psíquicos em uma pessoa e chamamos a ela de o *Eu*"[128]. O Eu se torna objeto da psicologia, um processo que foi preparado na filosofia por Nietzsche, a quem Freud leu.

---

127 Tradicionalmente traduzidos no português para Ego, Super-Ego e Id (ou Isso). Como, porém, no original, os termos Ego e Super-Ego se referem ao "Ich" (Ich e Über-Ich), traduzido aqui como "Eu" optamos pela tradução mais literal, a fim de deixar claro a continuidade da discussão sobre Freud com a discussão prévia sobre a filosofia do Eu [N.T.].

128 FREUD, 2000: 286.

É constantemente afirmado que Freud teria sido na verdade uma espécie de neurocientista, uma vez que ele, de fato, começou cedo a procurar por causas fisiológicas de doenças espirituais. A esse respeito se indica o *Esboço de uma psicologia* de Freud, de 1895, no qual ele desenvolveu uma "teoria dos neurônios", como ele mesmo a chamou, fundamentada biologicamente. Uma vez que sabemos agora que uma grande parte dos processos que ocorrem no cérebro não são vivenciados conscientemente, mas possibilitam nossa vida consciente, pensa-se assim em se ter encontrado uma base certificada científico-naturalmente para a psicanálise, ou, em outras palavras, um substituto dessa.

Todavia, na verdade Freud fundou a psicanálise porque ele entendeu que há estruturas de nossa vida espiritual que se manifestam na maneira em que nós *descrevemos* a nós mesmos e às nossas disposições em relação aos outros. Além disso, ele fundou, desse modo, a psicoterapia, que consiste em descrever nossa disposição em relação a nós mesmos e aos outros e em se colocar a questão sobre de que maneira essas disposições são vivenciadas como dolorosas e como elas podem ser transformadas. Uma intervenção em processos orgânicos – por meio do uso de antidepressivos por exemplo – é aí necessária em alguns casos, mas de modo algum em todos. Há uma conexão entre as nossas autodescrições e a qualidade de nossa vida consciente. Se essa conexão é regulada em *todos* os casos por meio de coquetéis neurais, e se as conformidades a leis bioquímicas, que estão no fundamento da liberação de neurotransmissores, estão correlacionadas, de uma maneira regrada [*gesetzförmig*], com as conformidades a leis que ocorrem em nossa autodescrição de nossa vivência, ninguém sabe *de facto* até o momento. É uma questão de especulação quais bases bioquímicas deveriam corresponder à ambição de Napoleão de conquistar a Europa – e isso na medida em que a questão é, de alguma maneira, bem-formulada.

Freud foi criticado em vários ataques históricos porque a psicanálise não seria científica o bastante, embora uma tal crítica novamente dependa do que se entende por verdadeira "ciência". Em todo o caso, a psicanálise é até hoje uma forma reconhecida de terapia. E Freud e, após ele, especialmente o psicanalista e filósofo Jacques Lacan (1901-1981) se posicionam criticamente em relação a, entre outras coisas, autodescrições que suponham que haja um conselho de *experts* acima da humanidade, os cientistas, que honram a deusa absolutamente objetiva, "a ciência". A psicanálise acompanha uma crítica de um falso ideal de ciência que pensa que a objetividade absoluta se deixe alcançar. Isso faz com que nem todos gostem dela.

Uma vez que Freud e a psicanálise também são repetidamente honrados pelo neurocentrismo como seus precursores, vale a pena verificar mais exatamente o que Freud entende por Eu e se ele queria identificar isso com o cérebro. O que, afinal, seria verdadeiramente "o Eu" em Freud, e quais intelecções são relevantes para o nosso contexto?

A distinção fundamental de Freud consiste em que ele divide o psíquico em consciente e inconsciente, o que ele chama da "pressuposição fundamental da psicanálise"[129]. A consciência, desse modo, não esgota a nossa vida espiritual (o psíquico). Também hoje não se coloca em questão essa distinção, apenas se disputa como se deveria entender exatamente a isso. É decisivo agora que, segundo Freud, o inconsciente justamente não consiste em processos orgânicos, mas sim pertence ao psíquico. Naturalmente, os processos neurobiológicos que cuidam de que os fótons que atingem os meus receptores sensoriais sejam processados em informações são inconscientes, no sentido de que não os percebo enquanto tais, mas sim apenas vivencio o seu resultado, minhas impressões agora

---

129 Ibid.: 283.

conscientes. Se vejo a minha mão, não vejo, ao mesmo tempo, os processos neurobiológicos que se passam aí.

Mas esses processos não são inconscientes no sentido de Freud. O que é o inconsciente para ele pode se tornar acessível pelo fato de que se para de ter uma resistência que se construiu porque se censurou determinadas representações e desejos. Para tanto, não é preciso já agora pensar em fantasias sexuais reprimidas ou no conhecido Complexo de Édipo. Bastam experiências completamente cotidianas.

Tomemos o exemplo de entrar em um ônibus de aeroporto, que viaja do terminal até o avião. Alguém entra e ocupa um assento livre. Enquanto ele se acomoda em seu assento, ele vê outras pessoas que ele talvez já tenha observado no aeroporto. Ele se interessa (seja de que forma for) por algumas pessoas, por outras não, "e o ato da percepção mesma não nos informa sobre por que razões algo é ou não é percebido"[130]. Construímos, por isso, uma verdadeira teoria, que nos possibilita conduzir o nosso próprio comportamento. Queremos ver a velha senhora que parece desamparada sentar-se no assento que ocupamos no momento, não se quer estar do lado do homem que parece rude e que está o tempo todo no telefone com seu parceiro de negócios, de modo que não dá para evitar a impressão de que ele quer mostrar o quanto ele seria importante, e assim por diante. Em tudo isso passam diversos pensamentos pela cabeça os quais não se gostaria tanto de ter e que, por assim dizer, se deixa rapidamente de lado. Esses pensamentos são, segundo Freud, mensagens do inconsciente. Trata-se de paradigmas de avaliação, que são responsáveis por que notemos determinadas coisas, nos interessemos por determinadas pessoas e tenhamos uma disposição de algum modo avaliativa em relação a elas.

Suponhamos que certo João se irrite especialmente sobre a pessoa de férias usando bermudas, que se apressa para entrar no

---

130 Ibid.: 285.

avião. Questionado sobre sua irritação, ele poderia justificá-la, por exemplo, reclamando sobre o apressado e talvez ainda se inquietar porque alguém com essas bermudas, que claramente está a caminho de suas férias, passe agora desse modo por todos. Enquanto ele apresenta essa reclamação para si mesmo ou para outros passageiros, ele tem um lampejo de compreensão de que, na verdade, ele mesmo gostaria de viajar de férias e que, em vez disso, está voando para Palma de Mallorca a trabalho. Além disso, talvez ele tenha em algum momento feito a experiência de que alguém não gostou de suas pernas, e por isso ele nunca viajaria com bermudas ou iria a um lugar público com elas. Mas essa compreensão, por assim dizer, lampeja muito brevemente, e é substituída por meio da postura de reclamação aparentemente bem fundamentada.

A ideia fundamental da psicanálise enuncia, diante desse pano de fundo, que nosso discurso justificante cotidiano, no qual articulamos as nossas disposições em relação a nós mesmos e aos outros, está sempre também ancorado em experiências, algumas das quais pensamos ter completamente esquecido. Mas elas nos determinam de todo modo justamente pelo fato de que desenvolvemos uma resistência contra elas. Por meio do desenvolvimento de resistência contra representações que já foram uma vez conscientes em nossa vida, surge o inconsciente e, desse modo, também primeiramente algo como a nossa personalidade ou no nosso "caráter", como Freud o chama algumas vezes com reservas[131]. "O Eu" designa, nesse contexto, o nosso discurso justificador vivenciado como racional, aquele âmbito no qual acreditamos que nossas disposições seriam profundamente justificadas. Por isso o Eu também surge como o parceiro de jogo sério, que põe sua própria existência como fundamentada racionalmente.

---

131 Ibid.: 296. Id., 1941: 201-209.

Isso pode ser tornado compreensível por meio de um fenômeno familiar a todos nós. Tomemos por exemplo um local de trabalho, digamos um escritório. Para que possamos nos imaginar em um lugar como esse, pense agora em *Stromberg*, na série britânica ou norte-americana *The Office* ou na – pouco conhecida em nossas terras – francesa *Le Bureau*, que são como um todo modificações do arquétipo britânico inventado originalmente por Ricky Gervals. Essas séries tratam da psicodinâmica de um local de trabalho.

O escritório alemão de *Stromberg* pertence a uma firma de seguros chamada *Capitol*. Desde *Stromberg – O filme*, ficou claro que "Capitol" é um nome para o capitalismo alemão. A economia de mercado social alemã apela para a necessidade de segurança das "pessoas na Alemanha", como a nossa Chanceler Angela Merkel gosta de dizer. O capitalismo é experienciado como uma espécie de seguro [*Versicherung*]. *Stromberg*, desse modo, já traz representações inconscientes à expressão. O inconsciente, porém, irrompe continuamente na série, o que é parte da sua comicidade – o que culmina, no filme, em que a sala de reuniões da Capitol se encontre com prostitutas para orgias selvagens sob o disfarce de uma celebração executiva.

Retornemos para o escritório e nos coloquemos a pergunta mais simples imaginável: Não é o caso que toda pessoa do escritório desenvolva um tipo de mapa mental no qual todas as pessoas são colocadas juntamente com [suas] avaliações? Cada pessoa individual é descrita na ordem de todas as pessoas de uma maneira diferente quando se escuta as avaliações. Ao lado da *ordem legalmente regida* – que estabelece as posições na empresa – há sempre uma *ordem psíquica*, que intersecta em parte com a ordem legal. Isso vale ainda mais quando compreendemos lentamente que não há uma ordem puramente legal independentemente de nossas ordens psíquicas e que elas também estão frequentemente conectadas (basta pensar nas discussões sobre *bullying*, estresse, assédio sexual, sexismo, burocratismo etc., em suma, na psicologia empresarial [*Betriebpsychologie*]).

A onipresença da ordem psíquica é ilustrada em *Stromberg* pelo fato de que são conduzidas constantemente entrevistas individuais curtas com os participantes, que falam frente às câmeras que acompanham o dia a dia da Capitol, já que um documentário sobre ela está sendo filmada. Os participantes individuais descrevem a ordem social sob a luz de suas avaliações, de modo que se torna claro, de maneira sutil, que as suas avaliações, justamente, não são apenas racionais.

O Eu é, no modelo freudiano, como visível aqui, o nome para um âmbito de descrição de nossas interações sociais. Nesse âmbito, nossas descrições aparecem como justificadas e apoiadas por boas razões. Isso corresponde ao que Freud entende por ciência. Assim, ele escreve no início de seu ensaio "Pulsões e destinos das pulsões", de 1915:

> Ouvimos frequentemente se defender a exigência de que uma ciência deve ser construída sobre conceitos fundamentais claros e rigorosamente definidos. Na realidade, nenhuma ciência começa com tais definições, nem mesmo as mais exatas. O começo correto da atividade científica consiste, muito antes, na descrição de fenômenos, que são então ainda agrupados, ordenados e inseridos em contextos [*Zusammenhänge*]. Já na descrição não se pode evitar aplicar ao material certas ideias abstratas que se tira de algum lugar, e certamente não apenas da nova experiência[132].

Como pulsões batem em fatos duros

Desenvolveram-se, na filosofia contemporânea, diferentes modelos para incorporar, na estrutura daquilo que Freud chama de "Eu", a nossa **racionalidade** (do latim *ratio* = razão [*Grund*]). O filósofo

---

132 FREUD, 1946: 210.

norte-americano Robert Brandom (*1950) fala aqui do "jogo de dar e exigir razões" e também falou a favor de se conceber o Eu, por assim dizer, como o nome universal para jogadores nesse jogo[133]. Ser um Eu significa ser acessível para o âmbito da descrição no qual justificamos e sustentamos as nossas disposições em relação a nós mesmos e aos outros por meio de razões.

Porém, o próprio Freud, infelizmente, tende frequentemente a tratar o Eu como um homúnculo que, a seu ver, entra em cena pelo fato de que percepções surgem em nós por meio de estímulos. "É como se tivesse de demonstrar a proposição: todo saber se origina da percepção exterior"[134]. Para defender essa tese, ele se remete à "anatomia do cérebro"[135] e considera o Eu como uma superfície anatomicamente verificável. O quanto as coisas ficam confusas aí se mostra na seguinte passagem fundamentalmente incompreensível, na qual Freud explica expressamente o Eu como um homúnculo:

> O Eu é antes de tudo um Eu corporal, ele é não apenas um ser de superfície [*Oberfächenwesen*], mas sim é mesmo a projeção de uma superfície. Se se busca uma analogia anatômica para o mesmo, pode-se preferencialmente identificá-lo com o "homenzinho do cérebro" [*Gehirnmännchen*] dos anatomistas, o qual se encontra no córtex cerebral sobre a cabeça, estica os calcanhares para cima, se volta para trás e, como se sabe, carrega a zona da linguagem à esquerda[136].

Aqui, Freud coisifica sem pudores o Eu. Isso, porém, pode ser contornado com auxílio da proposta de Brandom de entender o Eu como uma função social, como o âmbito de descrição de interações sociais sob a luz de nosso discurso justificador. Assim, já se trilha um caminho entre a teoria do feixe e a teoria substancial, uma vez

---

133 BRANDOM, 2001: 26.

134 FREUD, 2000: 292.

135 Ibid.: 293.

136 Ibid.: 294.

que o âmbito de descrição do Eu não é nem um feixe nem um portador de estados mentais.

Todavia, Brandom não se ocupa com a circunstância de que o Eu não seja apenas um jogador neutro entre outros. Cada Eu descreve o jogo como um todo de um ponto de vista que os outros não irão simplesmente partilhar. A razão para tanto não consiste apenas em que cada um de nós tem, justamente, teorias diferentes com outra base experiencial, as quais se poderia, então, comparar no jogo de dar e exigir razões. Antes, pode-se aprender justamente com Freud que o Eu se torna individual pelo fato de que temos experiências que são vistas por outros com suas avaliações e que adotamos então como um costume [*Gewohnheit*]. Por isso Freud introduziu, ao lado do Eu, ainda o Super-Eu e o Isso.

O Super-Eu, que ele também designa como o Ideal-Eu ou o Eu-Ideal, determina a nossa autodescrição como Eu, ao considerarmos certos modos de comportamento e disposições como aceitável ou mesmo como proibidos. Ele fixa o que deixamos passar como [uma] boa razão que permite ao Eu deixar uma disposição regrada por sentimentos aparecer como justificada para outros. Reconhecer que nos sentimos de determinada maneira em situações recorrentes por causa de certas experiências no passado (não apenas na infância) nos parece difícil porque, desse modo, abdicamos do controle consciente pelo qual o Eu, enquanto administrador de boas razões, é responsável. O sentir-se de algum modo aparentemente nos toma de assalto, sendo tarefa do autoconhecimento praticar como não se tornar, por assim dizer, vítima dos próprios sentimentos.

O Isso, em contrapartida, é o nome de Freud para as pulsões, no que ele distingue entre a pulsão sexual (Eros) e a pulsão de morte. A pulsão sexual se esforça pela autopreservação, a pulsão de morte pela autodissolução. A esse respeito, Freud é da opinião de que ambas essas pulsões também se deixam verificar biologicamente.

Também em "seres vivos simples" ele atesta uma distinção entre Eu e Isso, "uma vez que eles são a expressão necessária da influência do mundo exterior"[137]. Ele atribui o Eu, nesse âmbito, às percepções, que possibilitam à nossa vida interior um contato com a realidade, enquanto o Isso resiste potencialmente ao reconhecimento de uma realidade independente dele ao formar um mundo interior.

O que Freud tem em mente aqui se pode reconstruir extensivamente sem as representações absurdas de que o Eu, o Isso e Super-Eu se deixariam localizar, como se se tratasse literalmente de três regiões corporais. Freud, porém, de fato supõe isso, motivo pelo qual ele também designa sua teoria como "tópica" (do grego *topos* = lugar).

Temos convicções e opiniões sobre o que é o caso independentemente de nossas convicções e opiniões. Perceber algo significa entrar em contato com tais fatos, que não transformamos por meio de nossas percepções, mas sim apenas apreendemos. Isso já está presente na palavra alemã para percepção, *Wahrnehmung*, que sugere que se capturaria [*nehmen*] verdadeiramente [*wahr*] algo, que se apreende, então, algo verdadeiro [*Wahres*], um fato. Também em línguas em que se usa a versão latina *"perceptio"* para percepção [*Wahrnehmung*] (como no inglês, no francês[138]), se expressa a ideia de que nós recolhemos ou apreendemos algo. Por isso, o Eu representa, em Freud, o **princípio de realidade**, como ele o chama, ou seja, a circunstância de que estamos em contato com fatos dos quais não participamos em sua existência ou em seu surgimento.

Fatos dos quais não participamos de modo algum em sua existência podem ser designados como **realidades duras**. Percebemos algumas das realidades duras simplesmente pelo fato de que elas atuam sobre os nossos receptores sensoriais. Isso não vale irrestri-

---

137 Ibid.: 305.

138 E, evidentemente, também no português [N.T.].

tamente: o fato de que Napoleão se coroou como imperador existe independentemente de que alguma pessoa que vive hoje tenha participado no seu surgimento. Não é de modo algum fácil indicar quando exatamente algo existe verdadeiramente independentemente de nós. Mas isso não deve nos ocupar mais aqui. Decisivo aqui é, simplesmente, que o Eu, em algum lugar, esbarra com fatos, dos quais alguns são realidades duras, cuja existência ele precisa primeiramente reconhecer.

O Isso, em contrapartida, representa as pulsões; que podem ser independentes das realidades duras. Por isso também podemos mudar algumas realidades duras: deparamo-nos, por exemplo, com uma montanha gigantesca, que torna difícil ir da Suíça para a Itália (e inversamente). Perfuramos simplesmente, então, um túnel de base de São Gotardo[139], porque queremos chegar mais rápido de um país para o outro. E por que queremos isso? Ora, porque queremos fazer negócios uns com os outros, comer e visitar museus, temos conhecidos que vivem em outro lugar e queremos nos encontrar com eles, e assim por diante.

Transformamos realidades e criamos novas, porque temos pulsões. Sem pulsões, seríamos apenas janelas passivas das realidades, as quais, porém, não seriam capazes de sobreviver por muito tempo. Animais se distinguem de muitas plantas por seu deslocamento autodeterminado. Vivenciamos um impulso para a mudança de local como um ímpeto [*Antrieb*]. Por isso, Freud supõe que o Isso é uma espécie de centro de energia que é estimulado pelas percepções e reage a elas. O Eu é para Freud, por assim dizer, o olho e o ouvido do Isso, ele o considera expressamente como uma parte do Isso, o que, aliás, torna a sua distinção difícil. Eu, Super-Eu e Isso estão muito mais conectados do que se poderia pensar à primeira vista. Isso porque o Super-Eu, segundo Freud, é, por sua

---

139 Túnel inaugurado em 2016, o mais longo do mundo, com 57km, que conecta o Norte e o Sul da Europa [N.T.].

vez, o "administrador do mundo interior, do Isso"[140], que transmite ao Eu o desejo censurado do Isso. "O que na vida psíquica individual pertenceu ao mais profundo, torna-se, por meio da formação ideal, o mais elevado da alma humana sob a perspectiva de nossas avaliações"[141]. Uma construção peculiar.

É claro, todavia, que se pode entender aquilo que Freud designa como "pulsões", em distinção à "percepção", como esforço de transformação. A percepção não quer transformar nada, mas primeira e simplesmente aceitar [como é], enquanto o Isso nos leva de um estado para outro. Esse processo só atinge, porém, alguma forma determinada, ou seja, a forma de desejos concretos, porque se articula por meio do Eu.

Tomemos novamente um exemplo, no qual se pode pensar como habitante da sociedade de bem-estar social globalizada. Vamos ao supermercado e nos perguntamos qual leite queremos comprar. Ao fazê-lo, nos deixamos fantasias serem estimuladas em nós pelas cores e pela forma da embalagem (Hmm, esse certamente tem um gosto como o de leite no café de manhã na Baviera, e eu me sentirei como daquela vez no Lago Starnberger). No instante em que nos perguntamos qual leite queremos comprar, ativam-se cálculos que põem a energia do Isso (hmmm, com certeza é gostoso!) em ligação com a energia do Super-Isso (Caro demais! Leite engorda!). Na imagem com tons um tanto arcaicos que Freud tem do ser humano, a pré e inconsciente sincronização do cinema da consciência seria, antes: "Hmm, isso me lembra secretamente do seio da mamãe e do meu amor materno infantil", cochicha o Isso. "Você é gordo e não deveria sê-lo, caso contrário não merece a mamãe", ruge o Super-Eu. Freud via isso assim ou de forma parecida. Não é preciso segui-lo nisso.

---

140 Ibid.: 303.

141 Ibid.: 303.

Édipo e a caixa de leite

A percepção de diferentes caixas de leite sempre surge em conexão com avaliações que não necessariamente têm de ter algo a ver com os fatos existentes. As nossas percepções estão inseridas em sistemas de desejos e volúpias [*Begierde*] de todos os tipos e nunca surgem em nossa vida em um estado puro completamente livre de desejos. Mesmo quando, por exemplo, o cientista natural está no laboratório e pesquisa uma proteína, é preciso abstrair de seus desejos para perceber ou conhecer os fatos nus. Mas, para poder abstrair de seus desejos, é preciso se querer justamente isso. Ele se decidiu, afinal, ser um cientista natural, e ordena suas pulsões, se possível, de maneira apropriada ao quadro dessa decisão. A existência vivida conscientemente, sobre a qual nos comunicamos uns com os outros em conversas na forma de razões aceitas cotidianamente, o Eu, é, nesse sentido, "uma parte particularmente diferenciada do Isso"[142], na medida em que de fato percebemos todo tipo de coisa, mas justamente não de que maneira se toma a cada vez a escolha sobre no que nos concentramos e no que não. Por isso, Freud pode designar o Eu como um "pobre coitado [*armes Ding*]"[143], pois ele, justamente, deve ser apenas a superfície na qual por um lado percepções e, por outro lado, desejos são reproduzidos, que são imediatamente filtrados e censurados pelo Super-Eu.

Na versão posta por Freud da distinção entre percepção e pulsão – entre realidade e desejo – fica tudo infelizmente tão emaranhado que o edifício, visto rigorosamente, desaba. Como, por exemplo, o Isso deve ser não apenas uma única pulsão indiferenciada, um calor e inquietude emocional, por assim dizer, que nós sentimos e que nos agita [*umtreiben*]? Ora, isso ocorre porque Freud

---

142 Ibid.: 305.

143 Ibid.: 322.

concebe o Eu como parte do Isso e, desse modo, instala nele um olho com o qual o em si mesmo tonto e parvo Isso pode procurar por realidades nas quais ele possa se fixar, o que Freud designa como "possessão do objeto" [*Objektbesetzung*]. E, veja ali, lá está também o seio materno no qual o Isso se fixa – e a explicação psicanalítica, caricaturada centenas de vezes na literatura, em filmes e na televisão [*Ödipussi*[144]], de nossos desejos sexuais por meio da indicação de nossos desejos íntimos de dormir com as nossas mães e suas futuras figuras substitutas ou com nossos pais e suas futuras figuras substitutas, toma seu curso.

Mas o que deve significar que o Eu é uma parte do Isso? Dito de outra forma: Se o Isso é inconsciente e se suas mensagens ou impulsos só chegam filtradas ao Eu consciente, como pode o Eu ser, então, uma parte do Isso? Ele teria, então, de ser ele mesmo inconsciente e pulsional [*triebhaft*]. Mas, então, ele não poderia mais ser responsável pelas percepções. O princípio de realidade colapsa no princípio de prazer e surge, da ciência da psicanálise, Pippi Meialonga[145]:

> Duas vezes três são quatro,
> odedodedodo e três são nove
> Eu faço o mundo para mim
> Dodedode do jeito que eu quiser.

Freud explica ele mesmo: "A psicanálise é um instrumento que deve possibilitar ao Eu a conquista progressiva do Isso"[146]. Mas onde ela se encontra nesse modelo? É o analista em sua função um parceiro de conversa que confronta outra pessoa, para ela um representante do mundo exterior, ou seja: o Eu; ou é ele a voz da cons-

---

144 Filme de comédia alemão de 1988, no qual o protagonista, apesar de ter 56 anos, ainda tem uma relação extremamente próxima com sua mãe [N.T.].

145 Personagem de uma série alemã-sueca inspirada no livro da autora sueca Astrid Lindgren. Os versos citados a seguir pelo autor fazem parte da letra da música de abertura da série [N.T.].

146 Ibid.: 303.

ciência [*Gewissen*]: o Super-Eu? Ou é ele mesmo o Isso? Se o Isso já é o Eu, que deve afinal ser uma parte dele, como exatamente deve funcionar que o Eu conquiste o Isso?

Aqui se vê que algumas coisas se embaralham. Como fez com outras objeções do lado dos filósofos de seu tempo, Freud retrucaria agora presumivelmente que ele teria experienciado as relações entre Eu, Super-Eu e Isso na práxis clínica. Mas essa afirmação que se remete supostamente à experiência que o especialista quer ter feito também não pode, segundo as próprias premissas de Freud, ser convincente. Quando se dispõe de um modelo contraditório do Eu, não se pode escapar disso com a desculpa de que se teria visto isso na psicoterapia ou, como é comum atualmente, na tomografia do cérebro. Isso porque, certamente, não se veem lá quaisquer contradições teoricamente absurdas. Pensa-se em vê-las lá porque são buscadas lá.

E, todavia, Freud está na trilha certa. É preciso, porém, modernizar as suas reflexões, o que, nesse caso, significa, antes de tudo, libertá-las de suposições equivocadas de que o Eu seria um ser biológico que se forma por meio da interação entre o organismo e o meio ambiente natural (mundo exterior), e de que uma longa história da cultura teria levado, além disso, a que o Super-Eu surgisse. Isso porque essas suposições levaram Freud a uma incrível formação mitológica [*Mythenbildung*] – à qual devemos, certamente, verdadeiras intelecções e muitas obras de artes. Sem Freud não haveria surrealismo, não haveria filmes de Alejandro Jodorowsky ou de Woody Allen, e faltariam ainda muitas outras coisas. Sem ele provavelmente também não teria havido nenhuma emancipação sexual, ainda que ele mesmo como homem do século XIX ainda aderisse às representações dessa época antes de tudo da sexualidade feminina, mas também da sexualidade masculina.

Devemos à psicanálise impulsos decisivos para a emancipação política de minorais ou de grupos oprimidos. A confrontação com a circunstância de que reprimimos desejos sexuais, sim, de que todos temos fantasias sexuais que não devem simplesmente ser condenadas como perversões ou mesmo como crime, levou, por fim, a que não consideremos hoje (pelo menos isso vale para muitas sociedades ocidentais) a homossexualidade como uma doença ou pensemos que as mulheres seriam sedutoras iguais à serpente no paraíso que se colocam entre nós e a voz de Deus (ou também o oposto, superfícies de projeção de desejos [*Begierde*] masculinos que não são realmente capazes de desejo [*lustfähig*]). Foi Freud quem conseguiu de algum modo abrir espaço para que reconheçamos a sexualidade como um componente central de nosso Si.

A partir de sua concepção originária de psicanálise, desenvolveram-se, no século XX, diversos ramos os quais, por sua vez, levaram a novas formações teóricas emancipatórias, como, por exemplo, a **teoria de gênero**. Essa parte fundamentalmente do princípio de que há papéis de gênero que não podem ser completamente explicados por meio da investigação de nosso organismo e da constatação de que seríamos do sexo masculino ou feminino. A defensora atualmente mais proeminente da teoria do gênero, a filósofa norte-americana Judith Butler, apontou para o fato de que mesmo a busca por elementos femininos ou masculinos em um organismo humano – por exemplo por meio de classificação de hormônios como "femininos" ou "masculinos" – frequentemente já é determinada pelo fato de que transpomos determinadas representações dos papéis de gênero ao corpo[147].

Considerações desse tipo mostram relativamente rápido que também a psicanálise de Freud, em seus detalhes pseudobiológicos, emite suposições enfáticas sobre papéis de gênero que, vistas rigorosamente, são consideravelmente absurdas. Assim, Freud não está nem sequer seguro sobre se o Super-Eu represente o pai inter-

---

147 Cf., p. ex., BUTLER, 1991.

nalizado ou os pais internalizados. Ele não considera que ele pudesse vir da mãe simplesmente porque ele pensa que representações morais e religiosas são sempre apenas defendidas e impostas por homens. Abunda em seus escritos, em última instância, suposições patriarcais, que ele sustenta por meio da formação de mitos.

Esse é um processo típico para a evasão do autoconhecimento que ocorre até hoje e, no momento, é na maior parte das vezes infectada pela darwinite. Em lugar de colocar a pergunta sobre quem ou o que o Eu realmente é e desenvolver uma resposta coerente a ela, que também seja informada historicamente sobre que tipo de autodescrição o discurso sobre o Eu traz consigo, invoca-se um passado que não se pode conhecer na realidade. Esse passado [por sua vez] precisa estar longe o suficiente temporalmente e ser verificado apenas por meio de alguns crânios desenterrados, talvez também por meio de pontas de lanças, no máximo por meio de uma pintura de caverna. Isso porque se pode contar histórias consideravelmente arbitrárias sobre como surgimos desse passado.

A mitologia é exatamente isso. A **principal função política da mitologia** consiste em fazer uma representação da situação social de seu próprio tempo como um todo ao se retratar para si um tempo originário. Quanto menos se saiba realmente sobre esse passado ao fazê-lo, mais inventivo se pode ser. Freud mesmo narra, em seu livro maravilhosamente escrito *O homem Moisés e o monoteísmo*, uma história segundo a qual nós só temos consciência moral e pensamos que haja leis morais e, desse modo, algo como bom e mau, porque uma horda originária teria abatido Moisés no deserto. Como reação a esse assassinato, teria surgido a má consciência moral.

Freud pensa, como conhecido, que o verdadeiro tema do tornar-se a si mesmo [*Selbstwerdung*], da formação de um Eu, consiste em que os homens querem assassinar seus pais e dormir com suas mães, o muito discutido **Complexo de Édipo**, ao qual Carl Gustav Jung (1875-1961) acrescentou o Complexo de Elektra, ou seja, a versão para meninas, o que Freud, todavia, não reconheceu, tal como ele desenvolveu em seu artigo de 1931 *Sobre a sexualidade feminina*. De fato, esse tema se encontra em muitos textos mitológicos do passado, e antes de tudo, naturalmente, na tragédia de Sófocles *Édipo Rei*.

Hoje é comum reduzir bom e mau a juízos de valor que se revelaram no curso da evolução como úteis. Como "bom" vale, desse modo, aquilo que foi útil à sobrevivência, e como "mau" [*böse*] ou "ruim" [*schlecht*] aquilo que ameaçar a sobrevivência da espécie *Homo sapiens*. Em particular, discute-se por que se chegou de algum modo ao **altruísmo**, ou seja, à circunstância de que seres vivos sacrificam o seu próprio bem-estar ou mesmo a sua vida por outros seres vivos ou estão de algum modo interessados no bem-estar de outros seres vivos. A pressuposição desse questionamento é que todos os seres vivos são na verdade, desde o princípio, egoístas. Dessa maneira, surge a oposição egoísmo-altruísmo.

Diante desse pano de fundo, o biólogo evolutivo Richard Dawkins, por exemplo, tentou explicar, em seu livro muito conhecido *O gene egoísta*, por que consideramos nossos parentes como moralmente mais próximos do que estranhos quaisquer[148]. Ele pensa que aquilo que propulsiona o egoísmo não seria o indivíduo (ou seja, não eu ou você), mas sim um gene determinado que nós representamos. Uma vez que esse gene também está presente em parentes, ele se protege até mesmo pelo sacrifício dos próprios interesses. Assim, se tornaria compreensível por que nós de fato normalmente preferimos que uma pessoa estranha morra em lugar de nossos próprios filhos (Mas e quanto à adoção? – um dos problemas que isso traz).

Mas como se sabe, afinal, que seja assim? Caso nos perguntem em nossas relações diárias socialmente organizadas e mais ou

---

148 DAWKINS, 2014.

menos pacíficas, muitos de nós responderiam rapidamente que preferiríamos proteger os nossos parentes do que estranhos quaisquer. Mas isso não é simplesmente uma verdade universal (embora além disso valha lembrar que os nossos parentes, por favor, não pertencem todos ao mesmo *pool* genético...). Um contraexemplo simples tirado do presente: Até o fim de agosto de 2014, a cidade de Amirli, na qual viviam predominantemente habitantes xiitas (turcos), foi ocupada pelas tropas jihadísticas do Isis, que ameaçaram fazer um massacre. Durante a ocupação, um helicóptero iraquiano voava para fora da cidade e de volta para ela para assegurar os suprimentos necessários e resgatar doentes e feridos. O dentista local tinha a tarefa de cuidar de todos os doentes e feridos, enquanto a sua própria família ainda se mantinha em Amirli. A esse respeito, ele relata ao *Spiegel*[149] que ele conscientemente não pôs a sua família no helicóptero e voou com ela, uma vez que, caso contrário, um pânico irromperia[150]. Se o médico utilizasse de seus contatos para salvar a própria família, todos saberiam que era o fim. Não é difícil encontrar incontáveis exemplos (mas também incontáveis contraexemplos) nos quais alguém se comporta altruisticamente segundo os nossos padrões correntes e coloca o bem comum acima de seus próprios parentes. Por que o egoísmo de gene deveria ser a regra e o altruísmo uma exceção difícil de explicar?

O ponto é que não temos de modo algum dados que nos deem uma explicação sobre se e como alguns antepassados humanoides ou humanos agiram em tempos primordiais, quais princípios eles seguiram e quais não. Projetam-se simplesmente suposições mais ou menos arbitrárias sobre o comportamento médio na própria sociedade (ou aquilo que se toma por ela) no passado e se mistura isso com fatos evolutivo-biológicos. Dessa maneira, a mitologia adquire

---

149 Uma das maiores revistas de notícias alemã [N.T.].

150 REUTER & RUSSELL, 2014.

uma aparência científica e não se expõe diretamente à crítica aberta. Trata-se, aí, de uma estratégia de imunização fácil de ver. Ela é disfarçada com prazer por meio de um pérfido tributo nominal à ciência neutra, que supostamente põe a razão humana universal contra todas as reivindicações de autoridade.

Simplesmente não é o caso de que nós sejamos tendencialmente egoístas. Mas também não é o caso que tendamos preferir a cuidar dos outros e nos sacrificar. A liberdade humana consiste justamente nisso: estamos em condições de abstrair de nosso próprio ponto de vista entendendo que outros também têm um ponto de vista. Essa compreensão acompanha a autodescrição do espírito como Eu, o que é o ponto de Fichte. É que o Eu é tanto algo individual (justamente Eu ou você) como também algo universal (cada um de nós é um Eu). Nisso já se vê, porém, que o Eu não pode ser o cérebro ou o gene ou mesmo um *pool* de genes.

É, muito antes, o caso que, sem cérebros de determinado tipo, jamais chegaríamos a constituir historicamente a dimensão do Eu. Cérebros são uma condição necessária para que haja práticas nas quais Eus estejam envolvidos. Mas o descobrimento do Eu ocorre no quadro de um processo histórico de autoconhecimento.

Até agora reconstruí apenas alguns pilares dessa história que, no Ocidente, remete até a filosofia grega. "O Eu" é um conceito filosófico, e ele cumpre uma função na descrição de nós mesmos. Ele pertence ao nosso autorretrato. Trata-se de se voltar para essa descrição e colocar a pergunta sobre que suposições se faz aí e sobre se se pode reuni-las de algum modo em uma autoimagem coerente.

O Eu também foi introduzido para que pudéssemos tornar compreensível o que significa poder agir bem ou mal. De nada serve querer se desfazer dos conceitos de bom e mau ao substituí-los por meio dos pares de conceitos útil e prejudicial, ou altruísmo e egoísmo. Por trás disso, oculta-se apenas a intenção de introduzir outro vocabulário de autodescrição. Mas esse outro vocabulário adota então tipicamente elementos do antigo, e se fala agora – como por exemplo em Freud – ainda do Eu, para sugerir que ele teria se tornado agora uma coisa biológica. Desse modo, coisificou-se a si mesmo, considerando uma autodescrição como um fato biológico.

Nós podemos nos conceber como Eu, vivenciarmo-nos como conscientes e autoconscientes, saber e compartilhar algo. Tudo isso não se deixa explicar completamente ao compreendermos que precisamos de um organismo determinado para tanto. Desse modo, confundem-se as condições necessárias biológicas ou naturais para que sejamos seres vivos espirituais com elementos de nossa autodescrição desenvolvida historicamente.

Essa confusão é a forma fundamental da ideologia, e por trás dela se esconde sempre uma nova tentativa de se livrar da liberdade e se tornar finalmente uma coisa, que está desonerada de ter de ficar sobre as pernas bambas de autodescrições que podem ser desafiadas por outros.

V

Liberdade

Já há alguns anos um debate conduzido intensamente entre filósofos e neurocientistas esquenta os ânimos também na Alemanha. Trata-se [aí], entre outras coisas, da questão sobre se a nossa vontade seria realmente livre. Algumas novas descobertas da pesquisa sobre o cérebro pareceram por um tempo evidenciar que mesmo decisões que tomamos conscientemente e que então determinam as nossas ações já seriam preparadas inconscientemente no cérebro[151]. Seria como se as nossas decisões, assim, não estivessem em nossas mãos. Nisso se apoia a ideia de que o nosso cérebro poderia nos conduzir.

Esse debate não é novo. Ele já foi conduzido preponderantemente no século XIX e no início do século XX, quando surgiu a suspeita de que a vontade humana seria fixada ou determinada pelo fato de que, por mais que sejamos seres vivos espirituais, pertencemos, apesar disso, ao reino animal. Naquela época foi do darwinismo, da sociologia em surgimento, da psicologia e também já da pesquisa sobre o cérebro de que se extraíram indícios de que o ser humano não teria verdadeiramente uma vontade livre.

De fato, sabemos que há muitos fatores que influenciam nas decisões que tomamos e que personalidade formamos. Não temos, nesse sentido, as nossas preferências às nossas mãos, de modo que

---

151 Cf. a esse respeito o livro *Mind Time*: como o cérebro produz a consciência, do cientista tornado famoso pelo seu experimento, Benjamin Libet. A melhor crítica da [sua] empreitada como um todo e das teses filosóficas ligadas a ela se encontra em MELE, 2014.

pudéssemos escolhê-las como um prato no restaurante ou como um tipo de linguiça no supermercado. Viemos ao mundo com preferências que são em parte condicionadas geneticamente, e formamos, no curso de nossas vidas, outras preferências no intercurso com outros seres humanos e autoridades, sem que estejamos, ao fazê-lo, conscientes dos mecanismos de escolha que, no fim, resultam em modelos de comportamento.

Esses lugares-comuns, felizmente já reconhecidos há muito tempo, certamente estremeceram a imagem antiquada (nunca disseminada acriticamente) do ser humano, segundo a qual cada um de nós é um Eu autônomo na medida em que há uma central de comando de nossa vida, na qual nós mesmos encontramos e fixamos de maneira completamente livre no vácuo sem fricção. Reconheceu-se, com razão, nesse modelo uma variante do erro do homúnculo. Caso só se tivesse uma vontade livre se se fosse o comandante de uma tal central de controle, de fato não poderíamos ser livres. A ideia de um pequeno comandante completamente livre no interior de nosso crânio ou nas profundezas de nossa alma é simplesmente incoerente.

Além disso, é um fato que muitas de nossas decisões conscientemente vivenciadas são preparadas em um âmbito neuronal. Isso parece falar a favor de que o nosso cérebro nos conduza, no que "nós" seria, então, justamente a *interface* de usuário conscientemente vivenciável e o cérebro a verdadeira central de comando. Uma parte do cérebro, cuja atividade não vivenciamos conscientemente, conduziria de algum modo as atividades do cérebro que vivenciamos conscientemente ou nas quais a consciência surge.

Essa é aproximadamente a estrutura fundamental que Wolf Singer, entre muitos outros, esboçou em um artigo muito discutido, que foi publicado no *Faz*[152] em 08/01/2004 com o título "Ninguém

---

152 *Frankfurt Allgemeine Zeitung*, um dos maiores e mais importantes jornais impressos alemães [N.T.].

pode ser diferente do que *é*", uma ideia que ele explorou mais profundamente em seu artigo "Circuitos nos fixam" e em seus livros[153].

Não há, a princípio, motivo para questionar que o nosso organismo funcione, enquanto ser biológico, de tal modo que muitos dos processos de processamento de informações e tomada de decisão [*Entscheidungsfindung*] tenham de ocorrer aquém de nossa frequência de atenção. Seguindo uma via semelhante, o vencedor do Prêmio Nobel Daniel Kahneman (*1934) demonstra, em seu livro *Pensamento rápido, pensamento devagar*, o quão importante é para a nossa vida espiritual que possamos pensar rapidamente, que tomemos decisões sem fazer considerações explícitas e demoradas.

Isso já é há muito tempo moeda de troca na filosofia da consciência, e é discutido lá, por exemplo, por ocasião do **modelo de Dreyfus de obtenção de habilidades**. Como o nome já diz, ele foi desenvolvido em particular pelo filósofo professor em Berkeley Hubert Dreyfus (*1929), que apontou para o fato de que o verdadeiro *expertise* se distingue da mera *competência* pelo fato de que um *expert* vê diretamente quais ações devem ocorrer em uma situação dada.

É bem-pesquisado que a obtenção de competência no xadrez não ocorre pelo fato de que grandes mestres do xadrez podem, por assim dizer, calcular as melhores posições e se tornarem, assim, semelhantes a computadores. Na verdade, o conceito de intuição desempenha um grande papel no jogo de xadrez. Bons jogadores veem em uma posição no tabuleiro possibilidades e escolhem caminhos e jogadas intuitivamente por causa da falta de tempo. Somente então eles calculam o caminho escolhido. Quais caminhos e jogadas são considerados e quais são excluídos do jogo (por serem contraintuitivos) determina, entre outras coisas, a habilidade [*Spielstärke*] de um jogador de xadrez. Sem dúvida, precisa-se tam-

---

153 SINGER, 2004: 30-65.

bém da capacidade de cálculo e da capacidade de representação visual correspondente, mas sem uma visão intuitiva da estrutura essencial de uma configuração dada de xadrez, os mestres do xadrez não poderiam jogar tão bem quanto jogam (tampouco quanto nós poderíamos, sem uma visão geral intuitiva de uma situação de estrada, sequer viajar de uma saída para a próxima).

Todos conhecemos tais fenômenos: quando se começa o processo de obter a carteira de motorista, poder-se-ia pensar que os bons motoristas também teriam constantemente diante dos olhos todas as diferentes capacidades e conhecimentos de regras que se adquire. Mas, quanto mais e melhor se dirige, menos se lembra expressamente das regras por causa das quais se aprendeu a fazê-lo. O motorista provavelmente esquece as formulações de regras, por mais que elas estejam agora em seu sangue. O mesmo ocorre com o aprendizado de uma língua estrangeira. Assim que se fala fluentemente uma língua não é preciso mais invocar conscientemente as regras utilizadas, e até mesmo talvez se as esquece. Em geral vale, então, que temos de reivindicar um **pano de fundo inconsciente de habilidades**, como o colega de Dreyfus, Searle, o chama. Desse modo, não estamos conscientes em habilidades cognitivas, mesmo no nível elevado do jogo de xadrez ou da solução de problemas matemáticos, das atividades que demandamos aí.

Mas por que os muitos processos graças aos quais tomamos decisões inconscientemente e abaixo de toda frequência de atenção ameaçam de algum modo a nossa liberdade ou a vontade livre? Não se trata mais, nessa tese, de algo que é óbvio desde pelo menos o século XIX e que precisamos simplesmente reconhecer como um fato. Para isso, é preciso fazer mais suposições. Singer, que gostaria de, apoiando-se na base esboçada, colocar a vontade livre em questão, argumenta da seguinte maneira:

> Se se aceita que o tratamento consciente de argumentos se apoia em processos neuronais, então, eles precisam estar su-

bordinados da mesma maneira ao determinismo neuronal, como o decidir inconsciente daquilo que defendemos[154].

Ele supõe, aí, que haveria "circuitos fundamentais [...] geneticamente determinados"[155] e que eles também determinam decisões conscientes. Desse modo, ele não se decidiu livremente por sua teoria do determinismo neuronal. Seu cérebro a ditou a ele.

A ideia de que tudo isso parece plausível é, à primeira vista, completamente compreensível – à segunda, porém, ela se mostra como expressamente malfundamentada. Vejamos então mais atenciosamente! O que eu tenho em vista é a ideia do **determinismo ingênuo**, na qual Singer se apoia. Essa ideia é, vista rigorosamente, consideravelmente vaga. De maneira completamente resumida ela diz que todos os eventos que acontecem na natureza ocorrem segundo leis naturais sem alternativa, que determinam a cada momento o que acontecerá no próximo instante. Assim como tudo que se joga para fora da janela cai na rua – graças à lei natural da gravidade –, do mesmo modo, tudo acontece de maneira obrigatória [*zwangsläufig*] na natureza. De fato, faz-se com facilidade demasiada essa afirmação, uma vez que algumas coisas que se joga para fora da janela voam para cima (como um pássaro saudável ou balões de hélio). Mas a ideia fundamental parece, de todo modo, ser clara. Uma vez que nossos processos neuronais pertencem à natureza, também vale para eles que eles só se desenrolam de acordo com regras fixas. E, desse modo, não seríamos mais livres, porque seríamos fixados ou determinados pelos circuitos fundamentais de nosso cérebro. A vontade livre seria uma ilusão cuja utilidade ou desvantagem para a evolução se poderia, então, ainda discutir.

Muitos argumentos científico-históricos e científico-filosóficos falam contra o determinismo nesse sentido, e eles foram salien-

---

154 SINGER, 2004².

155 Ibid.

tados de maneira particularmente clara pela filósofa já apresentada, Brigitte Falkenburg, em seu livro *O mito do determinismo*. Tomemos como exemplo a seguinte simples consideração: Sabemos, desde as leis da queda de Galileu (o que também já se supunha anteriormente), que uma bola de canhão e uma bola de vidro em queda livre no vácuo caem na mesma velocidade. Pode-se agora, então, com base nisso, formular uma lei natural que expressa relações matematicamente especificáveis ou, em outras palavras, é apresentada nelas. Mas essa lei natural não diz nada a respeito do que realmente ocorre se eu lançar agora uma pena para fora da minha janela. E se bater um vento vindo de baixo que empurrar a pena para cima? Além disso, penas e bolas de canhão não caem de minha janela realmente exatamente na mesma velocidade, isso vale apenas no vácuo. Vê-se muito rapidamente que leis da natureza só valem sem exceção ao fazermos determinadas idealizações. Leis naturais não descrevem o que acontece ou mesmo tem de acontecer a cada instante na natureza, mas sim descrevem condições ideais. Por isso, também não se pode, por meio apenas do conhecimento de leis naturais, prever o que acontecerá no próximo instante.

As leis naturais não prescrevem então, por assim dizer, o que tem de acontecer. Elas não são como regras de jogo que não têm alternativa e que determinam exatamente qual jogada será realizada a seguir no jogo. Isso vale, em contrapartida, para um filme, pois os acontecimentos que se pode repetir avançando e rebobinando ocorrem sempre de acordo com o mesmo modelo. Chamemos de maneira correspondente o determinismo ingênuo de **teoria do filme da natureza**. Essa teoria diz que a natureza, aos olhos de um observador onisciente exterior (se é que ele pode de algum modo existir) seria como um filme, no qual ocorrem sempre exatamente o mesmo toda vez que ele é assistido. Essa é uma representação de fato muito disseminada, mas consideravelmente insustentável, de que a natureza funciona como uma máquina consideravelmente complicada, que sempre passa de um estado para outro segundo os mesmos princípios. Sob essa forma, tudo isso certamente não se segue do nosso estado de conhecimento físico atual. O determinismo é, no máximo, especulação metafísica, e não uma hipótese física comprovada ou mesmo comprovável. Como Falkenburg mantém:

> O determinismo se deixa *sempre salvar* com *alguma* metafísica especulativa. Isso mostra, em última instância, que ele não é uma hipótese científica empiricamente testável, mas sim uma mera questão de fé[156].

Por isso, Singer não pode simplesmente invocar o fato de que os nossos processos neuronais são determinados, na medida em que isso deve significar que eles estão, de algum modo, acoplados à gigantesca máquina da natureza, que agora sem nossa intervenção, desejo ou querer alterna de um estado para outro. Isso não é uma hipótese comprovada científico-naturalmente, mas sim uma especulação filosófica consideravelmente selvagem.

No máximo, está estabelecido que há condições naturais para como podemos em geral agir, e também que não podemos mudar algumas dessas condições. Querendo ou não, não podemos viajar nem mesmo próximos da velocidade da luz, e de modo algum mais rápidos do que ela, pelo menos não atirando alguma lataria no espaço e a acelerando. Por isso, novos filmes de ficção científica como *Interestelar* também precisam introduzir "buracos de minhoca" no espaço-tempo para manter viva em nós a vã esperança de que possamos viver no espaço e em outros planetas e estabelecer colônias.

Simplesmente não queremos reconhecer que nós, enquanto espécie biológica, estamos atados a este planeta – na verdade maravilhoso – e que mais cedo ou mais tarde não haverá mais seres

---

156 FALKENBURG, 2012: 255.

humanos; mais cedo se nós não vivemos no futuro próximo de maneira claramente mais ecologicamente sustentável, e mais tarde, quando aguentarmos até o nosso planeta desaparecer de uma vez por todas e para nunca mais voltar, junto com toda a vida humana inteligente que o habita, na expansão de nosso Sol.

É, então, uma tarefa extremamente fácil aceitar que temos uma vontade livre ou que somos livres, apenas porque o determinismo é consideravelmente infundado?

Posso querer que eu não queira o que eu quero?

Infelizmente não é tão simples assim. A confusão toda com a liberdade não acaba assim tão facilmente. Há um problema grave da vontade livre, que frequentemente é identificado precipitadamente com uma questão [*Sachlage*] científico-natural. O **problema difícil da vontade livre**, como eu o chamo, é um paradoxo, ou seja, uma série de suposições todas das quais aparentemente temos de aceitar, mas que trazem consigo uma conclusão insustentável. A parte positiva do paradoxo tem a seguinte aparência:

1) Eu posso fazer o que quero (isso é chamado de **liberdade de ação**).

2) Eu posso influenciar o que quero ao formar para mim uma vontade.

3) Formar para si uma vontade é uma ação.

4) Há, então, uma vontade livre (isso é chamado de **liberdade da vontade**).

A boa notícia, infelizmente, é revogada por meio da parte negativa do paradoxo.

1) Se a vontade é formada livremente, eu também poderia formar outra vontade.

2) Eu precisaria, então, não apenas poder fazer o que quero, mas também escolher o que quero.

3) Porém, não posso escolher o que quero ("Eu posso fazer o que quero [...] mas não consigo querê-lo", como disse Schopenhauer[157]).

4) Por conseguinte, a vontade não é formada livremente e é, assim, não livre.

Desse modo, a minha liberdade de ação também é restrita, pois não posso sempre fazer o que quero. Se fazer o que se quer pressupõe formar uma vontade, não seríamos nunca completamente livres, pois excepcionalmente a nossa vontade mesma nos faria não livres. Afinal, não posso mudar a minha vontade, uma vez que também precisaria querer isso. Em algum ponto é preciso aceitar que se quer simplesmente algo. Mas aparentemente não se seria então livre, mas sim fixado por meio de sua própria vontade, que, por princípio, não se pode escolher.

Em novembro de 2010, viajei, por ocasião de um congresso de filosofia, para Goa, na Índia. Em algum momento, passou pelo nosso táxi um caminhão, no qual se podia ver uma propaganda para um produto chamado *Zinzi* (ninguém me pagou por essa publicidade sub-reptícia). Na propaganda em rosa havia, do lado do nome do produto, a proposição marcante para se ler: *Find any reason* [Encontre uma razão qualquer]. Até o momento da redação dessas linhas eu especulei que deveria se tratar de um refrigerante. Agora constatei que *Zinzi* é um vinho tinto indiano.

O ponto disso tudo é: em lugar de nos dar uma razão para querer exatamente *essa* bebida, exige-se de nós a liberdade aparente de nos deixar ocorrer uma razão x-arbitrária para justificar o desejo em última instância infundado de consumir essa bebida. Em suma, em algum lugar no sistema de nossas preferências, esbarraremos sempre com desejos e modelos de preferência infundados. Pode-se de fato, com base neles, ainda fazer o que se quer, mas justamen-

---

157 SCHOPENHAUER, 1977: 82.

te não mais ainda querer o que se quer. Nossas razões parecem ser adiadas, nossa vontade apenas nos ilude com elas: "*Find any reason!*"

Se, por trás desses modelos de preferência, se deixarem constatar processos neuronais em curso (o que Singer supõe), chegamos, aparentemente, a uma versão argumentativamente aprimorada da posição de Singer, o determinismo neuronal. Isso porque se identifica, agora, a vontade infundada que simplesmente temos com um modelo neuronal que se formou em nós.

Há, na filosofia, uma pluralidade de tentativas de solucionar o problema difícil da vontade. O que é preciso primeiramente se esclarecer para si mesmo é que o problema tem apenas muito pouco a ver com o cérebro. Se a minha vontade é idêntica com processos neuronais ou é formada por meio de processos neuronais inconscientes – motivo pelo qual eu não posso escolhê-la, mas apenas encontrá-la –, desempenha para o problema difícil apenas um papel subordinado. Por isso existe, há milhares de anos, ao lado do determinismo neuronal, outra variante do problema difícil da vontade livre.

Esteve no centro da questão por muito tempo o **determinismo teológico**, que ensina que Deus, enquanto ser onisciente, já sabia, antes da criação, tudo que aconteceria. Mas aparentemente não se pode então, como ser humano, mudar isso, uma vez que o que vai acontecer já está estabelecido antes mesmo de que se tenha nascido. Desse modo, segundo a argumentação clássica, não temos uma vontade livre (*liberum arbitrium*), mas sim uma vontade não livre (*servum arbitrium*). Nessa tradição se encontra, inclusive, ninguém menos que Martin Lutero, que, em 1525, redigiu um escrito extenso *Sobre a faculdade não livre da vontade* (*De servo arbitrio*), no qual ele sustenta inconfundivelmente:

> E também isso é necessário e louvável para um cristão antes
> de tudo saber que Deus não prevê nada contingentemente,
> mas sim prevê, decide e executa tudo com vontade imutá-

vel, eterna e infalível. Por meio desse relâmpago a vontade livre é completamente partida e aniquilada. [...] Disso se segue inquebrantavelmente: Tudo que fazemos, tudo que ocorre, ocorre – também quando nos parece acontecer de maneira mutável e contingente – necessária e imutavelmente na realidade, se consideras a vontade de Deus[158].

O próprio Lutero chama isso de um "paradoxo", pois ele leva a "espalhar a ideia de que, seja lá o que ocorre por meio de nós, ocorre não por meio de uma faculdade livre da vontade, mas sim por pura necessidade"[159]. Há tentativas incontáveis e em parte risivelmente minuciosas de solucionar esse problema. O decisivo em um primeiro momento é apenas que o determinismo não tem necessariamente algo a ver com o cérebro. Deus, aparentemente, também pode ameaçar a nossa liberdade, ou mesmo não deixar nem sequer que ela surja, como Lutero pensa.

O **determinismo fisicalista** afirma, diferentemente disso (pelo menos em um tipo dele), que nós não somos livres porque, na verdade, há apenas coisas e acontecimentos sobre os quais a física das partículas fala, uma vez que a realidade física como um todo é composta de partículas elementares (o que, bem-visto, é uma suposição metafísica e não fisicamente obrigatória). Dependendo de quais leis se aceita para entender o comportamento de partículas elementares, tudo ocorre necessariamente ou segundo leis de probabilidade – talvez com uma dose de contingência na realidade quântica. Mas contingência não é, de modo algum, liberdade, como ainda veremos. Assim, também somos, nesse modelo, não livres.

O **determinismo neuronal** acrescenta, agora, que processos neuronais inconscientes que ocorrem em nosso cérebro simplesmente seguem circuitos fundamentais estabelecidos e, ao fazê-lo, tomam, em última instância, decisões em nosso lugar – ou seja, no lugar de um suposto sujeito autônomo que tem vivências conscientes – e antes de qualquer decisão tomada conscientemente (que,

---

158 LUTERO, M. "Da faculdade não livre da vontade". In: HÄRLE, 2006: 219-662, aqui: 251s.

159 HÄRLE, 2006: 279.

assim, deve ser compreendida como ilusão). O cérebro deve decidir em nosso lugar e de fato por princípio, de tal maneira que temos tão pouca influência direta aí quanto temos no fluxo sanguíneo ou no processo digestivo.

Todo tipo de coisa parece, desse modo, ameaçar nossa pobre e pequena liberdade: Deus, o universo físico, ou, justamente, o nosso cérebro. Mas esses são apenas alguns exemplos para o problema difícil da vontade livre, que, na verdade, tem pouco a ver com essas coisas. Visto rigorosamente, esse problema é muito mais complicado do que qualquer conspiração do cérebro, de Deus e do universo tomados conjuntamente poderia ser. Isso porque o problema difícil trata da questão sobre se o conceito de vontade livre é de algum modo coerente ou se ele é, em última instância, tão absurdo como o conceito do maior número natural. Uma visão mais rigorosa de nossos conceitos (ou o ensino fundamental de matemática) mostra que não pode haver um maior número natural. Talvez um olhar mais rigoroso do conceito de vontade livre também mostre então que ela não pode existir, uma vez que o conceito mesmo já é incoerente. Esse é, ao menos, o problema difícil que se oculta, na verdade, por trás do determinismo teológico, físico e neuronal.

Deixemos mais uma vez isso completamente simples e visível para nós. O problema difícil da vontade livre parte do princípio de que a nossas decisões são condicionadas por algo que, a maior parte das vezes, não podemos sequer reparar. O menor número possível de fatores que entram na formação da decisão está em nossas mãos, talvez nós nem sequer os conheçamos. Por isso, Espinosa já disse de maneira quase cínica, que a liberdade seria a consciência de nossas ações sem a consciência dos fundamentos de determinação de nossas ações[160]. Dito de outra forma: nos consideramos livres porque não sabemos o que exatamente nos determina em tudo.

---

160 "Isso é, então a ideia de sua liberdade, que ela não conhece nenhuma causa de suas ações" (ESPINOSA, 1975: 126).

A suposição de que, na verdade, nos consideramos livres apenas por desconhecimento das condições necessárias de todo acontecimento é extremamente inquietante. A nossa liberdade consistiria, então, apenas em que somos tolos demais para compreender que não somos verdadeiramente livres. Exige-se então, com razão, mais do que uma tal teoria cínica da verdade.

O Eu não é um caça-níquel

Diante desse pano de fundo foi introduzido na história da filosofia o conceito de vontade. Esse, todavia, foi severamente criticado, por mais que ainda seja aceito por muitos. Aqui entra na maior parte das vezes, na filosofia contemporânea, o discurso sobre faculdades e habilidades que podemos exercitar ou não exercitar. Busca-se, então, a liberdade no fato de que temos habilidades e faculdades. Chamemos essa abordagem de **teoria da habilidade da liberdade humana**.

Vista rigorosamente, no entanto, a teoria da habilidade não nos leva realmente adiante, uma vez que ela não resolve o paradoxo da vontade livre, mas sim apenas o posterga. Isso porque o problema é o seguinte: suponha que eu planeje ser um nadador melhor. Para alcançar esse objetivo eu preciso me decidir tanto por quanto contra determinadas ações. Preciso ou levantar mais cedo para ir nadar ainda antes do trabalho, ou organizar o meu dia de uma maneira completamente diferente. Preciso comer menos frango à milanesa e mais salada, e assim por diante. Na medida em que não há obstáculos de princípio no caminho, eu poderia decidir me tornar um nadador melhor – o que também pode, porém, falhar por diversas razões. Desse modo, depois de eu ter tomado a decisão, resultarão situações em minha vida nas quais eu preciso escolher: frango à milanesa ou salada; dormir até quando quiser ou colocar o despertador. Nada me impede de escolher a salada. Sou, nesse sentido, livre para fazer o que eu quiser.

243

Mas, se eu escolhi a salada, sou então ainda livre para não ter escolhido a salada? Evidente que não. Eu escolhi, afinal, como dito, a salada. Eu me decidi por isso. Mas como isso aconteceu? Uma possibilidade de se imaginar isso seria dizer que eu escolhi entre a salada e o frango à milanesa. Mas, desse modo, eu não escolhi entre a minha escolha da salada e a minha escolha do frango à milanesa, mas sim entre salada e frango à milanesa. Eu não escolho a minha escolha, mas sim uma ação: pedir salada ou pedir frango à milanesa. Mas é a minha escolha, então, de algum modo livre?

Caso se queira evitar o paradoxo, não se pode dizer que a minha escolha seria uma outra ação que é livre. Isso porque se coloca então ainda a pergunta sobre se minha ação de escolha [*Wahlhandlung*] foi livre ou não. Se ela foi livre, houve outra escolha, a escolha de executar essa ação de escolha. Ela, por sua vez, foi ou livre ou não livre. Desse modo, se esbarrou novamente em uma regressão ao infinito: é preciso agora escolher escolher escolher e assim por diante. Em algum lugar é preciso escolher sem escolher que se escolha isso. É preciso, justamente, se decidir.

Mas como essa decisão vem a ser? A teoria da habilidade diz que a decisão seria o exercício de uma habilidade. Tradicionalmente, essa habilidade se chama vontade, e a teoria da habilidade evita apenas aparentemente o problema com o conceito de liberdade ao dizer, em vez de "vontade", "habilidade" ou "faculdade". Se eu exercito a minha habilidade por fundamentos necessários que não tenho em minhas mãos, eu sou não livre. Mas, se devo ter os fundamentos do exercício de minha liberdade por sua vez em minhas mãos, então o regresso tem início. Se João (a vontade) é não livre, ele não se torna mais livre pelo fato de que ele é renomeado de Joãozinho (habilidades).

Certamente, os teóricos da habilidade supõem que não há algo como um conjunto das condições necessárias que forçam minha habilidade ao exercício. O exercício da minha habilidade deve ser livre, sem que eu possa ter escolhido de antemão exercer a minha habilidade.

Assim, porém, resulta o **problema da contingência**. Esse pode ser assim ilustrado: suponha que o nosso Eu funcione como um caça-níquel em Las Vegas. Além disso, suponha que o resultado dos *slots*, depois do giro no caça-níquel, não estivesse pré-programado (o que, naturalmente, não é verdade). Seria, então, realmente contingente, se as três roletas mostrassem por exemplo "cereja, melão, 10" ou "cereja, 10, 10". Então, a decisão sobre se exercemos uma habilidade ou não poderia, segundo o princípio da contingência, ser comparável com o resultado do caça-níquel. Isso porque nossas decisões não estariam, então, fixadas, elas não seriam pré-programadas. Em todo caso o determinismo seria, assim, falso.

Aqui, todavia, se teria posto simplesmente o **indeterminismo**, que supõe que alguns acontecimentos ocorrem sem que haja, para tanto, condições necessárias e, tomadas em conjunto, suficientes. O problema da contingência consiste em que nossas ações seriam de fato, segundo a teoria da habilidade, livres, mas a decisão de exercitar uma habilidade seria deixada, em última instância, à contingência.

Nesse contexto, uma estratégia de resposta amplamente disseminada do teórico da habilidade prevê aqui que temos, justamente, várias habilidades, que atuam conjuntamente. Eu tenho a habilidade. Eu tenho a habilidade de melhorar o meu nado, de controlar o meu comportamento de alimentação, de mudar meu comportamento de sono. Esse trabalho em conjunto [*Zusammenspiel*] de diversas habilidades deve reduzir a contingência, uma vez que todas elas são unidas em mim e tornam o resultado supostamente menos contingente e mais específico para mim. Isso oculta, todavia, o fato de que para cada habilidade individual vale novamente que ou ela é ativada por meio de condições necessárias e tomadas em seu conjunto suficientes ou não é. Assim, repete-se o problema da contingência. Quanto mais habilidades, mais caça-níqueis.

Um caça-níquel não é livre, mas sim uma máquina de contingência. Suponho, em nosso experimento mental, que poderia haver um caça-níquel que produziria acontecimentos realmente contingentes – já se poderia duvidar se mesmo isso é possível. Caso se pressuponha que sim, pode-se, com o auxílio desse experimento mental, ilustrar que não se faz de nós mais livres ao delegar a ativação de nossas habilidades à contingência. Se somos, por assim dizer, lançados como dados, isso não nos faz um pingo mais livres do que se fôssemos "obrigados" por meio de condições necessárias ou dos circuitos de nosso cérebro ao exercício de nossas habilidades – uma consideração que foi feita de maneira poética e extremamente refinada na poesia magistral de Stéphane Mallermé, *Um lance de dados*. Se o exercício real de nossas habilidades correspondentes fosse ativado contingentemente isso não nos faria livres, mas sim dependentes da contingência. Tem apenas um papel secundário para o problema difícil da vontade livre se se é dependente do destino, das leis naturais ou da contingência. O filósofo norte-americano Peter van Inwagen (*1942) – aliás, um pensador conhecidamente cristão – introduziu, em seu *An Essay on Free Will* [Um ensaio sobre a vontade livre], um dos manuais filosóficos mais influentes para o nosso tema, uma distinção útil[161]. Vista mais rigorosamente ela não se sustenta, mas ela nos trará ao caminho certo. Van Inwagen aponta que, grosso modo, seria possível relacionar duas posições possíveis no debate sobre a vontade livre.

Uma das posições ele chama de **compatibilismo**. Essa é a tese de que a liberdade e o determinismo são na realidade unificáveis. Segundo essa posição, é unificável (compatível) que, de um lado, haja, para cada acontecimento, condições necessárias e tomadas

---

161 INWAGEN, 1983.

como um todo suficientes que também podem se estender bem longe no passado, e que, do outro lado, sejamos livres.

A outra posição é chamada por ele de **incompatibilismo**. Essa supõe, de maneira correspondente, que nós só podemos ser livres se o determinismo é falso, uma vez que liberdade e determinismo seriam não unificáveis (compatíveis).

Aos meus olhos, o incompatibilismo falha, pois ele não pode resolver o problema da contingência. Incompatibilistas precisam supor em algum lugar em sua argumentação que podemos ter habilidades – uma vontade – que são ativadas e que não se perdem durante uma ação. Se a ativação de nossas habilidades funciona em algum lugar como um caça-níquel, não se salvou assim a liberdade, mesmo que se tenha limitado o determinismo. Resta, então, o compatibilismo. Como o filósofo de Munique, Thomas Buchheim (*1957), escreve: "toda a nossa atividade precisa por fim, em algum lugar, ser estabelecida por *algum* fator, caso contrário ela seria o produto do acaso, e não uma decisão da pessoa"[162].

Normalmente, incompatibilistas objetam a compatibilistas que eles teriam renunciado à liberdade. Nos detalhes há, aqui, pontos de disputa muito específicos. Pode-se, porém, refutar imediatamente a objeção principal: o compatibilismo não afirma que não somos livres, mas sim determinados. Ele afirma, muito antes, que o determinismo certo e a liberdade são unificáveis.

Na realidade, o debate não gira, a meu ver, nem em torno da liberdade e nem mesmo em torno da vontade livre, mas sim da visão de mundo atuante no pano de fundo. Trata-se de como, afinal, se representa para si o determinismo, que os incompatibilistas consideram perigoso, motivo pelo qual eles querem tirá-lo de seu pescoço.

O primeiro ponto decisivo de minha própria contribuição para o debate enuncia que não há nenhuma realidade que abranja a

---

162 BUCHHEIM, 2004: 158-165, aqui: 162. Cf. tb. BUCHHEIM, 2006.

tudo através da qual passe, desde o início de todos os tempos, uma única cadeia causal. Essa suposição seria uma visão de mundo, contra o que eu argumentei em *Por que o mundo não existe*. Todavia, uma vez que não há *o* mundo, a uma realidade na qual tudo se interliga, tendo isso como base, a liberdade não coloca de todo modo problema nenhum. O universo não é uma realidade que abrange a tudo e que roda todos os acontecimentos ao longo de um único eixo linear temporal, como se o tempo fosse uma corrente à qual tudo que acontece está preso como uma pérola. O universo não é um filme de que nada ou ninguém pode escapar.

O problema difícil da vontade livre, porém, visto rigorosamente, também não pressupõe de modo algum isso! Isso porque não se trata de sermos pérolas em uma corrente que é continuamente aumentada desde o início dos tempos segundo leis naturais anônimas impiedosas. O medo que move o incompatibilista é o de que poderíamos ser uma bola de sinuca de correntes causais anônimas. Mas não se precisa de modo algum supor isso para formular um determinismo. A ideia de correntes causais anônimas é uma quinta roda na carroça do determinismo. Dado que ela supõe uma representação absurda do universo, todo determinista deveria deixá-la de lado, uma vez que ela não contribui em nada para o que está em questão.

Retornemos para o âmbito cotidiano compreensível e simplifiquemos nossa situação de exemplos. Suponha que eu me encontre no *buffet* de uma cantina no horário de almoço e precise escolher se eu quero um pão de linguiça ou macarrão (é, o assunto é comida de novo...). Minha liberdade de ação consiste em que eu posso decidir ou pelo pão ou pelo macarrão. Nada me impede de tomar essa decisão. Muito pelo contrário. Supondo que eu pegue o pão, isso não é nenhum acaso. Posso dizer o que me levou a isso: ontem comi macarrão, o pão parece gostoso, não sou vegetariano e quero provocar minha companhia vegetariana. Naturalmente, também ocorrem processos neuronais sem os quais eu não poderia fazer qualquer consideração e que, possivelmente, são conduzidos por micro-organismos que pertencem à minha flora intestinal[163]. Além disso, esses processos também são restringidos por meio de leis naturais, uma vez que minhas considerações tomam tempo e, também no cérebro, nenhuma informação pode ser enviada com velocidade acima da luz. Mais ainda, os pães estão em um balcão, o que está ligado, entre outras coisas, a que a gravidade na Terra é de 1g. Se ela fosse muito mais alta os pães seriam achatados e eu não poderia erguê-los; se ela fosse muito mais fraca, os pães voariam pela cantina.

Há, então, um conjunto de condições necessárias, a saber, pelo menos as agora listadas. Caso tudo isso se aplique, eu pego o pão. Caso contrário, eu teria talvez escolhido o macarrão ou feito algo completamente diferente. As condições necessárias são, então, tomadas conjuntamente, suficientes. Se todas elas existirem, não falta ainda algo. Minha liberdade também não pode consistir em que há uma espécie de lacuna nas condições. Nesse caso, estaríamos novamente no âmbito do caça-níquel.

Desse modo, eu tenho liberdade de ação que, todavia, sem condições necessárias e tomadas em seu conjunto suficientes, nunca poderiam me levar a comer o pão, mas não a comer o macarrão. Liberdade e determinismo não são, pois, não unificáveis.

O ponto dessa consideração é que nem todas as condições são causais ou mesmo anônimas e cegas. Não é como se todas as condições da minha liberdade de ação fossem causas rígidas, que,

---

163 Agradeço ao biólogo Michael Hoch por um diálogo interessante sobre como se pode, na verdade, também formular objeções interessantes contra a vontade livre com base no nosso conhecimento do microbioma intestinal, que desempenha um papel decisivo na compreensão dos hábitos alimentícios. A determinidade por meio da natureza já começa, assim, pelo estômago.

por assim dizer, me empurram me forçam e por fim me obrigam a comer pão. Além disso, algumas das condições simplesmente não são causais.

Um exemplo simples: preciso pagar pelo pão. Ele está à venda. Isso, porém, não é uma causa para que eu compre o pão, mas sim uma condição. O conceito de comprar, assim como o de nossa economia, designa um âmbito [*Bereich*] da troca não meramente causal de bens e de, nesse sentido, negociação livre do valor de troca por mercadorias e serviços. Essa é, afinal, uma das intelecções mais simples de Karl Marx: a razão de que cigarros "fulano" custem tanto não consiste em que eles, enquanto coisa "fulana", sejam muito valiosos, mas que processos de negociação tenham ocorrido, no fim dos quais um preço surgiu. As coisas não custam normalmente tanto quanto elas em si mesmas valem, por isso mesmo o *valor de troca* pode sempre ser diferente do *valor de uso*. Isso se vê simplesmente no fato de que o preço de uma mercadoria pode mudar ao longo do tempo sem que a mercadoria mude. Basta mantê-la no estoque e aguardar. Você já mudará, assim o seu valor de troca (o seu preço).

Nossas ações são, então, livres, pois elas não são causadas de cabo a rabo. Todavia, pode-se entendê-las completamente ao listar todas as condições necessárias e, tomadas em conjunto, suficientes que levam a que essa ação e não aquela ocorra. Isso não é nenhum acaso. Alguns de nós caçam níqueis, mas nenhum de nós é um caça-níquel (no sentido dos jogos de azar, uma vez que pode muito bem haver caçadores de níqueis).

Por que causa e razão não são o mesmo e o que isso tem a ver com molho de tomate

Leibniz – um dos pensadores magistrais do início da Modernidade, que já apareceu várias vezes – formulou um princípio famoso: o **princípio de razão suficiente**. Esse princípio diz que nada ocorre sem razão suficiente, o que se oculta por trás do problema difícil da vontade livre. A ideia fundamental de Leibniz é muito simples: se algo acontece (como o apito inicial de um jogo de futebol), há uma série de razões para que isso aconteça. Pode-se registrá-las em uma lista:

- Vinte e dois jogadores (suficientemente saudáveis) se encontram em campo.
- O juiz tem um apito.
- O juiz quer a todo custo que o jogo comece pontualmente (porque da última vez ele teve problemas com a Fifa por ter apitado tarde demais).
- O campo consiste de grama apropriada (e não, p. ex., de concreto ou gelo).
- Os espectadores estão se comportando (não estão jogando latas de cerveja no campo).
- A gravidade na Terra é de 1g.
- ...

Cada entrada nessa lista é uma condição necessária para o apito inicial de que um jogo de futebol possa ser feito. Caso uma dessas condições não fosse satisfeita, não se chegaria a esse acontecimento. Tomadas em si mesmas, nenhuma dessas condições é suficiente. Se os espectadores se comportam, mas nenhum jogador se encontra no campo, não se apita o início do jogo. E que a gravidade da Terra seja de 1g tem muito pouco a ver com futebol, por mais que ele não pudesse ocorrer em outras condições (a estação espacial ISS não é considerada como local de realização da Copa do Mundo).

O princípio de Leibniz diz que um acontecimento se dá então, e apenas então, quando a lista é completa. O jogo não começaria se o juiz não tivesse um apito e assim por diante. Apenas tomadas em conjunto, as condições necessárias são suficientes para que o apito inicial do jogo de futebol seja dado.

Mas, alguns já quererão objetar aqui: O que aconteceria se o juiz não tivesse mais vontade de começar o jogo, cancelasse-o e fosse para casa? Ora, então ocorreria justamente outro acontecimento, a saber, aquele de que o juiz vai para casa. Nesse caso, porém, há novamente, para esse acontecimento, uma lista de condições da qual faz parte que o juiz de repente não tinha mais vontade de apitar o jogo, mas também que processos neuronais ocorreram em seu cérebro que estavam interligados com a sua falta de vontade. Se ele estivesse extremamente deprimido, por exemplo, talvez por causa de um alto consumo de cocaína nos últimos meses, e por isso de repente não tivesse mais vontade de apitar o jogo, então ele é realmente conduzido pela neuroquímica de seu cérebro, o que também acontece (não quero de modo algum duvidar disso!). Que o juiz simplesmente não queira mais apitar o jogo não acontece do nada, e mesmo se esse fosse o caso – se ele, então, fosse por acaso para casa, em vez de permanecer – teria parte nisso, justamente, uma nova condição, que explica por que o jogo de futebol não foi apitado.

O ponto dessa consideração é que, sempre quando um evento ocorre, existem condições necessárias (razões, causas, pressuposições conceituais e jurídicas, e assim por diante) para a sua ocorrência. Tomadas em seu conjunto, elas são suficientes para que o acontecimento ocorra. Em minha acepção, o princípio de razão suficiente diz de modo correspondente: *Para cada acontecimento que ocorre, há uma série de condições necessárias que, tomadas em seu conjunto, são suficientes para que o acontecimento ocorra.*

À primeira vista, poder-se-ia pensar que o princípio de razão suficiente limitaria a nossa liberdade ou mesmo a aniquilaria. Isso porque ele diz, afinal, que nós não fazemos algo simplesmente ou sem razão. Ele exclui também que haja uma lista de condições necessárias para a ocorrência de um evento que uma vontade livre que vem de fora então ativaria, de modo que o acontecimento realmente ocorra. Que se decida por isso ou por aquilo não é algo que cai do céu, mas se apoia no fato de que todas as condições necessárias existiam, ao que também pode pertencer que nós quiséssemos que algo determinado aconteça. Não se pode se livrar do suposto espartilho das condições necessárias. Caso contrário não se seria livre, mas sim novamente, na melhor das hipóteses, um caça-níquel, que depende da contingência.

Caso exista uma **causa anônima dura**, ocorrerá um efeito quer se queira quer não. Caso eu me mantenha dez minutos debaixo da água eu me afogarei, quer eu queira quer não. Se eu enfiar uma faca na minha perna isso vai doer, quer eu queira quer não. Se a gravidade segue as leis de Newton, será possível observar da Terra exatamente neste e naquele instante no tempo essa ou aquela estrela ou constelação, quer se queira quer não. Leis naturais devem expressar relações entre causas duras, relações que são necessárias, ou seja, que nunca são violadas. Leis naturais são, por assim dizer, particularmente duras e intransigentes.

Diferentemente disso, muitas razões nunca poderão me obrigar a algo. Suponha que Olavo – um fumante há muitos anos – tem a melhor razão pensável para finalmente parar com o fumo. A razão seria, por exemplo, que ele viveria então por mais tempo, tossiria menos e federia menos a fumaça. Disso não se segue que ele obrigatoriamente pare de fumar. Ele para de fumar se ele quiser isso, caso contrário ele continua. Pode-se, todavia, obrigá-lo, ao colocá-lo diante da escolha entre deixar de fumar ou ir para a prisão. Mas mesmo aí ainda há lugar para Olavo preferir a não liberdade, na medida em que ele não considera que uma vida em liberdade sem cigarros valesse a pena. Se há uma **razão**, algo acontece apenas quando alguém quer seguir a razão. As razões podem se tornar motivos, em causas isso não está em nossas mãos. Pelo menos não é um motivo cotidiano se ater às leis naturais (isso não seria nenhum desafio, uma vez que se é sempre bem-sucedido de todo modo, de maneira que geralmente não se planeja normalmente isso, com exceção talvez de um Deus onipotente que possa mudar as leis naturais segundo seu arbítrio). Não planejamos seguir leis naturais porque não faz sentido tentar não as seguir.

Essa diferença entre causas duras e razões nos leva a formular o paradoxo da vontade livre. Para tanto, é preciso apenas supor que a natureza é simplesmente o desenrolar de causas anônimas duras das quais se seguem efeitos que serão, por sua vez, causas de algo e assim por diante. Não haveria lugar para nós nessa engrenagem, uma vez que nela tudo ocorre quer se queira quer não. A vontade que se deixa conduzir por razões parece opor-se a essa engrenagem.

A nossa liberdade não encontra lugar na corrente dura e anônima de causas e efeitos de uma natureza impiedosa que não se preocupa conosco. E, no assim chamado por filósofos "espaço das razões", inversamente, a natureza não encontra lugar, pois razões não devem ser causas duras. Deve-se segui-las por compreensão e não por obrigação, caso contrário elas seriam causas duras. Nesse sentido, o filósofo norte-americano John McDowell (*1942) distingue, em seu livro muito influente *Mente e mundo*, um "espaço de causas" de um "espaço de razões"[164].

Mas isso é realmente o bastante? Como sabemos, afinal, se nos orientamos em algum momento por razões? Se podemos seguir ou não seguir uma razão como um bom conselho, como se chega então a que sigamos uma razão? Isso não se deve justamente à nossa neuroquímica? Nesse caso, seríamos sempre conduzidos por nosso cérebro. Pelo menos assim pareceria.

Mas também essa impressão engana. Tudo depende de que se reconheça o seguinte: razões e causas anônimas duras podem ambas simultaneamente conduzir o nosso comportamento. Supo-

---

164 McDOWELL, 2001.

nha que, por causa de minha configuração neurobiológica, eu goste mais de molho de tomate do que de molho branco. Então, os circuitos neuronais relevantes seriam causas duras para que eu goste mais de molho de tomate do que de molho branco. Mas talvez eu tenha hoje uma boa razão para tomar o molho branco, uma vez que ele tem mais proteína e gordura, que eu gostaria de ingerir. Essa razão, então, também me conduziria.

Mais uma vez de outra forma: vejamos um acontecimento real e, de fato, que eu escolho o molho de tomate. Façamos novamente uma lista, na qual se encontram as condições necessárias para esse acontecimento específico que realmente ocorre. Nesse caso, não estariam nessa lista exclusivamente causas duras, mas sim também algumas razões. Aqui, um recorte da lista de condições necessárias:

- Minha neuroquímica me sugere o molho de tomate (isso se expressa em que eu goste mais dele).
- Meu microbioma (minha flora intestinal) tende ao molho de tomate.
- Eu sei que eu recebo molho de tomate quando eu peço *spaghetti al pomodoro*.
- Tomates são cultivados.
- Tomates têm um custo tal.
- Eu tenho dinheiro o bastante para *spaghetti al pomodoro*.
- ...

Algumas das entradas dessa lista não são causas duras. Que tomates tenham um custo tal tem, de fato, a ver com que eles cresçam em nosso planeta. Mas seu preço (seu valor de troca) não é, ele mesmo, um fato natural. Preços não crescem como tomates, eles são negociados em sistemas econômicos complexos.

O princípio de razão suficiente não diz, então, que tudo que acontece, acontece por causas anônimas duras. Uma vez que simplesmente nem todas as condições necessárias que estão no fundamento de um acontecimento são causas anônimas duras, o que acontece em nosso planeta não pode ser explicado como um todo levando-se apenas a essas em conta.

Se, por exemplo, se explica por que um ladrão de carros é punido, se utilizará apenas conceitos que nomeiam condições necessárias proeminentes, mas não causas duras. Isso significa, porém, que não há algo como uma única corrente causal muito longa que determina, conduz ou regra tudo, mas sim apenas um conjunto gigantesco e completamente incomensurável de condições necessárias e de acontecimentos determinados por elas. *Somos livres porque muitas das condições necessárias de nosso agir não são causas duras. E não somos caça-níqueis porque o acaso não tem lugar. Tudo tem uma razão suficiente (o conjunto de condições necessárias e tomadas em seu conjunto suficientes para o seu ocorrer), nada acontece sem razão.*

Afirmei acima que o determinismo e a liberdade são unificáveis. Mas não coloquei em questão em última instância que o determinismo seja verdadeiro? Não necessariamente! Se o determinismo fosse a tese de que há apenas causas duras e nenhuma outra condição para acontecimentos, ele seria de fato falso. Mas se seria, assim, injusto com o determinismo. Isso porque o determinismo neuronal de Wolf Singer corrigido por Schopenhauer ou um determinismo teológico continuariam a ser verdadeiros determinismos. Pode-se debater se eles são realmente verdadeiros – mas isso só se pode pesquisar mais com os métodos da física, das neurociências, da análise teológica e conceitual, e assim por diante, pois o determinismo atua no âmbito correspondente e se encontra em seu quadro teórico.

A **metafísica** se ocupa com tudo em geral, com o maior todo entre todos, com o mundo. Porém, corre, como já expus, que não existe tal maior todo entre todos. Por isso, também não há razão para supor que haja uma única e gigantesca corrente causal na qual tudo que acontece em geral se pendura. O determinismo também não deve, por isso, aparecer como tese metafísica e tentar se inflar em uma visão de mundo. Ele seria então, visto rigorosamente, também já não científico, pelo menos ele não seria verificável ou falsificável pelo fato de que se vê o universo ou o cérebro. Já se teria decidido de antemão que há apenas uma única gigantesca corrente causal, o que não é nem uma pressuposição da física e da neurociência e nem mesmo se segue dos conhecimentos delas até então.

Tradicionalmente, o princípio de razão suficiente de Leibniz vale entre filósofos como o exemplo paradigmático [*Inbegriff*] de uma tese metafísica. Ele não diz, afinal, que tudo que acontece é determinado por meio de uma razão suficiente? Alguns pensam até mesmo que o princípio diria algo não apenas sobre acontecimentos, mas sim literalmente sobre tudo que existe em geral. Nesse caso o princípio seria então, de fato, metafísico em sentido problemático. Por isso falei da "minha acepção", pois ela não é metafísica. Ela não fala de um todo-mundo e não afirma nada sobre tudo que existe, mas sim descreve apenas acontecimentos. Ela diz que nenhum acontecimento ocorre sem que as condições necessárias do seu ocorrer sejam, tomadas em seu conjunto, suficientes.

Uma importante guinada dessa consideração é que não suponho que todas as condições possam ser trazidas a um mínimo denominador comum. Nem todas as condições são causas duras ou razões. A lista de condições é aberta. Há incontáveis tipos de condições que não podemos abranger com a vista em uma única teoria, em uma metafísica, mas sim às quais temos de nos dedicar em disciplinas individuais – isso é uma consequência do novo realismo[165].

Minha solução do problema difícil da vontade livre é então, a princípio, compatibilista. Ela afirma que o determinismo na forma

---

165 Quem quiser se aprofundar a esse respeito pode consultar as contribuições em GABRIEL, 2014.

do princípio de razão suficiente é verdadeiro e que somos ao mesmo tempo, todavia, livres, simplesmente porque algumas condições dos acontecimentos que concebemos como ocorrendo por meio da liberdade são também apropriados para serem chamados de livres.

Bondosa ganha de maldosa e vence o pessimismo metafísico

Um caso exemplar deve ilustrar a isso. Romeu dá a Julieta uma rosa para alegrá-la. Normalmente diríamos que Romeu foi livre para fazer isso – a não ser que ficássemos sabendo que ele está sob a influência de drogas que limitam sua liberdade ou algo semelhante. Aqui estão algumas das condições para que qualifiquemos esse acontecimento como expressão da liberdade. Chamemos essa enumeração da **lista bondosa**:

- Romeu gosta de Julieta.
- Romeu tinha o trocado necessário para a rosa.
- Romeu sabe onde encontrar Julieta antes que a rosa murche.
- Romeu pode se movimentar.
- Romeu quer dar uma rosa a Julieta para alegrá-la.
- Romeu é alguém que se alegra quando outras pessoas se alegram, mas especialmente quando Julieta se alegra.
- ...

Nenhum elemento dessa lista tem um caráter obrigatório limitador da liberdade. E a lista é longa. O cético da liberdade teria agora de superar o problema de que ele teria de tornar plausível para cada entrada que ela não tenha nada a ver com a liberdade. Ele poderia, então, contrapor a essa lista uma outra furtadora da liberdade, que eu chamo de **lista maldosa**, pois ela mina a impressão da liberdade por meio de uma manobra maldosa.

- Romeu gosta de Julieta – exclusivamente por causa de uma disposição genética.

• Romeu tinha o trocado necessário para a rosa – contingentemente à mão (ele caiu de um telhado), enquanto ele tropeçou por acaso na loja de rosas.

• Romeu sabe onde encontrar a Julieta antes da rosa murchar – seu saber é puramente animal, ele é conduzido instintivamente a Julieta, pois seu sistema nervoso fareja o cheiro deixado por Julieta, sem que Romeu perceba ele mesmo isso.

• Romeu pode se movimentar – ele é empurrado pelo vento. Ele se movimenta como uma folha ao vento.

• Romeu quer dar uma rosa a Julieta para alegrá-la – mas apenas porque determinado hormônio é despejado por causa de uma lesão cerebral.

• Romeu é alguém que se alegra quando outros se alegram, mas especialmente quando Julieta se alegra – pois ele tem um longo histórico de depressão clínica que não o permite se alegrar sobre algo a não ser sobre outros se alegrarem, o que o faz um alegrador compulsivo.

• ...

Conhecemos todos nós, de nós mesmos, de nosso encontro com outros seres humanos, a impressão de que às vezes não temos certeza de qual é o real motivo de nosso agir. Por isso, buscamos por **explicações da ação**, ou seja, por explicações que nos permitam entender por que alguém faz algo determinado. Podemos, aí, supor ou boas intenções [*Wohlwollen*] ou segundas intenções [*Hintergedanken*]. As primeiras se encontram por trás da lista bondosa: atribui-se a alguém liberdade, o que é uma interpretação bem-intencionada de um acontecimento feliz segundo todas as aparências (com que Romeu dê uma rosa a Julieta). A lista maldosa substitui a aparência da boa intenção ou por meio de segundas intenções (maus motivos) ou por meio de explicações que possibilitam a uma pessoa se desonerar da atribuição de liberdade. Se eu tropeço, por

259

exemplo, e esbarro em alguém na rua, ninguém me atribuirá um mau motivo. Sob esse aspecto, eu simplesmente não fui livre.

Não há agora nenhuma suspeita universal suficientemente fundamentada que nos possibilite substituir todos os motivos do agir humano e toda a aparência de boas intenções por uma lista maldosa abrangente. Isso seria uma forma do **pessimismo metafísico**, que Schopenhauer em particular defendeu proeminentemente, pois ele pensava que não haveria espaço para a liberdade na juntura desse mundo. Ele queria entender todas ações aparentemente bem-intencionadas como pura vontade de sobrevivência ou vontade de reprodução. Como ele mantém em sua *Metafísica do amor dos sexos* no capítulo 44 de *O mundo como vontade e representação II* (também se poderia dizer: a segunda parte da tragédia[166]):

> Toda paixão, não importa o quão etérea ela possa parecer, tem suas raízes apenas na pulsão sexual, sim, é inteiramente apenas uma pulsão sexual mais determinada, especializada, e mesmo, no sentido mais rigoroso, individualizada[167].

Schopenhauer explica assim também a crescente taxa de divórcio na Modernidade, por trás da qual deveria se esconder o lamento mundial do círculo do nascimento eterno e em si mesmo desprovido de sentido– e não algo como um fenômeno social ou uma corrente de decisões livres. Depois de executada a fecundação, o amor deve acabar e a vida de casado frequentemente caricaturada de modo melancólico é, para ele, a expressão da decepção metafísica que surge pelo fato de que a pulsão de autopreservação da espécie nos leve à forca como indivíduos. Sua intenção não tão secreta

---

166 Alusão ao título da grande obra de Goethe, *Fausto*, que, por ser dividida em duas partes, tem as suas partes chamadas por "Fausto: a primeira parte da tragédia" e "Fausto: a segunda parte da tragédia" [N.T.].

167 SCHOPENHAUER, 1977: 623.

é, além disso, a legitimação do sistema de castas indiano e, com ele, de sua prática de casamentos arranjados[168].

Desse modo, Romeu sempre dá uma rosa a Julieta só porque ele quer ir para a cama com ela. O que ele pode imaginar para si mesmo de motivos cheios de amor ao fazê-lo não desempenha, para Schopenhauer, nenhum papel – embora Schopenhauer quisesse, assim, ainda confiar aos homens romper às vezes como gênios ou santos com o círculo do nascimento, ele previa para mulheres, como seu abominável ensaio *Sobre as mulheres* deixa escancaradamente claro, apenas o papel de "cuidadoras e criadoras de nossa primeira infância"[169] ou de sedutoras sexuais. A mulher, assim ficamos sabendo, é, "segundo a sua natureza, destinada a obedecer"[170]. O que acontece quando se abandona o círculo do sistema de castas indianos é claro para Schopenhauer: então se tem, como na França, a revolução!

> No Hindustão nenhuma mulher jamais é independente, mas sim sempre está sob a vigilância do pai, ou do marido, ou do irmão, ou do filho. Que a viúva se queime com o corpo do marido é certamente revoltante [um curto lampejo de compreensão de Schopenhauer, M.G.]; mas [ele logo volta atrás, M.G.] que ela gaste depois com os seus cortejos a riqueza que o marido, se consolando de que trabalhava para as suas crianças, obteve por meio do esforço constante de toda a sua vida, também é revoltante. [...] Não deveria a influência das mulheres na França desde

---

168 "Casamentos por amor são feitos pelo interesse da espécie, não do indivíduo. De fato, os participantes pensam promover a sua própria felicidade; mas seu verdadeiro fim é um fim a eles mesmos estranho, que jaz na produção de um indivíduo possível apenas por meio deles. Unidos por esse fim, eles devem, dali em diante, tentar se entender um com o outro tão bem quanto possível. Mas, muito frequentemente, o par unido por aquela loucura instintiva, que é a essência do amor passional, será da mais heterogênea constituição no resto. Se dá conta disso no dia em que a loucura, como é necessário, desaparece. Desse modo, o casamento feito por amor recai, via de regra, na infelicidade" (SCHOPENHAUER, 1977: 652).

169 SCHOPENHAUER, 1988: 527.

170 Ibid.: 535.

Luís XIII ser culpada pela corrupção gradativa da corte e do governo que levou à primeira revolução, da qual todas as revoltas posteriores foram consequência?[171]

Schopenhauer, suspeitador da liberdade, inimigo das mulheres e além disso não muito simpático, é também o mestre das listas maldosas, como essa passagem mostra paradigmaticamente. De uma distância histórica reconhecemos que esse texto é ideológico, que ele inventa uma natureza (como "da mulher") para, dessa maneira, legitimar determinada estrutura social, que existe na verdade por causa da liberdade e que, desse modo, também pode ser transformada (desfeita!).

Resta torcer para que a literatura contra a liberdade onerada pela darwinite e pela neuromania também seja compreendida futuramente como ideológica. Já que não se deve esperar até lá e torcer por tempos melhores, é preciso já hoje também intervir. Isso porque não há circunstância para um pessimismo metafísico abrangente que substitua todas as listas amigáveis por maldosas. Tal demanda é uma exigência descabida inaceitável, da mesma maneira que desconfiar de si mesmo e de todos os outros por princípio é uma forma de paranoia sustentada de modo pseudocientífico.

A solução aqui proposta do paradoxo da vontade livre consiste em dizer que o princípio de razão suficiente é correto e, apesar disso, tanto o determinismo físico quanto o neuronal podem ser verdadeiros (simplesmente não sabemos disso). Isso, porém, apenas ameaçaria a nossa liberdade se todos os acontecimentos pertencessem à ordem física, o que no máximo significaria que se pode entendê-los melhor na linguagem das ciências naturais e com seus recursos do que os entendemos de outros modos. Essa seria a tese do naturalismo, que se mostrou porém, sob o crivo da análise filosófica, consideravelmente infundado[172]. Ele simplesmente não

---

171 Ibid.: 534s.

172 Quem se interessar pelos detalhes pode se informar bem em KEIL, 1993.

é verdadeiro porque aqueles acontecimentos que estão em questão quando se trata da liberdade não são condicionados exclusivamente por causas (duras). Alguns acontecimentos apenas ocorrem quando agentes participam deles. Tais acontecimentos têm algumas condições que não são causas duras (razões, p. ex.). Por isso há liberdade de ação. Podemos fazer o que quisermos.

Todavia, eu não afirmo com isso que há uma vontade que é exatamente tão livre quanto nossas ações. A suposição de que há uma vontade é a fonte de incontáveis erros. Por isso, Nietzsche, com a sua crítica a Schopenhauer, considerou a solução radical correta, ao apontar para o fato de que não há algo como *a* vontade, sim, nem mesmo uma articulação [*Zusammenspiel*] de habilidades e faculdades que se pudesse designar como a vontade: "Rio de sua vontade livre e também de sua vontade não livre: o que vocês chamam de vontade me é loucura, não há vontade"[173]. Contra isso, Nietzsche indica: a "vontade" seria "uma falsa coisificação"[174]. Com isso, ele (que aliás também era um misógino e conterrâneo nada simpático que, todavia, enfeitiça ainda mais por seu gênio literário do que Schopenhauer, que já era um prosaísta extraordinário) responde a Schopenhauer, que foi inicialmente para ele um modelo, um "educador"[175].

Isso é ainda mais importante na medida em que Schopenhauer levou longe demais o conceito de verdade. E, de fato, especialmente no âmbito do debate sobre a liberdade humana. Isso porque se originou de Schopenhauer a fórmula até hoje decisiva de que nós podemos de fato fazer o que queremos (liberdade de ação), mas não podemos querer o que queremos. Por isso, Schopenhauer

---

173 NIETZSCHE, 2009, citado aqui: *Nachgelassene Fragmente* [Fragmentos póstumos] *1882-1884*. Vol. 10: 420.

174 NIETZSCHE, 2009. *Nachgelassene Fragmente 1885-1887*. Vol. 12: 26.

175 NIETZSCHE, 1954: 287-367.

supôs que a vontade nos fixa, que nós, por assim dizer, somos conduzidos ou "queridos" pela vontade em pessoa, sem poder mexer de algum modo nisso. A vontade seria, por isso, o destino do ser humano, porque nós teríamos, como pessoas, um caráter correspondente que nos imporia querer isso ou aquilo.

Mas, com isso, Schopenhauer cai agora ele mesmo na cova que ele cavou antes para outros. É que ele aceita que há uma faculdade, a vontade, cuja ativação não está em nossas mãos, sem a qual, porém, não teríamos liberdade de ação. Como deveríamos poder fazer o que queremos sem querer algo? Essa pergunta é legítima e agora ainda posta corretamente. Mas disso, justamente, não se segue que haja uma vontade. Por que não deveríamos simplesmente dizer que queremos, desejamos, gostamos, preferimos ou escolhemos todo tipo de coisa, sem que desse modo "a vontade", "o desejo", "a faculdade", "a preferência" ou "a escolha" sejam atuantes em nós como um ser estranho que se esconde por trás de nossa consciência e que nos conduz por trás de nossas costas? Chamam-se **reificações** as falácias desse tipo, ou seja, coisificações.

Voltemos brevemente para o Eu, onde a coisa é muito semelhante. Poder-se-ia pensar que portamos em nós ou somos um Eu--coisa que habita atrás de nossos olhos (o bom e velho homúnculo). Poder-se-ia mesmo, aparentemente, "fundamentar" isso, por exemplo, com a seguinte falácia (que Kant designa como paralogismo, como vimos):

1) Podemos refletir sobre coisas (gatos, vermes, árvores, pratos, e assim por diante).

2) Se refletimos sobre coisas, temos pensamentos.

3) Se temos pensamentos, há então alguém que tem esses pensamentos.

4) Uma vez que falamos "eu" com prazer, chamemos o portador de pensamentos "o Eu".

5) Podemos refletir sobre o portador de pensamentos.

Conclusão: O Eu (o portador de pensamentos) é, portanto, uma coisa.

Um erro aqui consiste em que se ignora que não podemos pensar apenas sobre coisas. Por que, afinal, deveria ser assim? Para isso, é preciso todo tipo de razões, que não são fáceis de se encontrar – ou mesmo não podem ser encontradas.

O neurocentrismo parte do princípio de que somos uma coisa entre coisas e de que há apenas coisas. Eu sou uma coisa-cérebro, você é uma coisa-cérebro, em nosso entorno há partículas elementares que também são coisas (mesmo que em parte muito estranhas e que funcionam de maneira completamente diferente de gatos p. ex., motivo pelo qual a conversa sobre o gato de Schrödinger é enganosa). Nesse modelo, é muito fácil de se supor que só podemos refletir sobre coisas, uma vez que só deve haver coisas. Mas é, justamente, falso que haja apenas coisas, uma vez que há também, entre outros, valores, esperanças e números, que não podem simplesmente passar por coisas.

O erro fundamental está na representação de que há um mundo que tem uma mobília completamente independente de nós, como sugere uma metáfora corrente entre filósofos contemporâneos, a saber, a metáfora da "mobília de realidade (*furniture of reality*)". Os objetos-mobília da realidade seriam, então, coisas concretas que seriam empurradas pelo espaço e pelo tempo segundo leis naturais invioláveis. Nós seríamos, como coisas-corpo, apenas uma coisa entre coisas completamente outras. A existência de consciência, números, valores, possibilidades e assim por diante pareceria então, naturalmente, um enigma. Isso não reside, porém, em que elas sejam em si mesmas enigmáticas, mas sim em que a representação de um universo coisificado de ponta a ponta é uma fantasia metafísica equivocada.

Emaranhamo-nos em contradição se coisificamos tudo desde o início. Teríamos, então, introduzido rápido demais uma coisa-Eu, e identificado com uma coisa-cérebro na qual uma coisa-vontade se esconde (ou várias coisas-vontade que se encontram em diferentes regiões do cérebro). A seguir, pensa-se então que nenhuma coisa pode ser livre, porque todas as coisas estão ligadas umas às outras por leis naturais que prescrevem o que ocorre de maneira correspondente às coisas. Mas essa metafísica de tijolinhos que se imagina uma visão de mundo na qual as coisas se chocam umas nas outras e às vezes permanecem presas e assim por diante não combina, naturalmente, com o nosso autorretrato como pessoas que agem livremente entre pessoas. Também chamo essa metafísica de **legocentrismo** (em lembrança do famoso brinquedo). Pessoas simplesmente não são coisas (nem Playmobil® nem Lego®).

A dignidade do ser humano é inviolável

Essa reflexão tem importantes consequências. O artigo 1º da Constituição da República Federativa da Alemanha enuncia, como sabido: "A dignidade do ser humano é inviolável. Observá-la e protegê-la é o dever de todo poder estatal". Naturalmente pode-se interpretar e fundamentar esse artigo de diversas maneiras; desde que não se afaste da compreensão valorosa de que a dignidade humana e os direitos humanos estão interligados (embora se discuta na filosofia do direito sobre se a dignidade humana fundamenta os direitos humanos ou inversamente, ou se os direitos humanos compõem a dignidade humana, e assim por diante).

O que não se deve negligenciar aqui é que a dignidade do ser humano também é literalmente intocável[176], já que ela não é uma coisa. Não se pode tocar nela ou mesmo percebê-la com os olhos

---

176 O termo alemão para "inviolável", *unantastbar*, também significa, literalmente, "intocável" [N.T.].

assim como se percebe coisas. Ela não é atribuída a nós porque somos coisas-humanas em que são inseridas coisas-cérebro que crescem e se desenvolvem sob o nosso crânio.

Aqui, a muito conhecida *distinção entre dignidade e valor* de Kant nos leva adiante. Kant escreve:

> tudo tem ou um preço, ou uma dignidade. No lugar do que tem um preço algo outro pode ser posto como equivalente; em contrapartida, aquilo que está acima de todo preço, e assim não admite equivalente, isso tem uma dignidade. O que se relaciona às inclinações e carências humanas universais tem um preço de mercado [...] aquilo, porém, que constitui a condição apenas sob a qual algo pode ser um fim em si mesmo, não tem meramente um valor relativo, ou seja, um preço, mas sim um valor interior, ou seja, uma dignidade[177].

Kant fala nessa passagem de uma condição para que algo possa ser um fim em si mesmo. Nessa palavra deve-se sempre pensar na diferença entre *coisa* [*Ding*] e *condição* [*Bedingung*]. Uma condição faz de uma coisa o que ela é, sem que todas as condições tenham de ser causas duras. Segundo Kant, a dignidade humana nos é atribuída porque vivemos no "reino dos fins"[178]. O reino dos fins é uma ordenação de conceitos que usamos para nos tornar compreensíveis as ações humanas. A isso pertencem conceitos como liberdade, fraude, doação, presidente da república, direitos autorais, exploração, alienação, ideologia, revolução, reforma e história. Esses conceitos se distinguem daqueles que usamos para nos tornar compreensíveis processos naturais que também ocorreriam automaticamente sem a nossa intervenção.

Nos tempos de Kant, as fronteiras entre processos naturais e ações livres foram certamente ameaçadas, o que também foi espelhado literariamente no romantismo. Pense-se, por exemplo, em

---

177 KANT, 1999: 61.

178 Ibid.

famosos autômatos como Olímpia de *O homem de areia* de E.T.A. Hoffman. Em uma passagem igualmente famosa da *Crítica da razão prática*, Kant contrapõe o "mecanismo da natureza" e a "liberdade", embora ele mesmo formule a suspeita de que poderíamos ser autômatos. Kant sublinha aí o pensamento central de que coisas que seriam submetidas ao "*mecanismo* da natureza" não "precisariam ser *máquinas materiais reais*"[179]. Isso porque, diferentemente de muitos defensores contemporâneos do determinismo, Kant se confronta com o problema difícil da vontade livre formulado por Leibniz:

> Aqui se tem em vista apenas a necessidade da ligação dos acontecimentos [*Begebenheien*] em uma linha temporal assim como ela se desenvolve segundo leis naturais, quer se chame agora o sujeito no qual o processo [*Ablauf*] acontece *automaton materiale*, já que o ser maquinal é movido pela matéria, ou, com Leibniz, *spirituale*, já que ele é movido por representações, e se a liberdade de nossa vontade não fosse outra senão a última (p. ex. a psicológica e comparativa, não transcendental, ou seja, ao mesmo tempo absoluta), então ela não seria fundamentalmente melhor do que a liberdade de uma espátula, quando erguida de algum modo, executa um movimento a partir de si mesma[180].

Em contrapartida, pode-se, tomando como ponto de partida uma leitura não ortodoxa de Kant, supor que somos habitantes do reino dos fins na medida em que somos realmente livres enquanto só podemos de algum modo nos entender reciprocamente se permitirmos explicações teleológicas de ações. Lembre-se de Luís e do seu pão: Luís vai ao mercado para comprar pão que não esteja mofado. Desse modo, ele não se movimenta apenas no reino das causas duras. Não é o caso que Luís seja lançado por um furacão no supermercado e aterrisse na prateleira de pães. Luís vai por livre e

---

179 KANT, 1977 (1): 131.

180 Ibid.: 131s.

espontânea vontade ao supermercado. Sua ação é elemento de um sistema completo de ações que constitui a biografia de Luís.

Ações são distinguidas de acontecimentos naturais pelo fato de que um acontecimento natural pode ser completamente entendido mesmo quando não se leva em consideração nenhum fim. Por isso, acontecimentos naturais (como, p. ex., a micção de um ser humano) são involuntários. A micção tem, de fato, uma função no organismo, mas não um fim que alguém tenha posto para si mesmo.

Uma grande parte da civilização humana consiste no fato de que suprimimos ou pelo menos embelezamos acontecimentos naturais em torno do corpo humano: cortamos nossas unhas e cabelos, nos vestimos, temos banheiros fecháveis, dispomos de técnicas com que podemos melhorar nossas possibilidades naturais (calculadora, trens e assim por diante). Disso também faz parte que não vivamos junto com animais selvagens, mas sim de preferência saibamos que eles estão em lugares completamente diferentes. Eles devem ficar em selvas não tocadas pelos humanos ou em zoológicos e não nos incomodar.

Uma vida humana digna é uma vida que se pode movimentar no "reino dos fins". Quando estamos doentes ou à beira da morte, acontecimentos naturais tomam as rédeas de nossa vida. Mas isso, justamente, não é o normal, como o neurocentrismo gostaria de nos fazer acreditar. Só somos conduzidos pelas causas duras e pelos circuitos em nosso corpo quando estamos doentes. Quem se dedica à proteção dos animais e do meio ambiente não faz isso porque se dá sob o seu crânio uma tempestade de neurônios que os leva contra a sua vontade a isso ou que lhe implanta, quer ele queira quer não, a vontade de se dedicar dessa maneira à comunidade.

A dignidade do ser humano é intocável porque nós *não* somos *apenas* organismos e animais de determinada espécie, mas sim porque somos em particular aqueles animais que vivem no reino dos fins. Visto atentamente não quero dizer com isso que outros animais estejam excluídos disso. Mesmo animais domésticos já vivem conosco no reino dos fins, que eles apenas não entendem, em parte, tão bem quanto nós. Certamente, também não sabemos tudo sobre o reino dos fins já porque um número incomensurável de pessoas e instituições atuam nele. Por isso, ele nos parece às vezes mais uma violência da natureza do que uma manifestação de liberdade.

Nós seres humanos somos, porém, mais livres do que outras espécies animais no sentido de que, graças à civilização e à história do espírito, trabalhamos ativamente e autoconscientemente para que não sejamos mais primariamente conduzidos por causas duras. Produzimos, por assim dizer, condições de ação por meio das quais nos libertamos parcialmente das causas. Mesmo se é possível supor que haja para outras espécies animais outro reino dos fins (uma vez que eles têm sim sistemas de organização social), não se suporá também que o seu reino dos fins seja erigido e transformado em luz da ideia de que se trata de um reino dos fins. Outras espécies animais não têm nenhum sistema jurídico fundamentado filosófico-reflexivamente como o nosso, que surgiu, entre outras coisas, de milhares de anos de reflexões sobre a estrutura de um Estado justo, estrutura que foi trabalhada paradigmaticamente pelos gregos antigos (sobretudo Platão, Aristóteles, mas também dramaturgos como Ésquilo e historiadores como Tucídides e Heródoto) em um nível teórico elevado. As ciências modernas do Direito e do Estado se vinculam a isso.

Não somos mais valorosos do que outras espécies animais por causa dessas conquistas reflexivas. Como Kant escreve, a dignidade não é um valor relativo e, desse modo, nada que nos eleve acima do resto da espécie animal. Do fato de que há dignidade humana que, possivelmente, também fundamenta nossos direitos humanos, não se segue que podemos maltratar outras espécies animais que claramente conhecem pior o nosso reino dos fins. Caso contrário, a nossa dignidade seria um valor relativo, a saber aquele que nos faz parecer bons em relação a outros seres vivos. Mas a dignidade, segundo Kant, é um valor interior, que vejo fundamentado no fato de que nossas ações são livres, porque muitas das condições necessárias de nosso agir não são causas duras.

No mesmo nível de Deus ou da natureza?

Citei acima (p. 24) o dito de Stanley Cavell de que nada seria mais humano do que o desejo de não ser humano. Sartre defendeu uma tese muito semelhante, a saber, a tese de que uma grande parte do comportamento humano visa a se liberar de sua própria liberdade. Assim, Sartre elucida: "o ser humano é fundamentalmente desejo de ser Deus"[181]. Eu chamo isso de uma **degradação para cima**: os seres humanos se tornam inumanos por meio do autoendeusamento.

A ideia fundamental de Sartre é facilmente compreensível. Ele distingue entre em-si e para-si. Algo que é em si é idêntico consigo mesmo sem o seu intervir conceitual. Ele tem um ser absoluto. Ele pode, de fato, ser destruído, mas ele não pode se mudar pelo fato de que ele muda sua opinião sobre si mesmo – porque ele não tem opinião. Pedras pertencem ao em-si e, certamente, também alguns seres vivos (não sabemos no momento em qual "nível" no reino animal o para-si começa). Diferentemente disso, pertence à "realidade humana", como Sartre o chama, que nós façamos parte do para-si. Essa é a versão de Sartre da ideia já familiar de que a nossa imagem de nós mesmos (mesmo quando ela é uma imagem falsa) enuncia algo sobre nós mesmos. Nós somos justamente sempre também aquilo que consideramos. Se eu me considero um bom dançador (sem o ser), sou aquele que se considera um bom dança-

---

181 SARTRE, 1998: 972.

dor. Isso enuncia algo sobre mim (p. ex., que eu sou vaidoso demais para reconhecer minhas fraquezas na dança ou que eu gostaria muito de ser um bom dançador).

Para Sartre, os seres humanos inventaram a ideia de Deus porque Deus seria a perfeita combinação de em-si e para-si. Deus não teria nenhuma opinião falsa sobre si; Ele também não seria uma pedra morta, mas uma pessoa completamente perfeita (é assim, pelo menos, que filósofos imaginam o seu Deus, o qual se chama por isso também de "Deus dos filósofos"). Segundo a concepção de Sartre, somos livres porque há uma lacuna entre nosso em-si (nosso corpo, nossa origem, e assim por diante) e nosso para-si. Essa lacuna não se deixa jamais cerrar, mesmo que possamos desenvolver diferentes estratégias para disfarçá-la. Faz parte delas em particular o **essencialismo**, que representa aqui a suposição de que um ser humano ou um grupo de seres humanos é fixado pela sua natureza essencial [*Wesen*] (sua essência [*Essenz*]) a determinados paradigmas de ação, apenas aparentemente livres. Ideias racistas e sexistas são essencialistas assim como ideais nacionalistas que supõem que bávaros ou gregos teriam uma essência que se manifestaria em suas ações: bávaros bebem cerveja e votam pelo CSU[182], gregos são corruptos, preguiçosos, simpáticos, radicais de esquerda ou de direita, e assim por diante.

Estereótipos desse tipo existem, infelizmente, em abundância, e, da perspectiva do existencialismo, eles servem apenas para colocar em questão a nossa própria liberdade ao privarmos outros dela. Se os outros são autômatos, não se pode objetar a nós se não fizermos uso de nossa própria liberdade para tratá-los como seres vivos espirituais livres.

Diante desse pano de fundo, pode-se combinar os temas existencialistas de Cavell e Sartre e dar nome a dois perigos: uma de-

---

182 *Christlich-Soziale Union* [União cristã-social], nome do terceiro maior partido político alemão [N.T.].

gradação para cima e uma para baixo. A degradação para cima é um risco quando escolhemos Deus como nosso Eu-ideal, ou seja, quando queremos nos tornar como Deus. A **degradação para baixo**, quando, afligidos pela darwinite, pensamos que todo comportamento humano se deixa explicar inteiramente por meio da biologia evolutiva.

Na sociedade contemporânea, a degradação para cima não está de modo algum muito ligada à religião, mas muito antes com as fantasias do pós-humanismo e do trans-humanismo, assim como à representação de uma revolução digital que tudo engole e que se encontra nas mãos dos deuses do Vale do Silício. Há correntes que partem do princípio de que nós, seres humanos, já somos há muito tempo ciborgues devido a nossa tecnologia. O *notebook* em que redijo essas linhas, segundo o defensor da tese do espírito estendido (*extended mind* ["mente estendida"]), deve fazer parte de mim exatamente como o meu fígado. Dessa maneira, assim se imagina, teríamos aprimorado o nosso hardware. Em casos extremos, se considera cenários como o do filme *Transcendence* [Transcendência] desejáveis e se espera que, depois de nossa morte, se possa fazer o nosso *upload* em plataformas online, de modo que se promete para si uma vida eterna na empolgante internet.

A degradação para cima se origina do "progressivo cerebramento" [*Zerebration*], ou seja, da cerebração [*Verhirnung*] de nossa cultura, da qual falou o poeta e médico Gottfried Benn. Ela corresponde, assim, à neuromania. Benn se confronta com a tese do neurológo austríaco Constantin von Economo (1876-1931), que se tornou conhecido entre outras coisas pelo fato de que ele descobriu a inflamação cerebral *Encephalitis lethargica*, de que já falamos anteriormente (p. 88). Von Economo supunha que a história do espírito seria compreensível por meio da evolução do cérebro. Ele supunha, de maneira correspondente, que haveria uma espécie de progresso cerebral que conduziria o processo cultural por detrás de suas costas.

Bem observado, Benn se volta contra a ideia de Economo, a qual ele, juntamente com o niilismo, nomeia como um fenômeno de decadência da Modernidade, naturalmente cambaleante na primeira metade do século. Por isso, Benn – que infelizmente se decidiu a favor do nacional-socialismo, o qual ele equivocadamente considerou como uma associação política completamente simpática a artistas – se perguntou em 1932, em seu ensaio "Após o niilismo":

> Teremos ainda a força, assim se pergunta o autor, de afirmar um Eu de liberdade criadora frente à visão de mundo cientificamente determinante, teremos ainda a força de, não por meio de quiasmas econômicos e mitologemas políticos, mas sim pelo poder do pensamento ocidental, perfurar o mundo formal [Formwelt] materialístico-mecânico e esboçar as imagens de mundos mais profundos a partir de uma idealidade que põe a si mesma e em uma medida que contém a si mesma?[183]

No lugar do materialismo e do niilismo, Benn põe o "espírito construtivo enquanto princípio tônico [betontes] e consciente da ampla libertação de todo materialismo"[184]. Benn reconhece na combinação de "Newton Imperator, Darwin Rex" [Imperador Newton, Rei Darwin][185], na conjuntura da cerebração progressiva, uma incontida "potencialização intelectual do vir a ser"[186], em suma: uma degradação para cima.

Essa degradação para cima também é atuante no **funcionalismo**, que supõe que a consciência seria simplesmente uma estrutura funcional que se deixa implementar na forma de diversos

---

183 BENN. "Nach dem Nihilismus" [Depois do niilismo]. In: DERS, 1968: 151-161, citado aqui: 151.

184 Ibid.: 151.

185 Ibid.: 197.

186 Ibid.: 197.

materiais – em tempos de Vale do Silício se traz sempre o exemplo do silício. Poder-se-ia pensar que o funcionalismo seria uma nova tese que foi colocada em jogo por causa do surgimento dos computadores. Mas, aqui, Benn é notavelmente perspicaz: Em seu *Discurso à academia*, de 1932, ele descreve a estrutura fundamental do neurocentrismo, a qual em nada mudou até hoje, da seguinte maneira:

> Um novo estágio de cerebração parece se preparar, um mais frígido, mais frio: apreender a própria existência, a história, o universo, em apenas duas categorias: o conceito e a alucinação. Desde Goethe, a *desintegração da realidade* vai tão além de toda medida, que mesmo as gaivotas, se o percebessem, teriam de mergulhar na água: o solo está arruinado pela pura dinâmica e pela pura relação. *Funcionalismo*, vocês sabem, significa a hora, o movimento sem portador, o ser inexistente[187].

Assim como Goethe e Nietzsche, Benn também recomenda nos voltarmos para a história anterior à intelectualização moderna. Em *Fausto – A tragédia, segunda parte*, o homúnculo consegue se livrar do frasco em que ele vive ao despedaçá-lo "no trono brilhante"[188]. Como o filósofo Tales – que aparece na *Noite clássica de Walpurgis* – observa, o homúnculo é "seduzido por Proteus"[189] a se entregar a "Eros, que tudo começou"[190] e deixar o vidro que o prendeu se despedaçar. No jovem Nietzsche isso se chama posteriormente "o dionisíaco"[191], o que, todavia, não leva adiante, uma vez que os bandidos do Vale do Silício também participam da exoneração do funcionalismo no festival de embriaguez *Burning Man*, no Deserto de Nevada. Lá, se queima, de maneira condizente, uma gigantesca estátua humana. Se faz um sacrifício ao pós-humanismo.

---

187 BENN. "Akademie-Rede" [Discurso à Academia] (1932). In: BENN, 1968: 433.

188 GOETHE, 2003: 334, verso 8472.

189 Ibid., verso 8469.

190 Ibid., verso 8479.

191 Cf. mais a esse respeito em NIETZSCHE, 2007.

Goethe alude, com o despedaçamento do homúnculo, à filosofia da natureza de Schelling. Este rompeu radicalmente com a ideia de que o espírito humano, enquanto um Eu intelectual, uma pura consciência, se contraporia a uma natureza em si inanimada, sem Eu e sem consciência. Tanto Schelling quanto Goethe pensavam que Fichte defendia exatamente essa posição – e Fichte era, como já ficamos sabendo, uma pedra no sapato do ministro Goethe. Naquela época, Fichte, como nos lembramos, estava envolvido, como professor de Jena, na querela do ateísmo, uma vez que ele defendia, em última instância, uma forma de religião da razão, que não via Deus como uma pessoa ou como uma autoridade além da razão humana, mas sim como a ordem moral do mundo:

> Aquela ordem moral viva e atuante é ela mesma Deus: não precisamos de nenhum outro Deus e não podemos conceber nenhum outro. Não há fundamento na razão para sair daquela ordem moral do mundo e, por meio de uma inferência do fundado ao fundamento, ainda supor um ser particular como a causa do mesmo[192].

Fichte, todavia, vai tão longe em tudo isso, que não é mais compreensível por que o ser humano seria ainda, de algum modo, um ser vivo natural. Ele nos eleva, por assim dizer, acima demais da natureza – sinal de uma degradação para cima.

Goethe e Schelling (representado no *Fausto II* por Proteus) objetam exatamente que não deveríamos nos representar a natureza apenas como uma mera engrenagem mecânica, o que, por sua vez, seria uma projeção intelectualista. Se fazemos de algum modo parte da natureza, temos de supor que pelo menos o nosso mundo de sentimentos [*Gefühlswelt*] não é um estranho em uma natureza em si mesma desprovida de sentimentos. Por isso, os autores mencionados mobilizam a história originária pré-lógica, não apenas racional do ser humano contra a cerebração progressiva. Colocado de

---

192 FICHTE, 1971: 177-189, aqui: 186.

outra forma, eles apontam para o fato de que não há consciência intencional sem consciência fenomênica, que nós, como seres vivos, pensantes também sentimos. A representação de que a nossa vida seria conduzida por meio de um cálculo de sobrevivência egoísta é corrigido por meio da indicação de nossa capacidade de encanto erótico. Assim, se neutraliza a degradação para cima.

De fato, Benn aponta como argumento contra o neurocentrismo, com razão, que "a base biológica da personalidade [...] não [é], como um período científico anterior supunha, o cérebro, mas sim o organismo inteiro"[193]. Mas, do outro lado dos extremos, há o risco muito fácil de uma degradação para baixo, que hoje toma a forma da darwinite. Penso particularmente na tentativa de fundamentar a bondade humana – ou seja, nossa capacidade moral – ao estudar sociedades de símios e encontrar também lá comportamento social altruísta. Dessa maneira, deve ser garantido que nós, enquanto seres humanos, não nos separamos do resto do reino animal por atribuirmos apenas a nós mesmos moralidade, o que já foi usado no passado e no presente para a legitimação de nosso tratamento não exatamente respeitoso de outras espécies animais.

Autores como o pesquisador de comportamento Frans de Waal (*1948) certamente estão corretos, quando apontam para o fato de que um "dualismo que põe a moral contra a natureza e a humanidade contra os animais"[194] seria indefensável. A ideia de que, no restante do reino animal, tudo se dá de maneira exclusivamente brutal, enquanto os seres humanos teriam de alguma maneira se domesticado – ou mesmo ter sido domesticados por Deus em pessoa – já não é mais empiricamente sustentável. Por isso, a pesquisa sobre símios também é, naturalmente, filosoficamente relevante.

---

193 BENN, 1968: 97.

194 DE WAAL, 2008: 27.

PS: Selvagens não existem

Todavia, para não dar, assim, novas forças para a darwinite, traz-se aqui também uma referência à história prévia da constelação teórica contemporânea. Houve, a saber, na filosofia política moderna, um longo debate em torno da pergunta sobre se "os selvagens" (ou seja: antes de tudo os habitantes das américas redescobertos pelos europeus no fim do século XV) viviam em uma condição natural, livre de Estado e mesmo de moralidade. Todavia, se tornou claro, por meio da antropologia moderna, que não se pode dividir a humanidade em supostos "selvagens" e "civilizados" – e já porque essa divisão também foi utilizada para a legitimação da escravidão, que também foi finalmente reconhecida como um mal moral no século XIX. No lugar de tais divisões, temos hoje a "antropologia simétrica", como o sociólogo francês Bruno Latour (*1947) a chamou em seu livro *Nunca fomos modernos*[195].

A **antropologia simétrica** não divide mais a humanidade em um grupo pré-moderno (os antigos "selvagens") e um grupo moderno (os antigos "civilizados"). Muito antes, ela parte do princípio de que, aos olhos dos supostos ou verdadeiros Outros, nós parecemos tão "outros" quanto eles aos nossos olhos. Aqui, predomina uma assimetria na qual não se tem o nariz empinado porque se é, por exemplo, mais bem-equipado tecnologicamente.

Depois de muitos e longos processos devoradores de vidas humanas, que levaram a Modernidade por isso mesmo à suspeita de ser uma máquina de assassinato, tornou-se finalmente claro que não há, realmente nenhuma, alternativa ao universalismo. O **universalismo** é a tese de que todos os seres humanos são fundamentalmente iguais, que não há espécies diferentes (ou ainda pior: raças) de seres humanos que se encontram de algum modo

---

195 LATOUR, 2008.

em diferentes estágios de desenvolvimento e, por isso, têm valores fundamentalmente diferentes, que não seriam conciliáveis com os valores altamente sofisticados da Modernidade.

Essa compreensão tem por consequência, todavia, que uma típica justificação do poder político não funciona mais. Isso porque essa justificação – da qual certamente se faz até hoje um uso bastante político e ideológico – parte do princípio de que os seres humanos são por si mesmos anarquistas e tendem a assaltar, roubar e instrumentalizar para fins egoístas.

Conhece-se hoje essa representação ideológica do "estado natural", como Thomas Hobbes a descreveu de maneira bastante influente em sua visão sombria do *Leviatã*, antes de tudo de filmes apocalípticos hollywoodianos. Assim que a ordem estatal é ameaçada por um ataque de alienígenas, por zumbis, por uma catástrofe natural de dimensões incomparáveis ou simplesmente pelo fim do mundo, se vê em tais filmes, antes de tudo, assaltos a supermercados e outras lojas. A primeira coisa que as pessoas fazem é explorar a sua liberdade recém-adquirida para agarrar com violência e sem vigilância policial todos os bens possíveis. Tais cenários sugerem que a ordem estatal nos protege por assim dizer de nós mesmos. Se ela desaparecesse, o ser humano seria novamente "o lobo do homem", como Hobbes o expressou com a sua famosa frase[196].

Todavia, não seria hoje – pelo menos em certos graus de intensidade – mais aceitável justificar publicamente o monopólio estatal da violência ao invocar os selvagens brutais que supostamente se escondem em todos nós, porque já se entendeu bem a isso como um constructo ideológico há muito tempo. Nossa representação do estado democrático de direito é, felizmente, universalisticamente orientada, ou seja, não justificada pelo fato de que vemos o estado de direito como a nossa forma estatal contingente que o Estado

---

196 HOBBES, 1994: 59.

simplesmente usa para justificar a manutenção do seu poder frente a nós, cidadãos maus e brutais. Isso porque esse modelo não seria compatível com as nossas reivindicações de liberdade política. Se todos nós pensássemos que o Estado e apenas o Estado nos impõe códigos de comportamento como a moral a fim de que não ameacemos uns aos outros constantemente com assassinato e homicídio, não nos sentiríamos livres, e com razão. Ter-se-ia a impressão de que somos, na verdade, um "povo de demônios"[197].

Em contrapartida, Kant já reconheceu em seu famoso escrito *Da paz perpétua* que não somos verdadeiramente demônios, mas que a legitimação de uma ordem estatal também precisaria funcionar se fôssemos demônios. A suposição de que seríamos maus por natureza é apenas uma ficção que utilizamos para tornar compreensível por que instituições são dotadas de sentido tanto para seres humanos bons quanto para maus.

> O problema da fundação do Estado é, por mais difícil que pareça, solucionável mesmo para um povo de demônios (se eles tiverem ao menos entendimento), e enuncia: "Organizar e instituir a constituição de um grupo de seres racionais que exigem como um todo leis universais para a sua preservação, das quais, porém, todos secretamente tendem a excluir, de modo que, por mais que eles se esforcem uns contra os outros em suas inclinações privadas, eles as contenham reciprocamente, de modo que, em seu comportamento público, o resultado do mesmo seja justamente o mesmo de que se eles não tivessem tais inclinações más[198].

O ponto é que o Estado (ou seja, seus representantes eleitos) não pode nem partir do princípio de que somos um povo de anjos nem de que somos um povo de demônios. Muito antes, trata-se de garantir liberdade política para todos, quer eles sejam bons ou maus ou, melhor dizendo, ajam bem ou mal. Felizmente, consegui-

---

197 KANT, 1971: 366.

198 Ibid.

mos nos libertar até certo ponto da representação de que haja uma essência do ser humano, que se deixa constatar de modo meramente fenotípico – por exemplo como raça – ou histórico-nacional (os alemães, os norueguese, os chineses) – ao se fixá-la, por exemplo, ao estado de desenvolvimento econômico.

Todavia, há ainda muito a fazer aqui. Se, por exemplo, se começa uma pesquisa sobre qual é geralmente a aparência de um alemão, muitas pessoas provavelmente procurariam de fato uma resposta, ou, ainda pior, teriam uma resposta pronta. O ponto, porém, é que "um alemão" não tem de modo algum alguma aparência, uma vez que ser alemão é uma condição jurídica [*normativer Status*]. É alemã(o) quem tem a nacionalidade alemã. Para tanto, não é preciso ter certa aparência. Certamente, a nacionalidade está ligada a valores – uma vez que ela está ancorada no quadro de uma ordem fundamental livre-democrática. Uma vez que pertencem a essa ordem os direitos humanos, a igualdade de oportunidades, e mesmo de algum modo uma ideia geral de liberdade e de igualdade perante a lei, segue-se de tudo isso que temos politicamente a grande chance de tirar do caminho a ideia de que os homens se dividem em diferentes subespécies.

Todavia, é correto que ainda não alcançamos, assim, o objetivo moral. Isso porque se os direitos humanos devem nos destacar frente às outras espécies animais, de modo que essas possam ser usadas da maneira que quisermos para os nossos próprios fins, retornamos novamente à ideia dos "selvagens". Nesse caso, imagina--se os "animais selvagens" como um perigo à civilização, de modo que, agora, pode-se afirmar um monopólio humano da violência frente ao resto do reino animal.

Kant mesmo expôs um famoso **argumento da degradação** e apontou para o fato de que teríamos um "dever da abstenção do tratamento violento e ao mesmo tempo cruel dos animais", pois assim a "compaixão" também por outros seres humanos seria embotada[199].

> Mesmo a gratidão pelo longo serviço de um cavalo ou de um cachorro idoso (do mesmo modo como se eles fossem companheiros de casa) pertence *indiretamente* ao dever do ser humano, a saber *no que diz respeito a esses animais*. *Diretamente* considerado, ele é sempre apenas dever do ser humano *diante de* si mesmo[200].

Devemos, então, permanecer seres humanos, e apenas nos tornar melhores em entender quais oportunidades morais e políticas isso traz consigo. Para tanto, é preciso criticar as ideologias, que, como esboçado aqui, caminham juntamente com uma dupla degradação. Um importante passo [para tanto] é tirar da Modernidade a lição de que não há selvagens, sim, que também animais não são selvagens dos quais nos distinguimos por princípio ao trazermos conosco um belo autorretrato. Somos diferentes de todos os outros animais, isso é tudo. Nossa dignidade não pode se originar disso. Ela não nos é conferida como natureza ou implantada [em nós], mas sim é fixada como tarefa que ainda não estamos nem perto de completar. O ser humano ainda não chegou ao seu objetivo.

O ser humano não é um rosto na areia

Esbocei, neste livro, as linhas gerais de uma filosofia do espírito para o século XIX. Minha intenção foi desenvolver o conceito de liberdade espiritual e defendê-lo contra programas reducionistas e eliminativistas, que gostariam de nos convencer de que não dispomos nem de espírito nem de liberdade. O inimigo chama-se ideologia, cuja principal intenção vejo na tentativa, que varia de época em época, do ser humano de desfazer-se [de si mesmo]. Hoje, isso toma diversas formas, que também giram parcialmente em torno

---

199 KANT, 1977 (2): 578s. (§ 17).

200 Ibid.: 579.

do trans-humanismo e do pós-humanismo, ou seja, da ideia de que superaremos nossa natureza biológica como futuros ciborgues.

Pode-se ligar um problema que contribui para a ideologia do nosso tempo ao fato de que as ciências humanas [*Geisteswissenschaft*] tendem a muito tempo a desistir do espírito [*Geist*]. O famoso título de uma série de conferências que foram dadas na Universidade de Freiburg traz essa tendência ao ponto: *A expulsão do espírito das ciências humanas*[201]. O organizador dessa série de conferências, o falecido cientista literário Friedrich Kittler, fundamenta essa expulsão da seguinte maneira: os conceitos "espírito" e "ser humano" teriam sido construídos primeiramente na Modernidade e consolidados por meio de diferentes áreas científicas. Dessa maneira, teria se conseguido substituir o mundo precedente do espírito da superstição por um único espírito, o espírito do ser humano. Mas esse espírito ainda deveria ser superado enquanto superstição, porque ele se trataria de um constructo insustentável, que estaria, de todo modo, em vias de desaparecer em prol de novas ordens tecnológicas, assim como de uma nova ordem das coisas.

A Modernidade também é designada frequentemente como um todo como o "novo tempo" [*Neuzeit*], pois ela é a época que pensa que se possa começar algo radicalmente novo, que muda tudo de maneira tão profunda que teríamos finalmente chegado no fim dos tempos. O novo tempo anseia ser o fim dos tempos, como incontáveis filmes, romances e séries de televisão apocalípticos deixam claro. Deseja-se que ocorra finalmente um acontecimento em tudo decisivo, uma revolução, depois da qual nada mais é como antes, mas tudo é melhor e definitivo. Deseja-se, em particular, que as reivindicações da liberdade cheguem, assim, a um fim.

Em suma: a Modernidade cultiva fantasias de desencargo. Mas, contra isso, é preciso se posicionar em nome da liberdade es-

---

201 KITTLER, 1992.

piritual. O verdadeiro progresso não consiste em ideais ilusórios de superação do espírito e do ser humano, mas sim em melhorar a ordem moral e jurídica em luz de nossas intelecções.

Também não há nenhuma utopia iminente, nenhuma pós-era que fosse por princípio mais adequada para providenciar liberdade do que aquela em que nos encontramos, nem uma pós-modernidade nem um pós-humanismo irão satisfazer melhor as reivindicações da liberdade do que podemos atualmente. O aprimoramento da humanidade está em nossas mãos como indivíduos e instituições. Ninguém tira isso de nós, também não o futuro.

A expulsão do espírito e do ser humano tem uma história prévia suspeita, uma vez que ela parte não menos da *Carta sobre o humanismo*, de Martin Heidegger, que a redige para se defender do existencialismo, que ele já desprezava por ser uma filosofia metropolitana moderna. Em contrapartida, ele queria, como a publicação dos seus assim chamados "cadernos negros" novamente trouxe à recordação, se posicionar a favor do nacional-socialismo e de uma representação, que vai de utópica a absurda, da essência dos alemães[202]. Heidegger troca o conceito de espírito, que aponta para o fato de que a nossa liberdade consiste em trabalhar histórica e socialmente de maneira relevante o nosso autorretrato em luz de demandas conceituais e éticas, por um conceito de essência que deve secretamente nos atar a nossa terra. Assim, ele fala por exemplo em 1933/1934, em um seminário chamado *Sobre a essência e o conceito de natureza, história e Estado* que "a natureza de nosso espaço alemão certamente será revelada" a um "povo eslavo" "de maneira completamente diferente do que a nós, aos povos nômades talvez ela jamais seja revelada"[203].

---

202 Cf. a esse respeito a minha resenha dos três volumes até então publicados: GABRIEL, 2014², 2014³, 2015.

203 Cf. a esse respeito, com passagens para corroborar, FAYE, 2009, cap. 5.

Outra fonte da suposta superação do ser humano é o livro *A ordem das coisas*, do sociólogo, historiador e filósofo francês Michel Foucault (1926-1984). Esse livro descreve de que maneira o conceito de ser humano surgiu nas modernas ciências da vida e do humano e como ele se transformou. No fim dele, se encontra a tese absurda de que o ser humano existe apenas há alguns séculos, porque Foucault o toma simplesmente por um remendo de diferentes discursos científicos, ou seja, por um constructo.

> Se se toma um intervalo consideravelmente curto de tempo e um recorte geográfico limitado – a cultura europeia desde o século XVI – se pode ter certeza de que o ser humano é uma invenção jovem[204].

Disso, Foucault conclui que a época do ser humano também pode ser trazida ao fim – sim, ele mesmo espera por "algum acontecimento, cuja possibilidade podemos no máximo pressentir, mas cuja forma ou nome não conhecemos ainda neste instante"[205]. O livro termina com a perspectiva, sim, mesmo expressamente com a aposta "de que o ser humano desaparecerá como um rosto na areia desaparece à beira do mar"[206]. Eu aposto contra isso!

Naturalmente o ser humano desaparecerá eventualmente, simplesmente porque – segundo um detalhe de minha aposta – nunca chegaremos, com a ajuda de androides e de motores de velocidade maior que a luz, ao universo do *Star Trek*, colonizando planetas que estarão longe o bastante de nosso Sol quando ele desaparecer um dia e já tiver, há muito tempo, nos rasgado no abismo.

A humanidade não deve ser salva como um todo por toda eternidade. Ela é, como todo indivíduo, finita. Encontramo-nos em dimensões de medidas inimagináveis e, na verdade, não entendemos nem mesmo o universo suficientemente bem para forne-

---

204 FOUCAULT, 1997: 462.

205 Ibid.

206 Ibid.

cer uma avaliação de nossa posição nele. Felizmente, temos muitos avanços a registrar na Modernidade. Vivemos em uma era do saber. Mas isso só levará a outros avanços se pararmos de nos iludir de que estaríamos prestes a compreender que nem temos espírito nem somos seres humanos que, além disso, seriam de algum modo livres.

Por isso, é uma tarefa importante para o nosso século lançar um novo olhar à nossa situação como seres vivos espirituais. Precisamos superar o materialismo, que quer nos fazer acreditar que existe apenas aquilo que se encontra no universo (no sentido da realidade energético-material de causas anônimas duras) e que por isso busca desesperadamente por uma concepção de espírito que esteja em condições de reduzi-lo à consciência e de reduzir esta, então, a tempestades de neurônios. Somos cidadãos de muitos mundos, nos movimentamos no reino dos fins, que coloca à disposição uma série de condições da liberdade.

Não há, por princípio, nenhuma razão para fugir da realidade. Há apenas muitas razões para avançar os progressos sociais e políticos, pois uma quantidade impronunciável de seres humanos ainda vive sob condições que tornam a eles extremamente difícil viver no nível da dignidade humana. O homem ainda é o lobo do homem. Esse é o nosso verdadeiro problema, e nós, que vivemos em sociedades de bem-estar social, não podemos deixar para outros que o resolvam, nos tornando todos vegetarianos ou frequentando cursos de meditação. O euro-hinduísmo é apenas uma fuga, um olhar para o outro lado dos verdadeiros problemas. O maior inimigo do ser humano ainda é o ser humano, e isso faz com que muitos percam o único panorama que nós, seres humanos, temos: essa vida que vivemos agora.

Não há razões para apostar em um futuro utópico. Estamos aqui e agora e isso é tudo. O poeta Rainer Maria Rilke recitou isso em suas *Elegias de Duíno*:

Estar aqui é majestoso. Vós o sabíeis, garotas, *vós* também,
que aparentemente as dispensais, afundais – vós, nos mais
  detestáveis
becos das cidades, delirantes, ou lançados aos
dejetos. Pois cada um foi por uma hora, talvez nem mesmo
por uma inteira hora, um com as mesuras do tempo, mal
algo mesurável entre dois momentos – pois ele tinha uma
  existência.
Tudo. A veia cheia de existência.
Só que esquecemos tão facilmente tudo que o vizinho risonho
Não nos recusa ou confirma. Visivelmente
Queremos nos elevar para onde a felicidade mais visível se nos
dá primeiramente a conhecer, quando a transformamos
  internamente[207].

De fato: estar aqui é majestoso, mas não sempre e também não para todos. Nós, seres humanos, somos nós mesmos culpados se não trabalhamos juntos para melhorar as condições de liberdade, bem-estar, saúde e justiça neste planeta. Não há outro planeta para nós e não podemos contar seriamente com outra vida em que pudéssemos fazer tudo melhor. Por isso, é uma tarefa central da filosofia trabalhar por um autorretrato do espírito humano que possa, no espírito da crítica à ideologia, ser trazido a campo contra as promessas vazias de uma era pós-humana. Concluo por isso este livro com as palavras certeiras de Schelling, que as escreveu em uma carta a seu amigo Hegel, em 4 de fevereiro de 1795: "A liberdade é o começo e o fim de toda filosofia"[208].

---

207 RILKE, 1955-1966: 709s.

208 SCHELLING, 1952: 22.

Referências

ARISTÓTELES. *Über die Seele* [Sobre a alma]. Hamburgo: Meiner, 1995.

AYAN, S. "Wir suchen an der falschen Stelle" [Procuramos no lugar errado]. In: *Gehirn und Geist*, n. 10 (2014): 44-47.

BAKER, L.R. "Cognitive Suicide" [Suicídio cognitive]. In: GRIMM, R.H. et al. (eds.). *Contents of Thought* [Conteúdos de pensamento]. Tucson: University of Arizona Press, 1988, p. 1-18 [Disponível em: http://people.umass.edu/lrb/files/bak88cogS.pdf].

BENN, G. *Gesammelte Werke* [Obras completas]. Wiesbaden: Limes, 1968.

BIERI, P. *Handwerk der Freiheit* [Ofício da liberdade]. Munique: Carl Hanser, 2001.

BLACKMORE, S. *Gespräche über Bewusstsein* [Diálogos sobre a consciência]. Frankfurt am Main: Suhrkamp, 2012.

BRANDOM, R. *Begründen und Begreifen* – Eine Einführung in den Inferentialismus [Fundamentar e conceitualizar – Uma introdução ao inferencialismo]. Frankfurt am Main: Suhrkamp, 2001.

BUCHHEIM, T. *Unser Verlangen nach Freiheit*: Kein Traum, sondern Drama mit Zukunft [Nossa demanda por liberdade: Não um sonho, mas sim um drama com o futuro]. Hamburgo: Meiner, 2006.

_____. "Wer kann, der kann auch anders" [Quem pode fazer algo também pode fazer algo diferente]. In: GEYER, C. *Hirnforschung und Willensfreiheit* – Zur Deutung der neuesten Experimente [Pesquisa sobre o cérebro e liberdade da vontade – Para a interpretação dos mais novos experimentos]. Frankfurt am Main: Suhrkamp, 2004.

BÜCHNER, L. *Kraft und Stoff* – Empirisch-naturphilosophische Studien in allgemein-verständlicher Darstellung [Força e matéria – estudos empírico-naturais-filosóficos em apresentação universalmente compreensível]. Frankfurt am Main: Meidinger, 1855.

BUSH, G.H.W. "Presidentical Proclamation 6158" [Proclamação presidencial 6158]. In: *Project on the Decade of the Brain* [Projeto sobre a década do cérebro]. 17/07/1990 [Disponível em: www.loc.gov/loc/brain/proclaim.html].

BUTLER, J. *Das Unbehagen der Geschlechter* [Problemas de gênero]. Frankfurt am Main: Suhrkamp, 1991.

CAVELL, S. *Der Anspruch der Vernunft: Wittgenstein, Skeptizismus, Moral und Tragödie* [A reivindição da razão: Wittgenstein, ceticismo, moral e tragédia]. Frankfurt am Main: Suhrkamp, 2006.

CHALMERS, D.J. "What is it like to be a thermostat?" [Como é ser um termostato?]. In: *The Conscious Mind* [A mente consciente]. Oxford/Nova York: Oxford University Press, 1996.

CHURCHLAND, P. "Eliminativer Materialismus und propositionale Einstellungen" [Materialismo eliminativista e disposições proposicionais]. In: METZINGER, T. (ed.). *Grundkurs Philosophie des Geistes* [Curso básico de filosofia da mente]. 3 vol. Vol. 2. Münster: Mentis, 2007.

_____. *Neurophilosophy*: Toward a Unified Science of the Mind-Brain [Neurofilosofia: por uma ciência unificada da mente-cérebro]. Cambridge: MIT Press, 1986.

CRICK, F. & KOCH, C. "Towards a neurobiological theory of consciousness" [Por uma teoria neurobiológica da consciência]. In: *Seminars in the Neurosciences*, 2 (1990): p. 263-275.

DAVIDSON, D. "Rationale Lebewesen" [Seres vivos racionais]. In: PERLER, D. & WILD, M. (eds.). *Der Geist der Tiere*: Philosophische Texte zu einer aktuellen Diskussion [O espírito dos animais: textos filosóficos sobre uma discussão atual]. Frankfurt am Main: Suhrkamp, 2005.

DAWKINS, R. *Das egoistische Gen* [O gene egoísta]. Heidelberg: Springer, 2014.

_____. *Der Gotteswahn* [Deus: um delírio]. Berlim: Ullstein, 2008.

_____. *Der Blinde Urmacher* – Warum die Erkenntnisse der Evolutionstheorie zeigen, dass das Universum nicht durch Design entstanden ist [O relojoeiro cego – Porque os conhecimentos da Teoria da Evolução mostram que o universo não surgiu por desígnio]. 2. ed. Munique: Deutscher Taschenbuch, 2008.

DENNETT, D.C. *Philosophie des menschlichen Bewusstsein* [Filosofia da consciência humana]. Hamburgo: Hoffman und Campe, 1994.

DERRIDA, J. *Das Tier, das ich also bin* [O animal que eu sou]. Viena: Passagen, 2010.

DESCARTES, R. *Mediationes de prima filosofia* [Meditações sobre a filosofia primeira]. Hamburgo: Meiner, 1992.

EIGER, C.E. et al. "Das Manifest. Elf führende Wissenschaftler über Gegenwart und Zukunft der Hirnforschung" [O manifesto: onze cientistas proeminentes falam sobre o futuro da pesquisa sobre o cérebro]. In: *Gehirn und Geist*, 6 (2004): 31-37 [Disponível em: www.spektrum.de/thema/dasmanifest/852357].

ESPINOSA, B. *Ethik* [Ética]. Leipzig: Reclam, 1975.

FALKENBURG, B. *Mythos Determinismus* – Wieviel erklärt uns die Hirnforschung? [O mito do determinismo: o quanto a pesquisa sobre o cérebro nos explica?] Berlim/Heidelberg: Springer, 2012.

FICHTE, I.H. (ed.): *Fichtes Werke* [Obras de Fichte]. Vol. I., Berlim: Walter de Gruyter, 1971.

FICHTE, J.G. *Grundlage des Naturrechts* [Fundamentos do Direito Natural]. Hamburgo: Meiner, 2013.

_____. "Über den Grund unseres Glaubens an eine göttliche Weltregierung" [Sobre o fundamento de nossa crença em um governo divino do mundo]. In: *Werke* [Obras] – Vol. 5: Zur Religionsphilosophie [Sobre a filosofia da religião]. Berlim: De Gruyter, 1971^2 [11 vols.].

FOUCAULT, M. *Die Ordnung der Dinge* – Eine Archäologie der Humanwissenschaften [A ordem das coisas: uma arqueologia das ciências humanas]. Frankfurt am Main: Suhrkamp, 1997.

FRANK, M. *Prärreflexives Selbstbewusstsein* – Vier Vorlesungen [Autoconsciência pré-reflexiva. Quatro preleções]. Sttutgart: Reclam, 2015.

FREUD, S. "Das Ich und das Es" [O Eu e o Isso]. In: *Studienausgabe* [Edição de estudos] – Vol. 3: Psychologie des Unbewussten [Psicologia do inconsciente]. Frankfurt am Main: Fischer, 2000 [10 vols.].

_____. "Eine Schwierigkeit der Psychoanalyse" [Uma dificuldade da psicanálise]. In: *Gesammelte Werke* – Werke aus den Jahren 1917-1920 [Coletânea de obras – Obras dos anos de 1917-1920]. Vol. 12, Frankfurt am Main: Fischer, 1999 [18 vols.].

_____. *Totem und Tabu* [Totem e tabu]. Frankfurt am Main: Fischer, 1991.

_____. "Triebe und Triebschicksale" [Pulsão e destinos pulsionais]. In: *Gesammelte Werke* [Obras Selecionadas]. Vol. 10. Frankfurt am Main: Fischer, 1946 [18 vols.].

_____. "Charakter und Analerotik" [Caráter e erótica anal]. In: *Gesammelte Werke* [Obras selecionadas]. Vol. 7. Frankfurt am Main: Fischer, 1941 [18 vols.].

GABRIEL, M. "Wo 'Geschick' waltet, darf keine Schuld sein" [Onde a habilidade domina, ninguém pode ser culpado]. In: *Die Welt*, 21/03/2015.

_____. (ed.). *Der Neue Realismus* [O novo realismo]. Berlim: Suhrkamp, 2014.

_____. "Wesentliche Bejahung des Nationalsozialismus" [Afirmação essencial do nacional-socialismo]. In: *Die Welt* , 07/03/2014[2].

_____. "O nazista de tocaia". In: *Die Welt*, 08/03/2014[3].

_____. "Wir haben Zugang zu den Dingen an sich" ["Temos acesso às coisas em si"]. In: *Gehirn und Geist*, n. 3 (2014[4]): 42s.

_____. *Warum es die Welt nicht gibt* [Por que o mundo não existe]. Berlim: Ullstein, 2013.

_____. "Da schlug die Natur die Augen auf" [Lá a natureza abriu os olhos]. In: *Faz*, 07/10/2013[2] [Disponível em: www.faz.net/aktuell/feuilleton/buecher/rezensionen/sachbuch/thomas-nagel-geist-und-kosmos-da-schlug-die-natur-die-augen-auf-12599621.html].

_____. *Antike und Moderne Skepsis* [Ceticismo antigo e moderno]. Hamburgo: Junius, 2008.

GADAMER, H.-G. *Wahrheit und Methode*: Grundzüge einer philosophischen Hermeneutik [Verdade e método: linhas gerais de uma hermenêutica filosófica]. Tübingen: Mohr Siebeck, 1990.

GOETHE, J.W. *Faust* – Texte und Kommentare [Fausto – Texto e comentários]. Frankfurt am Main: Insel, 2003.

GREENE, B. *Die verborgene Wirklichkeit*: Paralleluniversen und die Gesetze des Kosmos [A realidade oculta: universos paralelos e a lei do cosmos]. Munique: Siedler, 2012.

HARRIS, S. *Free Will* [Livre-arbítrio]. Nova York: Free Press, 2012.

HASLER, F. *Neuromythologie. Eine Streitschrift gegen die Deutungsmacht der Hirnforschung* [Neuromitologia: um escrito polêmico contra o poder de interpretação da pesquisa sobre o cérebro]. Bielefeld: Transcript, 2013.

HEGEL, G.W.F. *Vorlesungen über die Philosophie der Weltgeschichte* – Die Vernunft in der Geschichte [Preleções sobre a filosofia da história mundial – A razão na história]. Hamburgo: Meiner, 2013.

_____. *Phänomelogie des Geistes* [Fenomenologia do espírito]. Frankfurt am Main: Suhrkamp, 1986.

HELMHOLTZ, H. "Über das Sehen" [Sobre o Ver]. In: DERS. *Abhandlungen zur Philosophie und Geometrie* [Tratados de filosofia e geometria]. Cuxhaven: Traude Junghans, 1987.

HOBBES, T. *Vom Menschen* – Vom Bürger: Elemente der Philosophie II und III [Do ser humano – Do cidadão: elementos da filosofia II e III]. Hamburgo: Meiner, 1994.

HOGREBE, W. *Riskante Lebensnähe* – Die szenische Existenz des Menschen [Perigosamente próximo da vida – A existência cênica do ser humano]. Berlim: Akademie, 2009.

HUBERT, M. "Teil 1: Des Menschen freier Wille" [Parte I: A vontade livre do ser humano]. In: *Sendereihe Philosophie im Hirnscan* [Seriado filosofia na tomografia do cérebro], 18/04/2014 [Disponível em: www.deutschlandfunk.de/philosophie-im-hirnscan-manuskript-teil-1-des-menschen.740.de.html?dram:article_id=283145].

Human Brain Project [Projeto cérebro humano], 2013 [Disponível em: www.humanbrainproject.eu/discover/the-community/overview].

INWAGEN, P. *An Essay on Free Will* [Um ensaio sobre o livre-arbítrio]. Nova York: Oxford University Press, 1983.

JACKSON, F.C. "Epiphänomenale Qualia" [Qualia epifenomênico]. In: METZINGER, T. (ed.). *Grundkurs Philosophie des Geistes* [Curso básico de filosofia da mente]. Vol. 1. Münster: Mentis, 2009 [3 vols.].

_____. "What Mary Didn't Know" [O que a Mary não sabia]. In: *The Journal of Philosophy*, vol. 8, maio de 1986.

KANDEL, E. *Das Zeitalter der Erkenntnis*: Die Erforschung des Unbewussten in Kunst, Geist und Gehirn von der Wiener Moderne bis Heute [A era do conhecimento: a investigação do inconsciente na arte, no espírito e no cérebro da Modernidade vienense até hoje]. Munique: Siedler, 2012.

KANDEL, E.; SCHWARTZ, J. & JESSEL, T. *Neurowissenschaften: Eine Einführung* [Neurociências: uma introdução]. Berlim: Spektrum, 2011.

KANT, I. *Grundlegung zur Metaphysik der Sitten* [Fundamentação da metafísica dos costumes]. Hamburgo: Meiner, 1999.

_____. *Kritik der reinen Vernunft* [Crítica da razão pura]. Hamburgo: Meiner, 1998.

_____. *Träume eines Geistersehers* – Von dem ersten Grunde des Unterschieds der Gegenden im Raume [Sonhos de um visionário – Do primeiro fundamento da diferença das regiões no espaço]. Hamburgo: Meiner, 1975.

_____. "Zum ewigen Frieden" [Da paz perpétua]. In: *Werke* [Obras]. Vol. 8. Tratados de depois de 1781 (= AAVIII). Berlim: De Gruyter, 1971 [12 vols.].

_____. *Kritik der praktischen Vernunft* [Crítica da razão prática]. Vol. 7. Frankfurt am Main: Suhrkamp, 1977.

_____. *Die Metaphysik der Sitten* [Metafísica dos costumes]. Vol. 8. Frankfurt am Main: Suhrkamp, 1977.

KEIL, G. *Willensfreiheit* [Liberdade da Vontade]. Berlim: De Gruyter, 2012.

_____. *Kritik des Naturalismus* [Crítica do naturalismo]. Berlim/ Nova York: De Gruyter, 1993.

KITTLER, F.A. (ed.). *Austreibung des Geistes aus den Geisteswissenschaften*: Programme des Poststrukturalismus [A expulsão do espírito das ciências naturais: programas do pós-estruturalismo]. Paderborn: Schöningh, 1992.

KLEIST, H. *Sämtliche Werke* [Obras completas]. Berlim: Ullstein, 1997.

KRAUSS, L.M. *Ein Universum aus Nichts... und warum da trotzdem etwas ist* [Um universo feito de nada... e por que ainda assim há algo]. Munique: Albrecht Knaus, 2013.

KUCKLICK, C. *Die granulare Gesellschaft*: Wie das Digitale unsere Wirklichkeit auflöst [A sociedade granular: como o digital dissolve a nossa realidade]. Berlim: Ullstein, 2014.

LARGIER, N. (ed.). *Meister Eckhart – Werke* [Obras]. Vol. 1. Frankfurt am Main: Deutscher Klassiker, 1993 [2 vols.].

LATOUR, B. *Wir sind nie modern gewesen*: Versuch einer symmetrischen Anthropologie [Nunca fomos modernos: ensaio de uma antropologia simétrica]. Frankfurt am Main: Suhrkamp, 2008.

LEIBNIZ, G.W. "Monadologie" [Monadologia]. In: id.: *Kleine Schriften zur Metaphysik* – Philosophischen Schriften [Pequenos escritos sobre metafísica: escritos filosóficos]. Vol. 1. Frankfurt am Main: Suhrkamp, 1996.

LIBET, B. *Mind Time*: Wie das Gehirn Bewusstsein produziert [Tempo da mente: como o cérebro produz consciência]. Frankfurt am Main: Suhrkamp, 2005.

LICHTENBERG, G.C. *Schriften und Briefe* [Escritos e cartas]. Vol. 2: Sudelbücher II, Materialhefte, Tagebücher [Cadernos ensebados II, cadernos de materiais, diários]. Munique: Carl Hanser, 1971 [3 vols.].

LINEU, C. *Systema Naturae*: Lehr-Buch über das Natur-System so weit es das Thierreich angehet [Sistemas naturais: manual sobre o sistema da natureza até onde ele diz respeito ao reino animal]. Nuremberg: Raspe, 1781.

LUTERO, M. "Vom unfreien Willensvermögen" [Da faculdade não livre da vontade]. In: *Deutsch-Lateinische Studienausgabe* [Edição de estudos alemã-latina]. Vol. 1: *Der Mensch vor Gott* [O ser humano perante Deus]. Tradução Wilfried Härle, Leipzig: Evangelische Verlaganstalt, 2006, p. 219-662 [3 vols.].

MARX, K. *Ökonomisch-philosophische Manuskripte* [Manuscritos Econômico-Filosóficos]. Hamburgo: Meiner, 2008.

McDOWELL, J. *Geist und Welt* [Mente e mundo]. Frankfurt am Main: Suhrkamp, 2001.

MELE, A.R. *Free*: Why Science Hasn't Disproved Free Will. [Livre: por que a ciência não refutou a vontade livre]. Nova York: Oxford University Press, 2014.

MERTENS, W. *Psychoanalyse im 21. Jahrhundert*: Eine Standortbestimmung [Psicoanálise no século XXI: uma determinação do seu lugar]. Stuttgart: Kohlhammer, 2013.

METZINGER, T. *Der Ego-Tunnel* – Eine neue Philosophie des Selbst: Von der Hirnforschung zur Bewusstseinsethik [O túnel do Ego – Uma nova filosofia do si: da pesquisa do cérebro até a ética da consciência]. Berlim: Berliner Taschenbuch, 2010.

_____. *Being No One*: The Self-Model Theory of Subjectivity [Não sendo ninguém: A teoria da subjetividade do automodelo]. Cambridge: MIT Press, 2003.

NAGEL, T. *Geist und Kosmos*: Warum die materialistische neo-darwinistische Konzeption der Natur so gut wie sicher falsch ist [Mente e cosmos: Por que a concepção materialista neodarwinista de natureza é quase que certamente falsa]. Berlim: Suhrkamp, 2012.

_____. "Wie fühlt es sich an, eine Fledermaus zu sein?" [Como é ser um morcego?]. In: METZINGER, T. (ed.). *Grundkurs Philosophie des Geistes* [Curso básico de filosofia da mente]. Vol. 1. Münster: Mentis, 2009 [2 vols.].

_____. *Die Möglichkeit des Altruismus* [A possibilidade do altruísmo]. Frankfurt: Suhrkamp, 2005.

NIETZSCHE, F. *Sämtliche Werke* [Obras completas]. Munique: Deutscher Taschenbuch, 2009 [Edição crítica de estudo em 15 vols.].

_____. *Die Geburt der Tragödie* – Oder: Griechentum und Pessimismus [O nascimento da tragédia – Ou: helenismo e pessimismo]. Stuttgart: Reclam, 2007.

_____. "Schopenhauer als Erzieher" [Schopenhauer como educador]. In: *Werke* [Obras]. Vol. 1. Munique: Carl Hanser, 1954 [3 vols].

PLATÃO. "Des Sokrates Apologie" [A apologia de Sócrates]. In: EIGLER, G. (ed.). *Werke* [Obras]. Vol. 2. Darmstadt: WBG, 2011 [8 vols.].

_____. *Der Staat* [A República]. Stuttgart: Reclam, 2001.

PRINZ, W. *Selbst im Spiegel*: Die soziale Konstruktion von Subjektivität [O si no espelho: a construção social da subjetividade]. Berlim: Suhrkamp, 2013.

PUTNAM, H. *Vernunft, Wahrheit und Geschichte* [Razão, Verdade e História]. Frankfurt am Main: Suhrkamp, 1990.

REUTER, C. & RUSSEL, J. "Die Vergessenen von Amirli" [Os esquecidos de Amirli]. In: *Der Spiegel*, n. 35, 28/05/2014 [Disponível em: www.spiegel.de/spiegel/print/d-128859935.html – acesso: 01/04/2015].

RILKE, R.M. *Fünfzig Gedichte* [Cinquenta poemas]. Stuttgart: Reclam, 2007.

_____. *Sämtliche Werke* [Obras completas]. Vol. 1. Frankfurt am Main: Insel, 1955-1966 [7 vols.].

RUSSEL, B. *Die Analyse des Geistes* [A análise da mente]. Hamburgo: Meiner, 2004.

RYLE, G. *Der Begriff des Geistes* [O conceito de mente]. Leipzig: Reclam, 1969.

SARTRE, J.-P. *Das Sein und das Nichts*: Versuch einer phänomenologischen Ontologie [O ser e o nada: ensaio de uma ontologia fenomenológica]. Reinbeck bei Hamburg: Rowohlt, 1998 (= Gesammelte Werke in Einzelausgaben, Philosophische Schriften ["Obras selecionadas em edições individuais, escritos filosóficos"]. Vol. 3).

_____. "Ist der Existentialismus ein Humanismus?" [O existencialismo é um humanismo?]. In: *Drei Essays* [Três ensaios]. Frankfurt am Main: Ullstein, 1980.

SCHELLING, F.W.P. *Briefe von und am Hegel* [Cartas de e para Hegel]. Vol. 1. Hamburgo: Meiner, 1952 [3 vols. ed. por Johannes Hofmeister].

SCHMIDT, T.E. "Die Wirklichkeit ist anders!" [A realidade é diferente!]. In: *Die Zeit*, n. 15/2014, 03/04/2014 [Disponível em: http://www.zeit.de/2014/15/neuer-realismus].

SCHOPENHAUER, A. "Über die Weiber" [Sobre as mulheres]. In: *Werke in fünf Bänden mit Beibuch* [Obras em cinco volumes com livro anexo]. Zurique: Haffmans, 1988.

_____. *Die Welt als Wille und Vorstellung* – Züricher Ausgabe [O mundo como vontade e representação. Edição de Zurique]. *Werke* [Obras]. Vol. 4. Zurique: Diogenes, 1977 [10 vols.].

_____. "Preisschrift über die Freiheit des Willens" [Escrito premiado sobre a liberdade da vontade]. In: *Die beiden Grundprobleme der Ethik* [Os dois problemas fundamentais da ética]. Zurique: Diogenes, 1977.

SCHRÖDINGER, E. *Geist und Materie* [Espírito e matéria]. Zurique: Diogenes, 1989.

SEARLE, J. *Intentionalität* – Eine Abhandlung zur Philosophie des Geistes [Intencionalidade: um tratado sobre a filosofia da mente]. Frankfurt am Main: Suhrkamp, 1990.

SINGER, W. "Verschaltungen legen uns fest – Wir sollten aufhören, von Freiheit zu sprechen" [Circuitos nos estabelecem – deveríamos parar de falar sobre liberdade]. In: GEYER, C. (ed.): *Hirnforschung und Willensfreiheit*: Zur Deutung der neuesten Ergebnisse [Pesquisa sobre o cérebro e liberdade da vontade: pela interpretação dos mais novos resultados]. Frankfurt am Main: Suhrkamp, 2004.

_____. "Keiner kann anders, als er ist" [Ninguém pode ser diferente do que é". In: *Frankfurter Allgemeine Zeitung*, 08/01/2004[2] [Disponível em: www.faz.net/aktuell/feuilleton/hirnforschung-keiner-kann-anders-als-er-ist-1147780-p4.html].

STAHL-BÜSSE, B. "Dekade des menschlichen Gehirns" [A década do cérebro humano]. In: *idw – Informationdiesnt Wissenschaft*, 05/11/1999 (https://idw-online.de/pages/de/news15426).

SWAAB, D. *Wir sind unser Gehirn*: Wie wir denken, leiden und lieben [Nós somos nosso cérebro: como pensamos, sofremos e amamos]. Munique: Droemer Knaur, 2011.

TALLIS, R. *Aping Mankind*: Neuromania, Darwinitis and the Misrepresentation of Humanity [Macaqueando a humanidade: neuromania, darwinite e a falsa representação da humanidade]. Abingdon/Nova York: Routledge, 2011.

TUGENDHAT, E. *Selbstbewusstsein und Selbstbestimmung*: Sprachanalystische Interpretationen [Autoconsciência e autodeterminação: interpretações linguístico-analíticas]. Frankfurt am Main: Suhrkamp, 1979.

VOGT, K. "Physiologische Briefe: 12. Brief" [Cartas fisiológicas, carta 12]. In: WITTICH, D. (ed.). *Vogt, Moleschott, Büchner*: Schriften zum kleinbürgerlichen Materialismus in Deutschland [Vogt, Moleschott, Büchner: Escritos sobre o materialismo pequeno-burguês na Alemanha]. Berlim: Akademie, 1971.

WAAL, F. *Primaten und Philosophen*: Wie die Evolution die Moral hervorbrachte [Primatas e filósofos: como a evolução produziu a moral]. Munique: Carl Hanser, 2008.

WEBER, C. "Der Mensch bleibt unlesbar" [O ser humano permanece indecifrável]. In: *Süddeutsche Zeitung*, n. 240/2014, 18-19/10/2014.

WILD, M. *Tierphilosophie zur Einführung* [Introdução à filosofia dos animais]. Hamburgo: Junius, 2013.

WILDERMUTH, V. "Die Welt, wie sie scheint" [O mundo como ele aparece]. In: *Sendereihe Philosophie im Hirnscan* [Seriado filosofia na tomografia do cérebro], 29/05/2014 [Disponível em: http://www.deutschland-funk.de/sendereihe-philosophie-im-hirnscan-manuskript-die-welt-wie.740.de.html?dram:article_id=287724].

Índice conceitual

Ação
explicação da **259**, 268
liberdade da **238**, 248s., 263s.

Alma-corpo
problema **37**

Altruísmos 97s., 101, **227**, 229

Animismo **163**
contente **165**

Antinaturalismo **12s.**

Antropoceno **27**

Antropologia 25, 278
antropomorfismo **104**
simétrica **278**

A priori **85**

Behaviorismo **45**

Causas anônimas duras **253**, 254, 256

Cientismo **119**, 128

Círculo
problema do **170**, 173

Cogito cartesiano **86**, 199

Compatibilismo **246**, 247

Complexo de Édipo 213, **226**

Condição de posse **64**

Conhecimento

definição padrão de **203**

Consciência 10, 12, 17s., 22, 25, 31, 37-40, 42s., 61-66, 70-75, 79s., 85-89, 92s., 97, 99s., 104-120, 126, 129, 132, 135, 139-145, 147-153, 155-158, 165-175, 181s., 207, 212, 232, 242, 264s., 274, 276, 286

empirismo da **117**

enigma cosmológico da **61**

fenomênica **107**, 109, 115s., 118, 122

filosofia da 12, 25, 41, 43s., 61, 65, 106s., 119, 158, 177, 179s., 233

infeliz **165**

intencional **106**, 109, 115

privacidade da **65**

problema difícil **38**, 61s.

racionalismo da **117**

Contingência

problema da **245**, 246

Conto de fadas do contêiner **132**

Darwinite **32**, 130, 226, 262, 273, 277s.

Determinismo **131**, 134, 235-238, 242, 245-247, 256s., 268

fisicalista **241**

ingênuo **235**, 236

neuronal 235, **241**, 256, 262

teológico **240**, 256

304

Dignidade 266s., 269-271, 282
distinção em relação a valor **267**
cf. Valor
Doutrina-da-ciência 196s.
pensamento fundamental da **196**
primeiro princípio da **198**
segundo princípio da **199**
terceiro princípio da **202**
Dreyfus
modelo de obtenção de habilidades **233**
Dualismo **42**, 56, 141, 277
Dupla contingência **93**

Empirismo **80**, 82-85, 89
Entropia **126**
Epifenomenalismo **128**, 131
Epistemologia objetiva 140
Erro do homúnculo **66**, 69, 71, 232
Espectro
problema do espectro invertido **107**
Essencialismo 272
Estruturalismo 21, **58**
Ética 48, 51, **95**, 101, 133, 194s.
Eu
teoria do feixe do **180**, 217
teoria substancial do **180**, 217
Eurocentrismo **17**
Euro-hinduísmo **154**, 286

Evolução cultural **189**
Existencialismo 26, **50**, 58
Externalismo **157**, 158
  ideia fundamental **161**
  social **157**

Falibilidade **83**
Fenomenologia 123, 140, 145, 147, 173, **181**, 185
Fisicalismo **120**, 128
Funcionalismo **274**, 275

Gênero
  teoria de **225**

Habilidades
  pano de fundo inconsciente de **234**
Hermenêutica **47**

Idealismo 26, 48
  transcendental **76**
Ideologia 31, **34**, 39s., 189, 192, 203, 230, 267, 282s.
Incompatibilismo **247**, 248
Indeterminismo **245**
Interacionismo social **157**, 172-174, 196

Justificativa
  condição de **204**

306

Legocentrismo **266**

Lei das energias específicas dos sentidos **207**

Liberdade 10, 18, 21, 24, 26s., 31, 34s., 39, 58, 98s., 135, 147, 185, 188, 229-231, 234, 238s., 246s., 252s., 256, 258-264, 268, 271s., 279s., 283s., 286s.

Teoria da habilidade da liberdade humana **243**

Libido **163**

Ligação

problema da **190**

Lista

bondosa **258**

maldosa **258**, 259, 262

Materialismo **12**, 67, 274, 286

eliminativista **88**, 91

Metafísica 46, 237, **256**, 260, 266

naturalista **46**

Microfundamentalismo **120**

Mitologia, principal função política 144s., **226**, 228s.

Monismo **141**

Naturalismo 13, 46, 50, 179, **262**

Natureza 10, 42s., 46, 48s., 54s., 61, 64, 67, 77, 81s., 87, 99s., 120s., 131s., 135, 140, 145, 150, 186, 189, 191, 195, 199-201, 206-210, 235, 254, 261, 268, 271, 276, 280, 282-284

fechamento nomológico da **43**

filosofia da **207**, 209s., 276

naturalização de um fenômeno **182**

teoria do filme da **236**

Neoexistencialismo **27**, 39, 51

Neurocentrismo **18**, 21s., 32, 35, 39s., 52, 70, 93s., 117, 140s., 149, 159, 182, 188, 206, 212, 265, 269, 275, 277

Neuroconstrutivismo **20**, 72, 74, 78

Neuromania **32**, 262, 273

Neuromonismo **141**

Novo realismo **20**, 26

Objetividade absoluta **193**, 197, 201, 212

Ontologia **184**

   fatos ontologicamente objetivos **151**

   ontologicamente subjetivo **151**

Panpsiquismo **156**, 163

Panspermia

   hipótese da **163**

Parábola do moinho 151, **153**, 156

Paralogismo **75**, 264

Pessimismo metafísico 258, **260**, 262

Ponto de vista de primeira pessoa **64**

Princípio

   antrópico **207**

   de razão suficiente **250**, 252, 256, 262

   de realidade **219**, 223

Proposição **90**

   disposições proposicionais **90**, 98, 100, 104, 117

Qualia **106**, 108, 111, 118, 128-131, 134
eliminativismo do **118**

Racionalidade **216**
Realidade(s) 9, 11s., 20, 26s., 39s., 44, 47, 50, 55, 72, 77, 80, 88, 91, 97s., 108, 116, 123, 129, 133, 138, 145, 152, 158, 162, 165, 171, 177, 179, 181s., 191, 216, 219s., 222s., 226, 241, 246, 265
duras **219**
Reducionismo **182**, 184s., 188
neurorreducionismo **183**, 187
ontológico **184**
teórico **45**, **184**, 188
Reificações **264**
Representação 10, 14, 16, 20, 23, 27, 29, 32s., 56, 61, 67, 72, 74s., 77, 87, 89, 92, 104s., 116, 129, 133, 136, 146, 154, 158, 161, 163, 169, 185, 195, **205**, 210, 213s., 219, 224s., 236, 248, 260, 265, 268, 273, 277, 284

Saber
argumento do **122**
Secularização **42**
Social
darwinismo **33**

Tautologia **198**
Teleologia **52**, 56
explicação teleológica da ação **52**, 55, 268
Teoria
do pensamento do banheiro **186**

Tese

da disposição intencional **117**

da insuperabilidade **123**, 151

Tese principal

Kant **75s.**

positiva **39**, 40

Universalismo **278**

da razão **197**

Universo 10, 13, 22, 38, 42, **44**, 50, 55, 61, 88, 122-124, 128s., 131, 133-135, 140s., 150, 152, 163, 165, 192s., 207, 242, 248, 257, 265, 275, 285

Valor 24, 27, 144, 165, 173, 265, 267, 271, 279, 281

distinção em relação à dignidade **267**

cf. Dignidade

Verdade

condição de **203**

Vontade

liberdade de **272**

Zumbi filosófico **62**

Índice onomástico

Adorno, Theodor W. 13, 31
Aristóteles 54s., 71, 270

Bieri, Peter 58
Block, Ned 107
Brandom, Robert 217s.
Buchheim, Thomas 247
Büchner, Ludwig 186s.
Bush, George H.W. 15s., 23
Butler, Judith 51, 149, 225

Camus, Albert 50
Carnap, Rudolf 84
Carruths, Shane 58
Cavell, Stanley 24, 51, 271s.
Chalmers, David 38, 61s., 154
Churchland, Patricia 88s., 183
Churchland, Paul 88s., 183
Cotard, Jules 86s.
Crick, Francis 11

Davidson, Donald 99, 101
Dawkins, Richard 14, 56, 81s., 120, 208, 222
Dennett, Daniel 14, 65, 67, 86, 117-119
Derrida, Jacques 99, 105
Descartes, René 37, 44, 65, 86s., 109, 131, 139s., 181, 199
Dreyfus, Hubert 233s.

Economo, Constantin von 273s.

Falkenburg, Brigitte 155, 236
Fichte, Johann Gottlieb 26, 48, 140, 147, 149, 166, 168, 170, 172, 195s., 204-207, 209s., 229, 276
Foucault, Michel 285
Freud, Sigmund 26, 30, 144, 162s., 198, 210s., 220s.

Gadamer, Hans-Georg 48
Garland, Alex 29

Harris, Sam 14, 38
Hasler, Felix 23
Hegel, Georg Wilhelm Friedrich 26, 31, 45, 47s., 145, 147, 149, 151, 165, 168, 172s., 185s., 197, 287
Heidegger, Martin 148, 181, 284
Helmholtz, Hermann von 77s.
Hogrebe, Wolfram 47, 135, 157
Homero 19, 147, 151
Horkheimer, Max 13
Hubble, Edwin 124

Hume, David 114, 179

Husserl, Edmund 123, 140, 181

Inwagen, Peter van 246

Jackson, Frank Cameron 120, 128, 130

Jelinek, Elfriede 19

Jung, Carl Gustav 226s.

Kahneman, Daniel 233

Kandel, Eric 78, 145

Kant, Immanuel 25s., 48, 51s., 67s., 74-79, 115s., 125, 140, 142, 149, 166, 168, 171, 195, 264, 267s., 270s., 280s.

Keil, Geert 68, 104, 134

Kierkeegard, Søren 26

Kim, Jaegwon 44

Kleist, Heinrich von 35, 109, 166s.

Koch, Christof 11

Korsgaard, Christine 51

Krauss, Lawrence 80, 83s., 86

Kucklick, Christoph 23

Lacan, Jacques 212

Latour, Bruno 278

Lear, Jonathan 51

Leibniz, Gottfried Wilhelmn 62, 153-156, 205s., 257, 268

Lemaître, Georges 125

Lichtenberg, Georg Christoph 171
Lineu, Carlos 100

Marx, Karl 26, 49s., 58, 112, 149, 151, 186, 250
Mead, George Herbert 157
Mestre Eckhart 188s.
Metzinger, Thomas 25, 177s.
Müller, Johannes 207

Nagel, Thomas 61, 69, 95, 193s., 201, 207, 274
Newton, Isaac 46, 54, 125, 132, 253
Nietzsche, Friedrich 26, 144, 164, 179, 210, 263, 275
Noë, Alva 20

Offray de La Mettrie, Julien 131
Onfray, Michel 14

Penrose, Roger 132
Pippin, Robert B. 51
Platão 19, 33, 49, 96, 100, 197, 202s., 270
Prinz, Wolfgang 157, 172
Putnam, Hilary 157s., 160-162

Quine, Willard van Orman 84

Rilke, Rainer Maria 20, 286
Rödl, Sebastian 51, 195
Rossini, Gioachino 35

Rudder Baker, Lynne 91

Russel, Bertrand 41s.

Ryle, Gilbert 56

Sacks, Oliver 88

Sagan, Carl 125

Sartre, Jean-Paul 49s., 181, 198, 271s.

Schelling, Friedrich Wilhelm Joseph 26, 61, 147, 206s., 209s.,
276, 287

Schmidt, Thomas E. 22

Schopenhauer, Arthur 33, 79, 239, 256, 260-264

Schrödinger, Erwin 154s., 265

Searle, John 128, 151s., 181s., 201, 204, 234

Shakespeare, William 19, 119s.

Sócrates 100

Sófocles 19, 21, 151, 227

Swaab, Dick 35

Tallis, Raymond 31

Trasímaco 33

Tyson, Neil deGrasse 125, 192

Vogt, Karl 185s.

Waal, Frans de 277

Wittgenstein, Ludwig 73

315

Índice geral

Sumário, 7

Introdução, 9

  Partículas materiais e organismos conscientes, 11

  A década do cérebro, 15

  Liberdade espiritual na tomografia do cérebro?, 21

  O Eu como *pendrive*, 28

  Neuromania e darwinite – um exemplo do *Fargo*, 31

  Espírito – cérebro – ideologia, 34

  Cartografia da autointerpretação, 39

I – Do que trata a filosofia do espírito?, 41

  O espírito no universo?, 42

  No espírito de Hegel, 45

  O animal histórico no palco do social, 49

  Por que nem tudo, mas pelo menos algo acontece com vista a fins, 52

II – Consciência, 61

  Eu vejo algo que você não vê!, 66

  Tempestade de partículas no cinema da consciência?, 71

  Buda, a cobra e o morcego, 74

  Na onda do neurokantianismo, 77

  Nada vai além da própria experiência – Ou vai?, 80

  Fé, amor, esperança – Tudo apenas uma ilusão?, 88

Em todo ego se esconde um altruísta, 95

O cachorro de Davidson e o gato de Derrida, 99

Os dois lados do gosto e sobre o que se pode de algum modo discutir, 105

A coisa toda com a inteligência e o robô aspirador, 108

Strange days no ruído da consciência, 113

O que Mary não sabe, 120

A descoberta do universo no mosteiro, 123

Sensações não são legendas de um filme chinês, 128

A perspectiva panorâmica de Deus, 135

III – Autoconsciência, 139

O efeito ampliador da consciência da história do espírito, 144

Como as mônadas na parábola do moinho, 151

Bio nem sempre é melhor do que *techno*, 157

Como o tolo Augusto tentou expulsar a onipotência, 162

A autoconsciência em círculo, 169

IV – Quem ou o que é realmente o Eu?, 177

A realidade das ilusões, 179

Do reducionismo da puberdade à teoria de banheiro, 182

O Eu é Deus, 188

O grande mestre quase esquecido da filosofia do Eu, 195

Os três pilares da doutrina-da-ciência, 198

No ser humano, a natureza abre os olhos, 206

"Deixa que o papai faz isso": Freud e *Stromberg*, 210

Como pulsões batem em fatos duros, 216

Édipo e a caixa de leite, 222

V – Liberdade, 231

Posso querer que eu não queira o que eu quero?, 238

O Eu não é um caça-níquel, 243

Por que causa e razão não são o mesmo e o que isso tem a ver
com molho de tomate, 250

Bondosa ganha de maldosa e vence o pessimismo metafísico, 258

A dignidade do ser humano é inviolável, 266

No mesmo nível de Deus ou da natureza?, 271

PS: Selvagens não existem, 278

O ser humano não é um rosto na areia, 282

Referências, 289

Índice conceitual, 303

Índice onomástico, 311